高等职业教育水利类新形态系列教材

水利 BIM 建模与应用基础（活页式）

主 编 夏 可 王君丽 倪 嘉

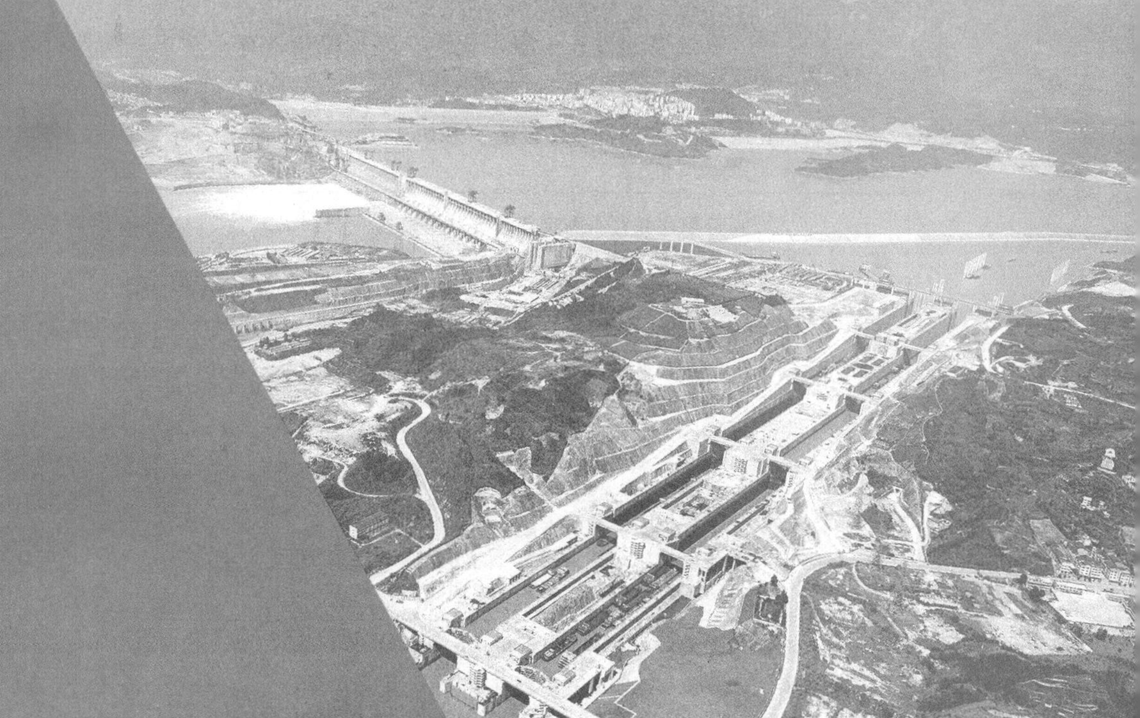

中国水利水电出版社
www.waterpub.com.cn
·北京·

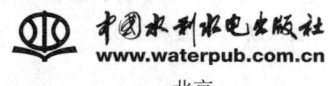

内 容 提 要

当前智慧水利建设已成为新时期水利高质量发展的重要实施路径，BIM技术的出现与应用，极大地推动了我国智慧水利建设进程。本书依据《1+X建筑信息模型(BIM)职业技能等级标准》《全国水利职业院校技能大赛水利工程成图技术竞赛大纲》《全国大学生先进成图技术与产品信息建模创新大赛水利类竞赛大纲》《世界职业院校技能大赛水利工程BIM建模与应用竞赛大纲》和《建筑信息模型应用统一标准》等的要求，采用"岗课证赛"融通的育人模式，注重技术技能实操能力的训练和应用。全书包含4篇，共12章，第1篇BIM基础共有3章，第2篇Revit Architecture建模基础共有3章，第3篇水闸BIM参数化建模共有4章，第4篇BIM技术在水利工程中的应用共有2章，各章均有配套教学视频、图纸、模型等数字资源。

本书适合作为高职水利类相关专业BIM课程用书，也可作为水利类BIM竞赛、证书考试及相关从业人员的参考教材。

图书在版编目（CIP）数据

水利BIM建模与应用基础：活页式 / 夏可，王君丽，倪嘉主编. -- 北京：中国水利水电出版社，2024.11
高等职业教育水利类新形态系列教材
ISBN 978-7-5226-2035-0

Ⅰ. ①水… Ⅱ. ①夏… ②王… ③倪… Ⅲ. ①水利水电工程－计算机辅助设计－应用软件－高等职业教育－教材 Ⅳ. ①TV-39

中国国家版本馆CIP数据核字(2024)第005905号

	高等职业教育水利类新形态系列教材	
书　名	**水利BIM建模与应用基础（活页式）** SHUILI BIM JIANMO YU YINGYONG JICHU (HUOYESHI)	
作　者	主编　夏　可　王君丽　倪　嘉	
出版发行	中国水利水电出版社 （北京市海淀区玉渊潭南路1号D座　100038） 网址：www.waterpub.com.cn E-mail：sales@mwr.gov.cn 电话：（010）68545888（营销中心）	
经　售	北京科水图书销售有限公司 电话：（010）68545874、63202643 全国各地新华书店和相关出版物销售网点	
排　版	中国水利水电出版社微机排版中心	
印　刷	北京市密东印刷有限公司	
规　格	184mm×260mm　16开本　14.25印张　320千字	
版　次	2024年11月第1版　2024年11月第1次印刷	
印　数	0001—3000册	
定　价	**49.00元**	

凡购买我社图书，如有缺页、倒页、脱页的，本社营销中心负责调换
版权所有·侵权必究

前 言

BIM（Building Information Model，建筑信息模型）是一种应用于工程设计建造管理的数据化工具，通过参数模型整合各种项目的相关信息，在项目策划、运行和维护的全生命周期过程中进行数据共享和传递，为施工、设计、运营等各方建设主体单位，提供协同工作的基础，在提高生产效率、节约成本和缩短工期方面发挥着重要作用。2019 年，全国水利工作会议提出"积极推进 BIM 技术在水利工程全生命期运用"。水利行业 BIM 技术应用起步相对较晚，但发展迅猛。目前，BIM 技术在水利工程设计阶段应用，已经较为成熟和完善。

随着信息技术的快速发展，传统水利工程建设，正在向数字水利、智慧水利的方向转变，以 BIM 为载体和平台的新一代技术体系，正在推动着水利行业变革，基于其数据信息化的特点，极大提升了设计的准确性，并加强设计、施工、业主方之间的沟通。目前，水利 BIM 技术得到了相关政策的扶持，在水利行业中推广力度大、应用前景广，水利工程数字化势在必行，水利 BIM 技术人才需求呈逐步增大趋势，缺口较大。

本书内容丰富，技术路线清晰完整，知识体系从 BIM 基础到 Revit Architecture（建筑）建模，从水闸参数化建模再到 BIM 技术在水利工程中的应用，层层递进，由浅入深。全书由夏可、王君丽、倪嘉主编，由张倩、郭金君、陆隽、鲁俊蓉、陈金文、杨杰副主编，由张劲、杨栗晶主审。

本书在编写期间，得到广东水利电力职业技术学院张劲教授和杨栗晶教授、湖南惟楚科教股份有限公司王丰高级工程师、西安理工大学何冠洁博士、中国电建集团中南勘测设计研究院有限公司郭金君、四川水发勘测设计研究有限公司张倩和赵亚鹏、陕西水务发展集团有限公司刘茜、广东省能源集团有限公司杨康捷和林洽的指导帮助及提出宝贵意见。

由于编者水平有限，虽经反复斟酌修改，书中难免有疏漏和不妥之处，恳请广大读者谅解并指正，以期再版时修订，在此深表谢意。

编者

2024 年 11 月

"行水云课"数字教材使用说明

"行水云课"水利职业教育服务平台是中国水利水电出版社立足水电、整合行业优质资源全力打造的"内容"+"平台"的一体化数字教学产品。平台包含高等教育、职业教育、职工教育、专题培训、行水讲堂五大版块,旨在提供一套与传统教学紧密衔接、可扩展、智能化的学习教育解决方案。

本套教材是整合传统纸质教材内容和富媒体数字资源的新型教材,将大量图片、音频、视频、3D动画等教学素材与纸质教材内容相结合,用以辅助教学。读者可通过扫描纸质教材二维码查看与纸质内容相对应的知识点多媒体资源,完整数字教材及其配套数字资源可通过移动终端APP、"行水云课"微信公众号或中国水利水电出版社"行水云课"平台查看。

多媒体知识点索引

序号	资源名称	资源类型	页码
1	1.1 概述	课件	3
2	2.1 Revit 软件界面	视频	9
3	2.2 Revit 软件文件类型	视频	11
4	2.3 创建和保存项目文件	视频	12
5	2.4 Revit 软件基本设置	视频	13
6	2.5 Revit 软件常用快捷键及操作-1	视频	17
7	2.6 Revit 软件常用快捷键及操作-2	视频	17
8	2.7 参照平面	视频	19
9	3.1 可载入族（外建族）的基本操作	文件组	23
10	3.2 内建模型（内建族）的基本操作	视频	25
11	3.3 创建族构件案例	文件组	28
12	3.4 体量基本操作	文件组	31
13	3.5 创建体量模型案例	视频	35
14	3.6 课后练习第一题	文件组	36
15	3.7 课后练习第二题	文件组	36
16	4.1 别墅建模	文件组	41
17	4.2 标高和轴网	视频	46
18	4.3 编辑轴网	视频	50
19	4.4 设置基本构件类型属性	视频	51
20	5.1 创建墙、柱和门窗	视频	65
21	5.2 创建楼板	视频	72
22	5.3 创建室外台阶、散水和坡道	视频	76
23	5.4 创建楼梯、洞口和栏杆扶手	视频	80
24	5.5 创建平屋顶	视频	86
25	5.6 创建坡度屋顶	视频	89
26	6.1 场地设计	视频	90
27	6.2 创建明细表	视频	93
28	6.3 创建和输出图纸	视频	98
29	6.4 渲染	视频	108

续表

序号	资源名称	资源类型	页码
30	6.5 课后练习	文件组	109
31	7.1 水闸基本知识	视频	117
32	7.2 分析水闸设计图纸	文件组	117
33	7.3 上游连接段	文件组	118
34	7.4 闸室段	文件组	121
35	7.5 下游连接段	文件组	123
36	7.6 课后练习第一题	文件组	125
37	7.7 课后练习第二题	文件组	125
38	7.8 课后练习第三题	文件组	125
39	9.1 上游连接段族库	其他扩展资源	140
40	9.2 上游底板参数化族	视频	140
41	9.3 上游护坡参数化族	视频	143
42	9.4 上游翼墙参数化族	文件组	145
43	9.5 闸室段族库	其他扩展资源	148
44	9.6 闸室底板参数化族	文件组	148
45	9.7 闸室中墩参数化族	视频	149
46	9.8 闸室边墩参数化族	视频	150
47	9.9 下游连接段族库	其他扩展资源	152
48	9.10 消力池底板和边墩参数化族	文件组	152
49	9.11 扭面参数化族	文件组	154
50	9.12 下游护坡参数化族	视频	156
51	10.1 创建高程定位线	视频	158
52	10.2 创建平面定位线	视频	158
53	10.3 装配模型	其他扩展资源	159
54	10.4 装配上游连接段	视频	159
55	10.5 装配闸室段	视频	162
56	10.6 装配下游连接段	视频	164
57	11.1 重力坝工程 BIM 应用	文件组	169
58	12.1 土石坝工程 BIM 应用	其他扩展资源	194
59	附录 B 宽缝式重力坝及电站厂房 BIM 建模案例	文件组	214

目录

前言
"行水云课"数字教材使用说明
多媒体知识点索引

第1篇 BIM 基础

第1章 水利BIM技术概述 ……………………………………………… 3
1.1 BIM 概念及软件分类 …………………………………………… 3
1.2 水利 BIM 技术现状及趋势 ……………………………………… 6

第2章 Revit 基本术语 ……………………………………………… 9
2.1 Revit 简介 ………………………………………………………… 9
2.2 Revit 软件基本设置及快捷键 …………………………………… 13

第3章 族和体量 …………………………………………………… 21
3.1 族的基本知识 …………………………………………………… 21
3.2 族的基本操作 …………………………………………………… 22
3.3 体量 ……………………………………………………………… 31
课后练习 ……………………………………………………………… 36

第2篇 Revit Architecture 建模基础

第4章 建模前准备工作 …………………………………………… 41
4.1 Revit Architecture 基本命令概述 ……………………………… 44
4.2 创建标高轴网 …………………………………………………… 46
4.3 设置基本构件类型属性 ………………………………………… 51

第5章 Revit Architecture 建模过程 …………………………… 65
5.1 创建墙、柱和门窗 ……………………………………………… 65
5.2 创建楼板 ………………………………………………………… 72
5.3 创建室外台阶、散水和坡道 …………………………………… 76
5.4 创建楼梯、洞口和栏杆扶手 …………………………………… 80
5.5 创建屋顶 ………………………………………………………… 86

第6章 模型后处理 ………………………………………………… 90
6.1 场地设计 ………………………………………………………… 90

6.2 明细表 ··· 93
6.3 创建和输出图纸 ·· 98
6.4 渲染 ··· 108
课后练习 ·· 109

第3篇 水闸BIM参数化建模

第7章 水闸BIM常规建模 ·· 117
7.1 认识水闸设计图纸 ··· 117
7.2 创建水闸三维模型 ··· 118
课后练习 ·· 125

第8章 Revit族参数化基本知识 ·· 129
8.1 Revit中族的三层分类 ··· 129
8.2 族参数 ·· 135
8.3 参数化族的创建流程 ·· 136

第9章 创建水闸参数化族库 ·· 140
9.1 创建上游连接段参数化族 ·· 140
9.2 创建闸室段参数化族 ·· 148
9.3 创建下游连接段参数化族 ·· 152

第10章 在项目中装配模型 ·· 158
10.1 创建定位线 ··· 158
10.2 装配水闸模型 ·· 159

第4篇 BIM技术在水利工程中的应用

第11章 重力坝工程BIM应用 ··· 169
11.1 基于Civil3D的三维数字地形创建 ··· 169
11.2 基于Revit的碾压混凝土重力坝参数化建模 ······························· 181
11.3 碾压混凝土重力坝BIM深化设计应用 ······································· 184
11.4 成果输出与虚拟仿真演示 ··· 189

第12章 土石坝工程BIM应用 ··· 194
12.1 构建流域三维数字地形 ·· 194
12.2 构建库区主体结构BIM模型 ··· 197
12.3 BIM技术与虚拟现实技术的结合应用 ······································· 202

附录A Revit快捷键 ··· 208

附录B 宽缝式重力坝及电站厂房BIM建模案例 ································· 214

参考文献 ··· 219

第 1 篇　BIM 基础

第 1 章

水利 BIM 技术概述

1.1 BIM 概念及软件分类

1.1.1 BIM 的概念、特点及优势

1. BIM 的概念

BIM 的英文全称是 Building Information Modeling，国内较为一致的翻译为建筑信息模型，这一概念由 Autodesk（欧特克）公司在 2002 年提出。BIM 技术是一种应用于工程设计建造管理的数据化工具，它通过参数模型整合项目的相关信息，并将相关信息在项目策划、运行和维护的全生命周期过程中进行共享和传递，使工程技术人员对各种建筑信息作出正确理解和高效应对，是设计团队包括建筑运营单位在内的各方建设主体协同工作的基础。建筑信息模型在提高生产效率、节约成本和缩短工期方面发挥重要作用。

1.1 概述

随着数字化、信息化和智能化时代的到来，智慧建造已成为必然趋势，而 BIM 的出现极大地推进了整个建筑行业改革创新的进程。它利用数字化手段构建三维建筑工程模型的动态信息数据库，实现了建筑信息（例如结构的几何信息、地理位置信息、专业属性、施工详情和资源调配等）从规划、设计、施工、运行到全寿命周期终结的集成，从而有效提高了建筑工程项目的设计、施工和管理水平，能够系统、实时地掌握项目的建设进度、质量和经济效益。

近几年，BIM 建模技术以其可视化、一体化、协调性、参数化、仿真性、可出图性、优化性、信息完备性等多种优势，在建筑工程的相关领域中得到了广泛的应用。住房和城乡建设部和各省市政府均出台了多项 BIM 政策和标准规范，要求全面推进 BIM 技术在建筑工程项目规划、设计、施工和运行维护全过程中的应用。例如在上海迪士尼公园、上海中心大厦、北京大兴国际机场和中国尊等超大型工程建设中，BIM 技术的成功应用体现了我国建筑行业成熟的信息化水平。

2. BIM 的特点

（1）可视化：传统绘图软件 CAD 的广泛普及，使得绝大部分装配式建筑施工信息以二维的形式记录在平面图纸中，施工人员需要在脑海中重构工程的感觉认知，将二维平面信息转换成三维立体模型，这一过程工作量大且不容易处理，再加

上近年来"造地标"现象愈演愈烈，使得建筑物外部形状和结构造型错综复杂，仅仅依靠人类大脑想象已不足以满足施工要求。BIM 技术的三维模型解决了这一难题，通过 BIM 技术建立建筑 3D（三维）模型，可以直观展示施工场地的布置情况以及复杂问题的解决方案，简单形象。

(2) 可模拟：BIM 技术的可模拟并不单指三维仿真模型的建立，还包括能耗模拟、加载模拟、日照模拟、设备模拟、热能传导仿真模拟等功能。在装配式建筑建造及后期运营维护过程中，BIM 技术可以对整个施工过程进行虚拟建造，帮助人们不断优化施工方案。工程竣工交付使用后，通过地震逃生模拟和消防疏散模拟等紧急情况模拟可以预演灾难处理方式。

(3) 可优化：为了减少装配式建筑施工过程中由于设计变更造成的返工和成本损失，可以利用 BIM 技术三维可视化的优点，对预制构件进行虚拟安装和施工优化，从而便于项目管理人员进行技术交底。施工方案的优化效果取决于装配式建筑项目信息的详细程度和完整程度，在具备完整的项目信息条件下可以得到较理想的优化结果。

(4) 可协调：装配式建筑施工参与单位众多，目前的项目管理组织形式阻碍了内部的信息传递，使得项目各方经常不能协调一致，只有在定期召开的工地例会上，各部门才能进行有效的信息交流，这一弊端将导致关键性问题的决策延误，引起"药到"却无法"病除"的问题。BIM 技术数据库包含建筑物的几何物理信息和实时性能指标数据，为建筑企业信息化和精细化管理提供了协同工作平台，能够实现项目各方对工程 3D 基础信息的共享和应用，可协调性是现代化工程项目管理的关键所在。

(5) 可出图：图纸是设计产品的集中体现，其最基本的目的是反映设计意图。理论和实践表明，基于 BIM 技术的建筑出图和结构出图可以较好地应用于实际的BIM 项目中。与传统出图方式相比，BIM 技术出图具备多种优势，首先注释符号包括了深化设计所需要的参数化信息，其次 BIM 图纸始终和模型相关联，模型发生变化时，图纸也会同步更新，避免了多个文件的重复修改。

3. BIM 的优势

随着建筑行业的快速发展，BIM 技术在建筑行业中受到越来越多的关注。BIM 技术是一种数字化设计和建造技术，它可以提供全面的建筑信息，并提供建筑项目的管理和维护支持。

(1) 提高效率和生产力：BIM 技术可以在建筑项目的整个生命周期中提供全面的信息支持，从设计、建造到运营。在设计阶段，BIM 技术可以帮助设计师更快速地创建和修改模型，同时保证设计的准确性和一致性。在施工阶段，BIM 技术可以协助施工方和设计方更好地协作，减少误差和冲突，提高施工效率。在运营和维护阶段，BIM 技术可以帮助管理人员更好地了解建筑的状况，并及时进行维修和保养，延长建筑的使用寿命。

(2) 降低成本和风险：BIM 技术可以减少建筑项目中的设计和施工错误，降低工程成本和风险。使用 BIM 技术可以预测并及时解决问题，避免项目延误和超出预算。同时，BIM 技术可以帮助建筑团队更好地管理材料和资源，提高物流效率，降低运输成本。

（3）提高质量和安全性：BIM 技术可以帮助建筑团队更好地理解建筑的结构和构造，提高建筑的质量和安全性。使用 BIM 技术可以在建筑项目的早期阶段识别和解决问题，避免项目后期出现安全隐患。

（4）增强可持续性和环保：BIM 技术可以帮助建筑团队更好地管理建筑项目的能源和资源，实现节能和环保。使用 BIM 技术可以优化建筑设计，减少建筑能耗，同时提高建筑的使用效率和舒适性。

（5）提高客户满意度：BIM 技术可以帮助建筑团队更好地满足客户需求，提高客户满意度。使用 BIM 技术可以帮助客户更好地了解建筑项目，提供更准确的设计和预算，同时便于及时反馈客户需求和变更。

综上所述，BIM 技术是一种先进的数字化建筑技术，它的优势体现在提高效率和生产力、降低成本和风险、提高质量和安全、增强可持续性和环保、提高客户满意度等方面。因此，越来越多的建筑公司和设计机构开始采用 BIM 技术，以提高其业务水平和竞争力。

1.1.2　BIM 软件分类

根据功能和用途可将 BIM 软件分为八大类。

（1）概念设计和可行性研究软件：该类软件主要应用于概念设计、成本估算等前期阶段，代表软件有 Bentley Architecture、SketchUp、ArchiCAD 等。

（2）BIM 核心建模软件：该类软件以 Revit、Bentley、Dassault 系列软件为代表，主要用于设计阶段建筑、结构、机电等多个专业的建模工作。

（3）BIM 分析软件：以 Ecotect、Green Building Studio 等软件为代表，该类软件主要用于对建筑的各项性能参数进行模拟实验，例如结构性能、照度、热工性能、声环境等。设计师能够根据模拟实验所得出的各项报表对建筑进行性能上的精准优化，提升建筑表现。

（4）加工图和预制加工软件：以 Revit MEP、Tekla Structures 等软件为代表，该类软件主要用于各种结构、构件的细部设计以及出图，使设计师能够高效率、高精度地完成设计。

（5）施工管理软件：以 Navisworks Manage、ProjectWise 等为代表，该类软件主要应用于施工阶段的碰撞检查、空间及模型的协调以及施工计划的管理等，目的是减小因图纸错误带来的影响、提升施工效率等。

（6）算量和预算软件：以广联达系列软件为代表，该类软件主要用于工程量的计算、快速评估设计方案等，目的是对项目进行经济上的快速评估。

（7）计划软件：以 ProjectWise 等软件为代表，该类软件属于工程信息管理软件，主要用于项目进度管理、项目审阅、模型协调等。

（8）文件共享和协同软件：以 Buzzsaw 等软件为代表，该类软件主要用于文件的共享、存储，以及各参与方的沟通等项目文件、信息的管理，目的是提供一个沟通协作的项目管理协同平台，以提升项目文件管理、参与方沟通的效率。

除了 Autodesk 公司外，还有其他公司也陆续开发了同样概念的类似软件，以适应更加广泛和专业的建设需求。这里强调 BIM 不是指一个软件，而是一系列软件的总称，市场上开发 BIM 软件的公司较多，主流的 BIM 软件公司和产品见表 1.1。

表 1.1　　　　　　　主流的 BIM 软件公司和产品

公司	Autodesk	Bentley	Nemetschek Vectorworks	Dassault Systemes
产品	Revit	OpenRoads、PenBridge Designer	ArchiCAD	CATIA
	InfraWorks	EGION	Renderworks	Digital Project
	Navisworks	Synchro	Vectorworks Architect	
	Civil 3D	Cube		

1.2　水利 BIM 技术现状及趋势

1.2.1　水利 BIM 技术行业现状

1.2.1.1　优缺点

水利行业 BIM 技术应用起步相对较晚，但发展迅猛。目前，BIM 技术在水利工程设计阶段的应用已较为成熟和完善，在工程全生命周期中的应用也在加快研究和推广。

1. 优点

水利 BIM 技术的优点体现在如下方面。

（1）三维可视化：传统设计需绘制平面图、立面图和剖面图，非专业人员难以看懂；BIM 技术的三维可视化表现手法较原二维图纸更加直观且美观，便于业主理解，能使业主更好地与设计人员沟通。此外相对于二维图纸而言，三维可视化下的碰撞检查可发现设计中的隐藏问题，在施工之前能尽可能消除各类碰撞，减少返工，缩短工期，节约成本。

（2）数据信息化：传统设计中信息较为分散，材料、造价、结构等信息往往分布于不同图纸中；BIM 技术将工程中所有结构以数据的形式记录在模型中，可以实时查看各部分信息，同时也可得出精准材料清单，实现准确造价估算；在改变部分结构时材料清单与造价会随之改变。此外，数据信息化条件下可实现三维效果图和二维图纸之间的自由转换，可以得出任意剖面的图纸。

（3）设计修改便捷：传统设计二维图纸的修改需同时修改平面图、立面图和剖面图，而利用 BIM 技术仅需修改一个信息模型即可，降低图纸错误率。

2. 缺点

水利 BIM 技术的不足体现在以下方面。

（1）对象资源库不完善：BIM 大部分使用国外软件，其内置对象资源库与我国国情有一定差距，且 BIM 在水利行业上普及程度不高（偏向应用于大中型工程），因此对象资源库相对匮乏，仍有大量构件需要建模。

(2) 软件和标准不统一：水利行业中，市场上三大 BIM 软件（Autodesk、Bentley、CATIA）均占有一定市场；同时，国家虽制定统一标准，但标准过于笼统，各单位仍使用自身标准。

(3) 出图功能尚不完善：我国工程验收时仍需图纸，因此交付设计图时需将信息模型转换为二维图纸，由于大型工程上应用较多，随着工程量的增加，信息模型的复杂度也增大，软件出图失败率风险会有所增大。

1.2.1.2 行业现状

从工程"设计—施工—运维"全生命周期上看，虽然 BIM 技术在各阶段均有所应用，但由于 BIM 优势更偏向于设计院且设计院人才储备较多，目前我国水利行业 BIM 技术的应用基本集中在设计阶段，运维阶段也有一定运用，施工阶段基本为空白状态，且设计阶段中 BIM 的运用已相当成熟。例如金沙江龙开口水电站、澜沧江托巴水电站、清远抽水蓄能电站等工程的 BIM 技术在设计阶段均得到较好应用。

从行业使用软件看，水利行业 BIM 软件基本使用 Autodesk、Bentley、CATIA 三大系列软件，其中 Bentley 系列软件所占份额相对较大。

(1) Autodesk 公司 BIM 系列软件的建模核心软件是 Revit 软件。在我国水利行业中，该系列软件的使用代表有中国电建集团昆明勘测设计研究院和中国电建集团北京勘测设计研究院等。软件优势：使用成本低、软件操作相对简单；劣势：复杂模型的建模能力有限，平台间数据格式不统一。

(2) Bentley 系列软件是 Bentley Systemes 公司 BIM 系列软件的建模核心软件。在我国水利行业中，该系列软件的使用代表有中国电建集团华东勘测设计研究院、中国电建集团中南勘测设计研究院及大部分省级设计院等。软件优势：数据管理能力出色、数据接口统一；软件劣势：学习成本高（软件操作与国内习惯不同，需使用单位进行二次开发）、费用高昂（需每年支出服务费）。

(3) CATIA 系列软件是 Dassault Systemes 公司 BIM 系列软件的建模核心软件。在我国水利行业中，该系列软件的使用代表有长江设计集团（前身为长江勘测规划设计研究院）、中国电建集团成都勘测设计研究院、中国电建集团贵阳勘测设计研究院及中国电建集团西北勘测设计研究院等。软件优势：建模能力、表现能力和信息管理能力强；软件劣势：价格昂贵，系列软件中学习难度最大。

1.2.2 水利 BIM 技术发展趋势

根据政策方针，近年来国家不断推进 BIM 技术在水利上的应用，陆续制定水利行业 BIM 标准。2019 年全国水利工作会议提出"加快信息化基础设施升级改造""积极推进 BIM 技术在水利工程全生命期运用""加快建立水利工程档案电子签章制度"。2019 年，《水利部办公厅关于印发 2019 年水利网信工作要点的通知》提出："加快 BIM 和电子签章研究和应用工作。制定水利行业 BIM 应用指导意见和水利工程 BIM 标准，推进 BIM 在水利工程全生命周期应用。积极探索电子签章在水利工程档案管理中的应用，推进建立统一认证机制和平台。"2020 年，《水利部办公厅关于印发 2020 年水利网信工作要点的通知》提出："推进新技术应用。推进大数据、人工智能、5G、BIM、电子签章、区块链等技术与水利业务深度融合。创新重大水利工程规划设计、建设管理和运行维护全过程信息化应用，出台《水利工程BIM技术应用指导意见》，开展BIM和电子签章等应用试点。"

从建设工程的招标文件上看，近年来大型工程的设计及施工均要求投标人使用BIM技术，具体措施包括：在实施方案中增加BIM相关章节、提交BIM模型源文件以及BIM衍生物、通过BIM模型来展示投标方案等。此外，不少中型工程也要求投标人使用BIM技术。

从BIM技术上看，其呈现出以下趋势。

（1）工程全生命周期应用。水利行业中将BIM技术从设计阶段向施工阶段延伸，直至全生命周期，实现设计方、施工方、运维方通过统一的协作平台，围绕着同一信息模型工作，提高工程建造效率。

（2）多软件集成互通。打造多软件集成互通平台，打通市场上流通软件的不同格式，使不同软件文件得以互通。

（3）新技术融合。集成GIS（地理信息系统）、VR（虚拟现实）、3D、物联网、云平台等新技术，实现无人机地形测绘、施工安全教育、工程三维模型打印、智能监测、数据从本地向云端转移等功能；此外，进行BIM系列软件二次开发，使BIM技术向更深入、更多元方向发展。

从BIM技术培训上看，目前国内水利高校开始重视BIM技术，河海大学、浙江水利水电学院等部分学校陆续开展校企合作培训，但尚未全面引入BIM课程，学校仍缺少深入介绍BIM技术及项目应用的优秀教材。

综上所述，虽然BIM存在标准尚未统一、设计效率提升不显著、复杂工程出图功能不完善等问题，但由于其数据信息化的特点，极大提升了设计的准确性，并可加强设计、施工、业主方之间的沟通，BIM技术得到政策扶持，在水利行业中推广力度大、应用前景广，水利工程数字化势在必行。目前，水利行业中设计方与施工方对BIM技术人员需求逐步增大，BIM技术人员十分紧缺。

第 2 章

Revit 基本术语

本书主要讲述 Autodesk 公司 BIM 系列软件在工程中的应用,核心建模软件采用 Revit 2018 版本。

2.1 Revit 简 介

2.1.1 Revit 软件界面

Revit 软件包含了建筑、结构、MEP 三大模块,这里主要介绍建筑模块的相关功能和操作。

安装好 Revit 2018 软件后,双击桌面上的图标,打开软件进入主界面,如图 2.1 所示。主界面中主要包括项目、族、最近浏览文件、资源等几大模块,其中项目和族是后期建模入口。

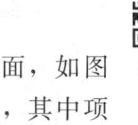

2.1 Revit 软件界面

图 2.1 Revit 软件主界面

单击"项目"中的"建筑样板"后即可进入建模操作界面，默认为二维平面视图，界面主要由快速访问工具栏、信息中心、功能区、上下文选项卡、状态栏、绘图区域、属性面板、项目浏览器、视图控制栏、命令提示栏等组成，如图 2.2 所示。当进入三维视图时，绘图区域右上角会多一个 ViewCube 视图魔方按钮，用于旋转三维视图、调整方位。

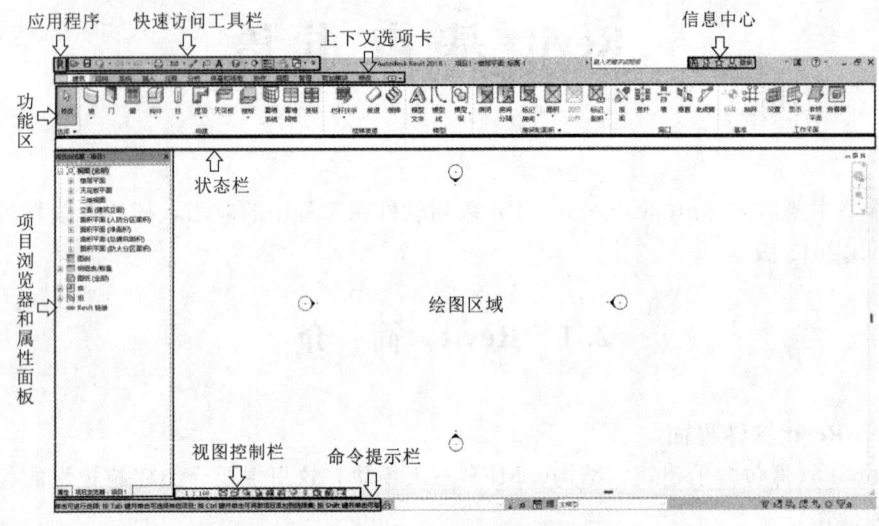

图 2.2 Revit 软件建模操作界面

在 Revit 软件中进行建模操作，习惯上将属性面板放置在整个界面的左侧，将项目浏览器面板放置在整个视图的右侧。具体操作：左键按住项目浏览器面板，往整个界面的右侧拖拽，直至项目浏览器面板自动吸附到右侧，如图 2.3 所示。

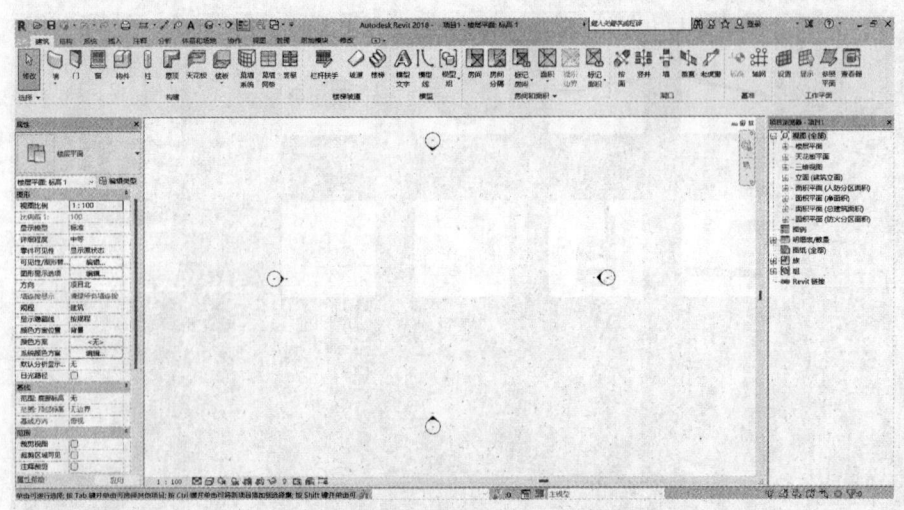

图 2.3 Revit 软件操作界面布置

在 Revit 软件属性面板中，最顶部区域显示图形或视图的名称和基本信息，该区域右下角黑色的倒三角下拉菜单按钮，单击下拉菜单后会有其他需要的属性信息和类型可供选择。除顶部区域外，下方有两个非常重要的概念，即"实例属性"和"类型属性"，展示在属性面板外面直接可编辑的参数均为"实例属性"，这些属性属于当前选中图形的特性参数，修改任意一个"实例属性"参数，都不会影响到其他图形；单击属性面板中的"编辑类型"按钮，进入"类型属性"设置界面，"类型属性"的参数属于同类型图形的共性参数，任意修改一个参数，和它同类型属性图形的相关信息也会随之改变，如图2.4所示。

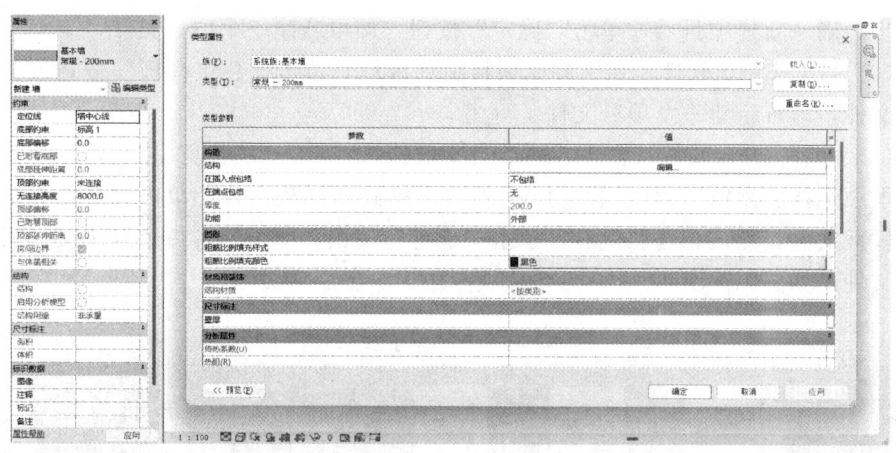

图2.4 类型和实例属性面板

例如，打开软件单击"建筑样板"—"建筑"—"墙"—"墙建筑"，任意在绘图区画两面墙，单击其中一面墙，在属性面板外面显示的为这面墙的特性参数即实例属性，比如高度、长度等，修改这些参数不会影响到另外一面墙，单击属性面板中的"编辑类型"按钮，进入墙类型属性面板，显示的就是两面墙的共有属性参数，例如材质、颜色、功能等，修改共有属性中的任意一个参数，另外一面墙也会发生变化。

2.1.2 Revit 软件文件类型

在 Revit 软件中共有 4 种文件类型，分别是项目文件、项目样板、族文件、族样板。

2.2 Revit 软件文件类型

1. 项目文件

Revit 软件中所有的三维模型、图纸、明细表都储存在 .rvt 的项目文件中，项目文件可以看作是整个项目信息的集成文件，包含了所有和本项目有关的内容。

2. 项目样板

在做不同类型的项目时，会有不同的行业规范和标准，项目样板里会结合各行业规范，提前定义好一部分公共参数，例如尺寸标注样式、线型、度量单位等信息，文件后缀名为 .rte，因此在创建项目文件之前要先选择项目样板。

3. 族文件

Revit 软件中所有的图元都是基于族来创建的，小到一个标注、一根线条，大到一个项目模型都是基于族来创建的，族文件后缀名为 .rfa。

4. 族样板

族样板是用于创建不同类型族的样板文件，会根据族的特点和类型，提前设定一部分族参数，提高创建族的效率，文件后缀名为.rft，注意在创建族文件之前要先选择族样板。

2.1.3 创建和保存项目文件

2.3 创建和保存项目文件

1. 创建项目文件

在 Revit 软件中创建项目文件常用方法有以下几种。

（1）打开 Revit 软件，在主界面项目文件区域，单击"新建"按钮可选择需要的样板，确认新建项目后，单击"确定"按钮，即可新建一个项目文件。

（2）打开 Revit 软件，在主界面项目文件区域，单击"建筑样板"按钮或其他样板文件，即可新建一个项目文件。

（3）打开 Revit 软件，在主界面项目文件区域，单击"新建"按钮，在弹出的对话框中选择"浏览"，可任意选择一个.rte 格式的样板文件，单击"打开"按钮读入样板文件，确认创建项目后，单击"确定"按钮，即可创建一个自定义样板的项目文件，如图 2.5 所示。

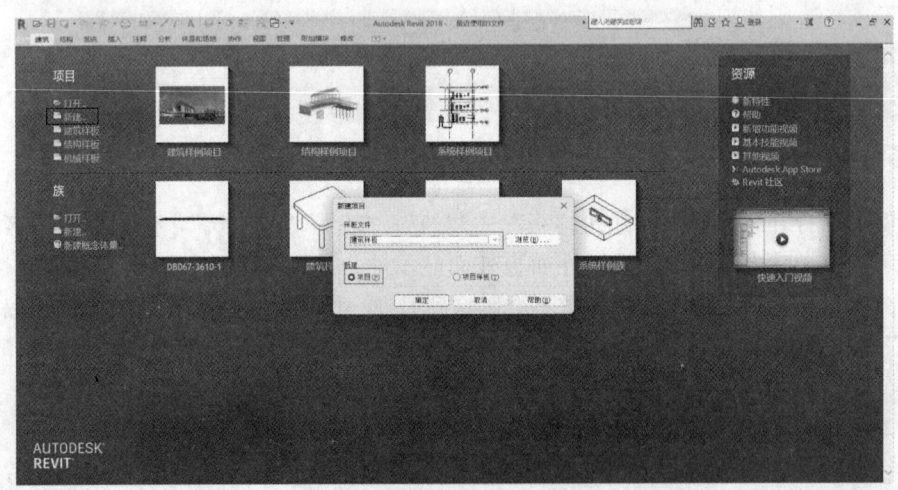

图 2.5 新建项目面板

2. 保存项目文件

Revit 与 AutoCAD 保存项目文件方式区别很大，Revit 软件只能保存一个版本的文件，例如用 Revit 2018 版本保存文件，只能存为 2018 版本的.rvt 文件，不能保存其他版本；但两者在文件打开要求上一致，高版本软件能打开低版本文件，而低版本软件不能打开高版本文件。

保存文件时，单击快速访问工具栏中"保存"按钮（快捷键 Ctrl＋S），在弹出的保存文件对话框中，单击"选项"按钮，将"最大备份数"改为"1"（保存 N 次只会有一份备份文件），如图 2.6 所示，单击"确定"按钮；对文件重命名，选定保存位置后，确认保存文件格式为.rvt，单击"保存"按钮，即可保存项目文件。

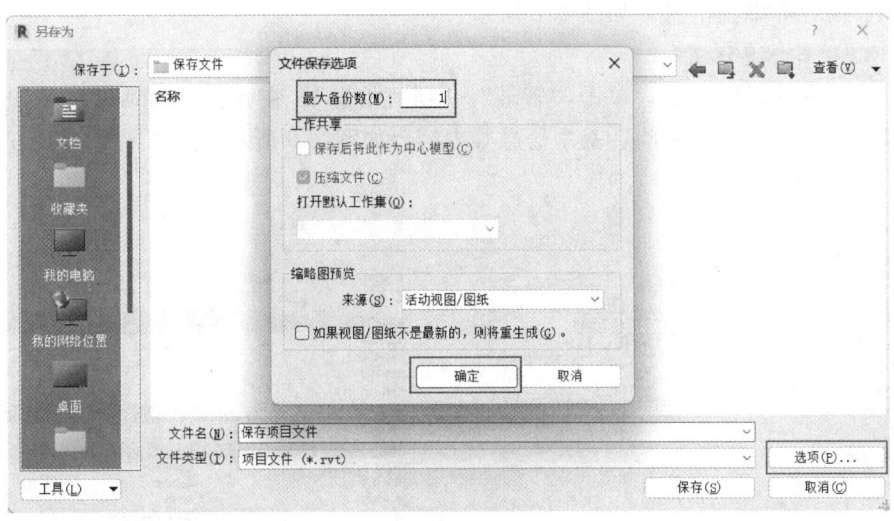

图 2.6　保存时选项面板设置

2.2　Revit 软件基本设置及快捷键

2.2.1　Revit 软件基本设置

1. 选项

打开 Revit 软件，在主界面左上角"R"字样下方，单击"文件"—"选项"，在弹出对话框中依次设置软件基本信息，选项面板如图 2.7 所示。

（1）常规：可以修改文件保存时间。

（2）界面：可以修改软件界面布局，修改命令快捷键等。

（3）文件位置：可以修改文件保存默认位置、项目样板位置、族库位置等。

（4）颜色：可以修改软件绘图区背景颜色，图元颜色，提示信息颜色等。

（5）其他选项采用默认设置即可。

2. 项目单位设置

进入项目样板或族样板后，单击"管理"—"项目单位"，在弹出的对话框中可依次修改长度、面积、

2.4　Revit 软件基本设置

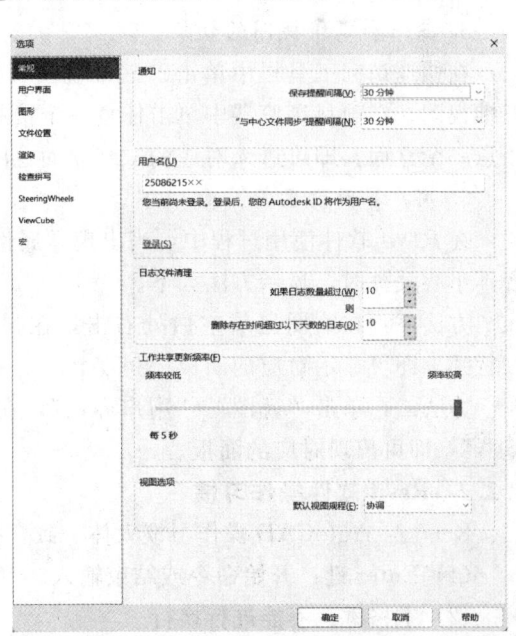

图 2.7　Revit 选项面板

体积、高程等单位信息，如图2.8所示。

3. 项目信息设置

在进入项目样板后，单击"管理"—"项目信息"，在弹出的对话框中，依次设置项目名称、地点、时间、基本信息等内容，如图2.9所示。

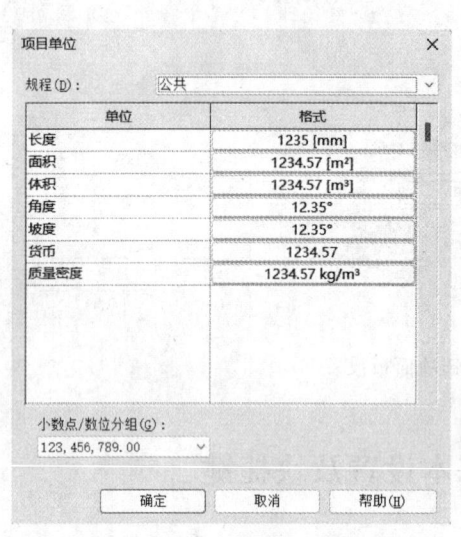

图2.8 项目单位设置面板

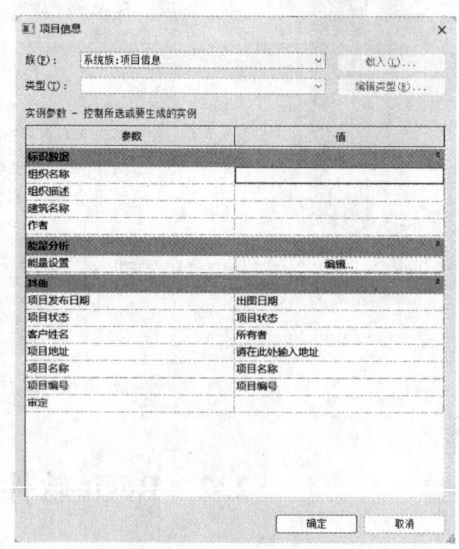

图2.9 项目信息设置面板

4. 线宽设置

在快速访问工具栏中单击"线宽"按钮，可调整图形在三维和二维视图中线条显示的粗细程度。

5. 三维和二维视图的切换

在快速访问工具栏中单击"三维视图"按钮（图标是一个小房子），即可进入三维视图；在项目浏览器中单击任意一个楼层平面，即可进入二维平面视图，单击任意一个立面，即可进入对应的二维立面视图。

6. 用户界面设置

在Revit软件使用过程中，当出现"属性"和"项目浏览器"面板不显示，或者不小心关掉时，显示方法如下。

方法一：在绘图区域空白处右击，在弹出的对话框中单击"项目浏览器"和"属性"，即可显示对应的面板。

方法二：单击"视图"—"用户界面"，在下拉菜单中勾选"属性"和"项目浏览器"，即可出现对应的面板。

2.2.2 Revit软件操作习惯

Revit与AutoCAD操作习惯大体一致，操作习惯如下。

（1）Enter键：开始命令或结束输入。

（2）空格键：不能进行换行。

（3）Esc键：一次表示重新执行当前命令/两次表示结束该命令，但编辑模式下无效,需√和×完成。

(4) Del 键:删除。

(5) Tab 键:切换选择对象。

(6) 鼠标框选:从左往右框选必须全部选中才能选中对象,从右往左碰到即可选中对象。

(7) 平移视图:长按鼠标中键。

(8) 旋转三维视图:Shift+鼠标中键,在三维视图中代替 ViewCube 功能。

(9) 缩放视图:上、下滚动鼠标中键。

(10) 回归默认状态——快速双击鼠标中键。

2.2.3 视图可见性和显示设置

视图可见性是 Revit 绘图的重要内容之一,常用设置如下。

1. 可见性/图形

单击"视图"—"可见性/图形"(快捷键 VV),即可弹出图形可见性设置面板,如图 2.10 所示。勾选所需要的模型类别,相应模型就会在当前视图中显示,当取消勾选则表示在当前视图永久隐藏,该设置用于控制平面视图、立面视图、三维视图中模型的可见性。当某个模型在二维视图中不显示而在三维视图中显示时,则可在二维视图中使用该功能设置模型的可见性。

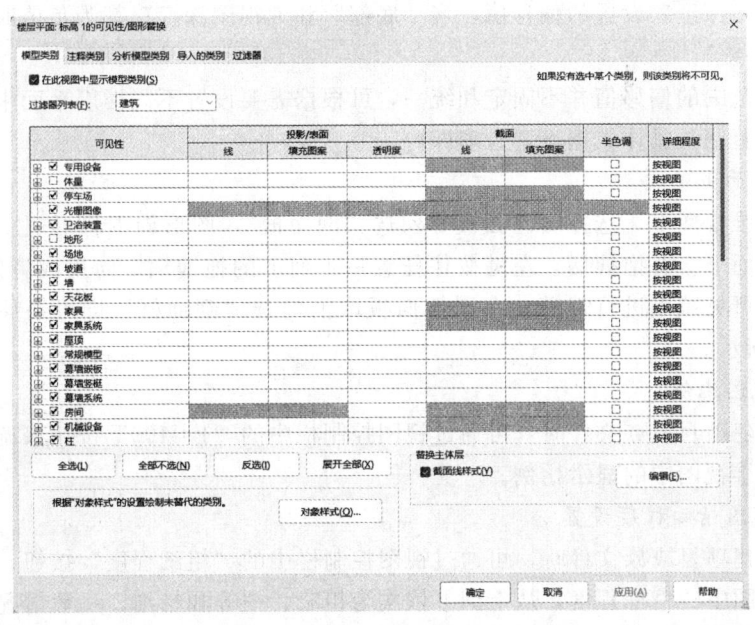

图 2.10 可见性/图形设置面板

2. 视图范围

视图调整到任意一个楼层平面视图中,在属性面板中找到"视图范围",单击"编辑"按钮,即可弹出视图范围设置面板,如图 2.11 所示,包括主要范围和视图深度。

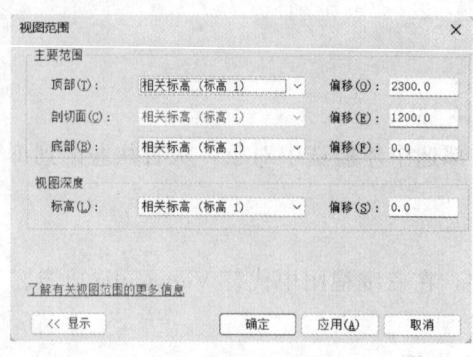

图 2.11 视图范围设置面板

(1)"顶部"参数表示视图投影范围的顶部高度,沿着当前"相关标高"设置偏移值用来自定义视图范围的顶高程。

(2)"剖切面"参数表示将剖切面偏移到"相关标高"的某一高度,即剖切面设置到哪一高度,当前"相关标高"楼层平面中就会显示该高度对应的图形,例如门的高度是"2100",当设置剖切面的偏移值是"2200"时,在平面视图中将不会显示门;当偏移值设置为"2000"时,平面视图中才会显示门。

(3)"底部"参数表示视图投影范围的底部高度,沿着当前"相关标高"设置偏移值用来自定义视图范围的底高程。

(4)"视图深度"参数用于控制视图沿着"相关标高"向下投影的深度,可将当前"标高"楼层平面以下和设置的偏移值以上的内容投影到该楼层平面中。

各参数的"相关标高"一般默认当前标高,"相关标高"设置保持一致,"剖切面"的偏移值必须介于"顶部"和"底部"偏移值数据之间,"底部"偏移值不能超过"视图深度"设置的偏移值,当"底部"和"视图深度"都为负值时,可设置相同的偏移值。

视图范围的偏移值并不固定和统一,可根据需要设置不同楼层平面中视图投影和显示的范围,具体数据设置合理即可。

3. 剖面框

在三维视图下,选择属性面板并勾选"剖面框",图形周围将形成一个长方体框,每个面上会有拖拽柄,左键按住任意一个面上的拖拽柄,向里或者向外移动,能对图形可见范围进行裁剪,在属性面板取消勾选"剖面框"即可还原视图,如图 2.12 所示。

4. 视图比例

在创建项目或族文件时,可通过视图控制栏中的"1∶100"按钮来调整图形在三维和二维视图中的显示比例。

5. 视图精细程度设置

在创建项目或族文件时,可通过视图控制栏中的"粗细程度"按钮,控制三维或二维视图中的精细程度,从上到下依次为粗略、中等和精细,一般情况下绘图时调整到"中等"即可。

6. 视觉样式

在创建项目或族文件时,可通过视图控制栏中的"视觉样式"按钮,控制三维或二维视图中的显示样式,从上到下依次包括"线框""隐藏线""着色""一致的颜色""真实"等,如图 2.13 所示。

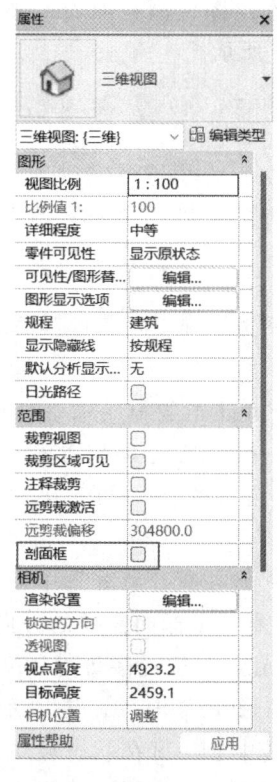

图 2.12 剖面框按钮

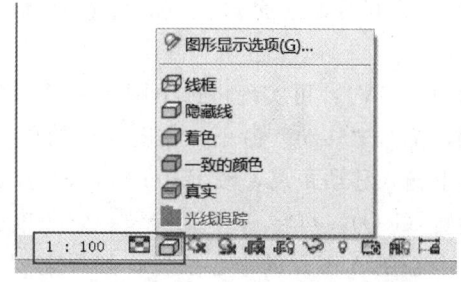

图 2.13 视图控制栏常用按钮图标

7. 隐藏/隔离图元

选中图形,在视图控制栏中单击"隐藏/隔离图元"按钮,如图 2.14 所示。

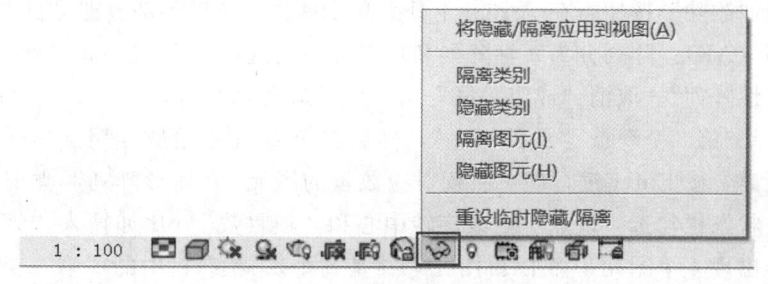

图 2.14 隐藏/隔离图元按钮图标

"隐藏图元"表示将选中的图形在当前视图中隐藏,"隔离图元"表示只显示已选中的图形,其他图形不显示。单击"隐藏/隔离图元"命令,选择"重置视图"即可显示全部图形。该功能适用于楼层平面视图、立面视图和三维视图。

2.2.4 Revit 软件常用快捷键及操作

在实体建模过程中,常用的有对齐(AL)、复制(CO)、移动(MV)、旋转(RO)、拆分图元(SL)、阵列(AR)、修剪和延伸(TR)等命令,其余快捷键见附录 A,常用实体建模命令操作如下。

2.5 Revit 软件常用快捷键及操作-1

2.6 Revit 软件常用快捷键及操作-2

单击"建筑样板"—"建筑"—"墙"—"墙建筑",在绘图区画一面墙,选中墙体即可进入修改选项卡,会看到常用的命令,如图 2.15 所示。

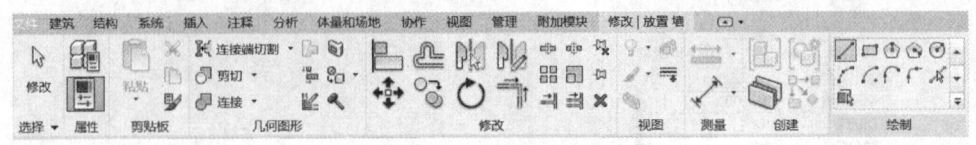

图 2.15　修改选项卡面板

对齐(AL):可将 A、B 两个图元对齐。单击"对齐"命令,先选择 A 再单击 B,可实现 B 图元与 A 图元对齐。

复制(CO):复制多个 A 图元。先选中 A 图元,单击"复制"命令,在 A 图元中拾取一个参照点,鼠标向需要复制的方向移动,在键盘上输入复制距离,按 Enter 键,即可复制一个 B 图元,注意复制时如果勾选"多个",可一次性复制多个图元。

移动(MV):可实现将选中图元从 A 位置移动到 B 位置。首先选中需要移动的图元,单击"移动"命令,在图元中拾取一个参照点,鼠标向需要的方向移动,在键盘上输入移动距离,按 Enter 键,即可将选中图元从 A 位置移动到 B 位置。

旋转(RO):可将 A 图元旋转一定角度。选中 A 图元单击"旋转"命令,默认旋转中心在 A 图元的中心位置,如果需要更改旋转中心,可在状态栏单击"地点"命令,重新拾取旋转中心,然后拾取参照线,向旋转方向移动,在键盘上输入旋转角度,按 Enter 键,即可将 A 图元旋转一定角度。

拆分图元(SL):可将 A 图元拆分为多个图元。选中 A 图元单击"拆分图元"命令,单击 A 图元可将其分为两个图元;单击多次时可将其分为多个图元;在状态栏勾选"删除"按钮,在 A 图元上任意单击两处,中键的部分即可自动删除。

阵列(AR):阵列分为线性阵列和环形阵列。选中 A 图元点击"阵列"命令,勾选"线性阵列"—取消"成组关联"(一般不勾选此按钮)—输入"项目数"(个数)—选择"第二个"或"最后一个",然后在 A 图元中拾取参照点,在键盘上输入复制距离,按 Enter 键,即可出现对应数量的图元。"环形阵列"类似于旋转复制,可在状态栏勾选"地点"更改旋转中心和"项目数"(比如输入"5",A 图元阵列后会出现 4 个图元,加上 A 图元一共是 5 个);状态栏中的"第二个"表示第一个图元与第二个图元之间的距离或角度,后面所有图元的间距都和前两个一致;"最后一个"表示第一个图元和最后一个图元之间的间距,系统会自动计算(即输入的距离或角度除以间距数量)。

修剪和延伸(TR):可将 A 图元和 B 图元进行裁剪或延伸。单击"修剪/延伸"命令,单击 A 然后单击 B,则以 A 为参照裁剪 B,或将 A 与 B 做延伸处理,需要保留图元哪部分就单击相应位置。

2.2.5　Revit 软件辅助建模工具

在 Revit 软件建模中除了经常用到的实体建模命令外,经常会配合以下命令辅助建模，图标和位置如图 2.16 所示。

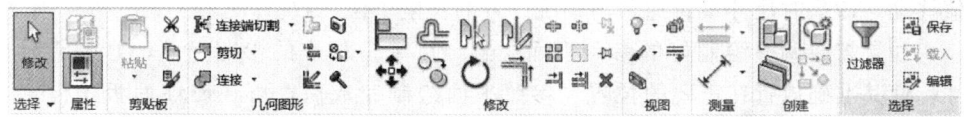

图 2.16　常用辅助建模工具图标及位置

1. 过滤器

当创建的图元类型较多时，想准确选择某一类图元，可用到过滤器工具进行选择。在三维或二维视图中，框选所有图元，在上下文选项卡中就会出现"过滤器"按钮，单击后在弹出的对话框中勾选需要选择的图元类型，单击"确定"按钮即可选中所有同类型的图元。

2. 复制到剪贴板

当选中需要的图元后，在上下文选项卡中就会出现"复制"按钮，可将图元复制到剪贴板中，注意该"复制"按钮与实体建模工具中的"复制"不是同一个命令。

3. 粘贴

当将需要的图元复制到剪贴板后，将会出现"粘贴"按钮，下拉菜单选择粘贴方式（"与选定的标高对齐""与选定的视图对齐""与当前视图对齐""与同一位置对齐""与拾取的标高对齐"等方式），例如选择"与选定的标高对齐"在弹出的对话框中选择对应的标高，即可将复制的图元粘贴到对应的标高平面。

4. 连接

当 A 图元与 B 图元有重叠时，可利用"连接"工具进行裁剪。单击"连接"命令选择 A 图元再选择 B 图元，将以 A 为参照裁剪掉与 B 的重叠部分。

5. 剪切

当需要以 A 图元为裁剪体，去裁剪 B 图元，并要求裁剪后 A 图元消失被删除，这一操作要求可采用"剪切"命令实现。

2.2.6　参照平面

参照平面是 Revit 中最常用的工具之一，图标和位置如图 2.17 所示。

图 2.17　参照平面工具位置和图标

2.7　参照平面

作为辅助工作平面，在项目文件和族文件中均可使用，用于定位，在平面视图中显示为一条直线，可在任意一个二维视图中绘制。

打开 Revit 软件，单击"新建"或"建筑样板"—"建筑"—"工作平面选项卡"—"参照平面"工具（快捷键为 RP），绘制方式为直线和拾取线，绘制时可按住 Shift 键锁定正交方向，在需要的位置绘制，绘制完成后按两次 Esc 键结束命令。

在 Revit 软件中绘制参照平面或建模时，经常会看到图形周围出现一个尺寸，该尺寸属于临时标注尺寸，单击两次可修改其数值，对应的图形会根据输入的新数值移动，该临时尺寸单位通常与系统设置的长度单位一致。

如果需要调整绘制好的参照平面位置，可单击相应的参照平面，修改临时尺寸，使其准确放置在需要的位置。参照平面绘制完成后，可在属性面板中设置名称、颜色，如图 2.18 所示。

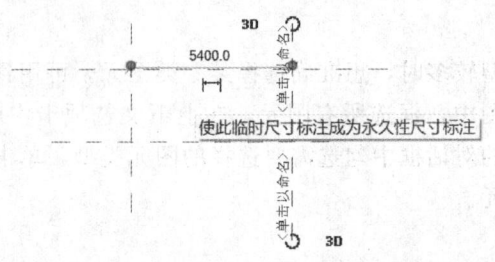

图 2.18　参照平面及临时标注

第 3 章

族 和 体 量

3.1 族的基本知识

3.1.1 族概述

Autodesk Revit 中所有图元都是基于族来创建的。"族"能更轻松地辅助使用者管理数据。每个族图元能够在其内定义多种类型,例如每种类型可以具有不同的尺寸、形状、材质设置或其他参数变量。使用 Autodesk Revit 的一个优点是不必学习复杂的编程语言,便能够创建自己的构件族;使用族编辑器,整个族创建过程在预定义的样板中执行,可以根据用户的需要在族中添加各种参数,如距离、材质、可见性等;可以使用族编辑器创建现实生活中的建筑构件和图形/注释构件。

3.1.2 族的几个关键问题

在学习制作构件族之前,应当先了解以下几个基本的问题。

(1) 族的分类:系统族、可载入族(外建族)和内建族。

1) 系统族:是在 Autodesk Revit 中预定义的族,包含基本建筑构件,例如墙、窗和门,如基本墙系统族包含定义内墙、外墙、基础墙、常规墙和隔断墙样式的墙类型。可以复制和修改现有系统族,但不能创建新系统族。可以通过指定新参数定义新的族类型。

2) 可载入族(外建族):族文件后缀名为.rfa,在默认情况下,项目样板中载入标准构件族,但更多标准构件族存储在构件库中。使用族编辑器创建和修改构件,可以复制和修改现有构件族,也可以根据各种族样板创建新的构件族。标准构件族可以位于项目环境外,且具有.rfa 扩展名。可以将它们载入项目,从一个项目传递到另一个项目,若需要还可以从项目文件保存到自己的库中。族样板可以是基于主体的样板,基于主体的族包括需要主体的构件,例如以墙族为主体的门族;也可以是独立的样板,独立族包括柱、树和家具。

3) 内建族:是特定项目中的模型构件,也可以是注释构件。只能在当前项目中创建内建族,因此它们仅可用于该项目特定的对象,例如自定义墙的处理。创建内建族时,可以选择类别,且使用的类别将决定构件在项目中的外观和显示控制。

(2) 类别、族、类型之间的关系:"窗"是一个族类别,"双扇开平窗"为一个窗族,"双扇开平窗900*12000mm"即为族类型。

(3) 参照平面:设定参照平面后才可以对该族进行尺寸标注或对齐该族,即先选择参照平面,再选择属性按钮。

(4) 是参照:可指定在族的创建期间绘制的参照平面是否为项目的一个参照,因此可以对该族进行尺寸标注或对齐该族。几何图形参照可设置为强参照或弱参照,强参照的尺寸标注和捕捉的优先级最高,弱参照的尺寸标注优先级最低。

(5) 定义原点:可指定正在放置的对象上的光标位置。例如放置矩形柱时,光标放置于该柱造型的中心线。"定义原点"可以只指定一个参照平面,例如"公制窗.rft"的样板,只要是墙就能插入窗户,不需要定义交点。

3.2 族的基本操作

3.2.1 族编辑器简介

本节重点介绍可载入族(外建族)的操作界面,内建族与可载入族操作界面基本一致。

打开Revit软件,在主界面"族"面板中单击"新建",选择"公制常规模型.rft"族样板文件,打开即可进入族编辑器,如图3.1所示。

图3.1 外建族编辑器界面

在"创建"选项卡中,主要有创建实体和空心模型命令,其他"插入""视图""管理"等选项卡,与项目样板中使用方法一致。

在"属性"面板中,有设置尺寸、材质、实心/空心、视图可见性等常用命令。

在"项目浏览器"中,有楼层平面、立面、天花板平面等视图,立面视图包括前、后、左、右视图,对应项目样板中的南、北、西、东视图。

在"楼层平面"视图中,即平面视图状态下,"绘图区"中有两条正交的参照平面,可作为创建族的参照线,交点为族载入项目时的基准点。

"视图控制栏"操作与项目样板操作一致。

创建完成的族构件保存格式为.rfa。

说明："公制常规模型"族样板属于通用样板，可创建任意类型的族构件，Revit自带的族样板类型很多，选择合适的族样板，可大大提高建模效率。

3.2.2 可载入族（外建族）的基本操作

选择"公制常规模型"样板（属于通用族样板）新建文件，常用拉伸、融合、旋转、放样、放样融合、空心形状等命令进行建模（注意：习惯上在平面和立面视图中创建模型断面形状），与此同时命令的使用不受视图的限制。

3.1 可载入族（外建族）的基本操作

注意：在使用族编辑器或项目样板中的建模命令时，经常会进入编辑模式，在编辑模式中，无法用Esc键退出命令，需要利用上下文选项卡中的"√"和"×"按钮来完成或取消命令。

（1）拉伸：给定一个断面，沿着断面法线方向生成体。单击"拉伸"选择绘制方式，创建一个闭合不交叉的图形，在属性面板中设置"拉伸起点"和"拉伸终点"值，单击"√"按钮完成拉伸命令。当切换至三维视图时即可显示创建的形体，同时可在属性面板中单击"材质"，为创建的形体添加材质信息，如图3.2所示。

（2）融合：给定两个断面，沿着底面的法线方向，融合为一个体，可修改顶面和底面偏移值，来控制高度。单击"融合"选择绘制方式，创建一个闭合不交叉的图形，再单击上下文选项卡中的"编辑顶部"按钮，选择绘制方式，创建第二个断面形状，然后在属性面板中设置"第一端点"和"第二端点"值，单击"√"按钮完成融合命令。当切换至三维视图时即可显示创建的形体，同时可在属性面板中单击"材质"，为创建的形体添加材质信息，如图3.3所示。

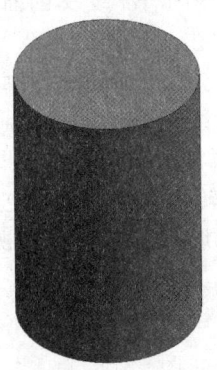
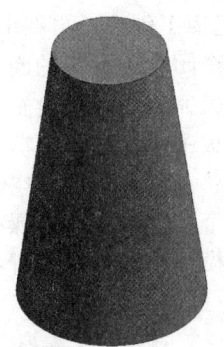

图3.2　拉伸形体　　　　图3.3　融合形体

（3）旋转：定义一个断面和一个旋转轴，生成一个体，可修改旋转角度来控制旋转体的形状。单击"旋转"选择绘制方式，创建一个闭合不交叉的图形，然后在上下文选项卡中单击"轴线"，选择绘制方式，绘制一个旋转轴，在属性面板中设置"起始角度"和"结束角度"值，单击"√"按钮完成旋转命令。当切换至三维视图时即可显示创建的形体，同时可在属性面板中单击"材质"，为创建的形体添加材质信息，如图3.4所示。

(4) 放样：定义一个断面和一个路径，断面沿着路径生成体。单击"放样"命令，在上下文选项卡中单击"绘制路径"按钮，选择绘制方式，创建一个不交叉的路径，单击"√"按钮完成路径绘制，然后在上下文选项卡中单击"编辑轮廓"按钮，在弹出的对话框中选择一个立面（或平面）视图，进入对应视图选择绘制方式，创建一个闭合不交叉的断面形状，单击"√"按钮完成轮廓创建，再单击"√"按钮完成放样命令。当切换至三维视图时即可显示创建的形体，同时可在属性面板中单击"材质"，为创建的形体添加材质信息，如图3.5所示。

图3.4　旋转形体　　　　　　　图3.5　放样形体

(5) 放样融合：定义两个断面和一条路径，两个断面沿着路径进行放样和融合，生成一个体。单击"放样融合"命令，在上下文选项卡中单击"绘制路径"按钮，选择绘制方式，创建一个不交叉的路径，单击"√"按钮完成路径绘制，然后在上下文选项卡中单击"编辑轮廓1"按钮，在弹出的对话框中选择一个立面（或平面）视图，进入对应视图选择绘制方式，创建一个闭合不交叉的断面形状，单击"√"按钮完成轮廓1创建，再在上下文选项卡中单击"编辑轮廓2"按钮，选择绘制方式，创建一个闭合不交叉的断面形状，单击"√"按钮完成轮廓2创建，最后再单击"√"按钮完成放样融合命令，当切换至三维视图时即可显示创建的形体，同时可在属性面板中单击"材质"，为创建的形体添加材质信息，如图3.6所示。

(6) 空心形状：空心拉伸、空心融合、空心旋转、空心放样、空心放样融合的操作，与上述5个实体建模命令操作一致，但空心形状建的模型在视图中不可见，可用于裁剪实体模型，如图3.7所示。

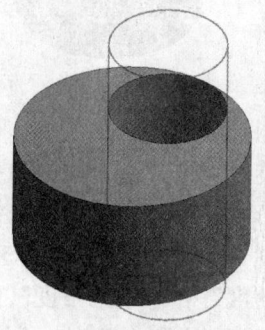

图3.6　放样融合形体　　　　　　图3.7　空心形体

3.2.3 内建模型（内建族）的基本操作

内建模型（内建族）仅限于本项目使用，不可被其他项目调用，因此需要先创建一个项目文件。打开 Revit 软件，单击项目样板中"新建"或"建筑样板"，进入项目文件后方可创建内建族。单击"建筑"—"构件"—"内建模型"—选择"常规模型"族样板—命名，即可进入内建族编辑器，如图 3.8 所示。

3.2 内建模型（内建族）的基本操作

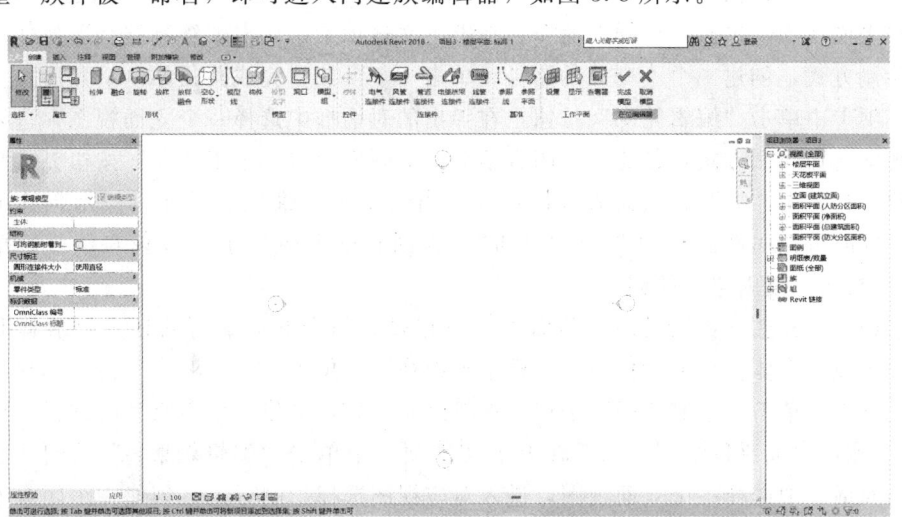

图 3.8 内建族编辑器界面

基于"常规模型"样板新建文件，常用拉伸、融合、旋转、放样、放样融合、空心形状等命令进行建模，操作与外建族基本一致，习惯上在平面和立面视图中创建形体断面。但内建族执行建模命令时会受到视图的限制，默认情况下这些命令的起始断面或路径，只能在平面视图中绘制，而不能直接在立面视图中绘制。

（1）拉伸：给定一个断面，沿着断面法线方向生成体。切换至任意一个楼层平面视图，单击"拉伸"选择绘制方式，创建一个闭合不交叉的图形，在属性面板中设置"拉伸起点"和"拉伸终点"值，单击"√"按钮完成拉伸命令。当切换至三维视图时即可显示创建的形体，同时可在属性面板中单击"材质"，为创建的形体添加材质信息，最后单击"√"按钮完成内建族的创建。

（2）融合：给定两个断面，沿着底面的法线方向，融合为一个体，可修改顶面和底面偏移值，来控制高度。切换至任意一个楼层平面视图，单击"融合"选择绘制方式，创建一个闭合不交叉的图形，再单击上下文选项卡中的"编辑顶部"按钮，选择绘制方式，创建第二个断面形状，然后在属性面板中设置"第一端点"和"第二端点"值，单击"√"按钮完成融合命令。当切换至三维视图时即可显示创建的形体，同时可在属性面板中单击"材质"，为创建的形体添加材质信息，最后单击"√"按钮完成内建族的创建。

（3）旋转：定义一个断面和一个旋转轴，生成一个体，可修改旋转角度来控制旋转体的形状。切换至任意一个楼层平面视图，单击"旋转"选择绘制方式，创建一个闭合不交叉的图形，然后在上下文选项卡中单击"轴线"，选择绘制方式，绘制一个旋转轴，在属性面板中设置"起始角度"和"结束角度"值，单击"√"按钮完成旋转命令。当切换至三维视图时即可显示创建的形体，同时可在属性面板中单击"材质"，为创建的形体添加材质信息，最后单击"√"按钮完成内建族的创建。

（4）放样：定义一个断面和一个路径，断面沿着路径生成体。切换至任意一个楼层平面视图，单击"放样"命令，在上下文选项卡中单击"绘制路径"按钮，选择绘制方式，创建一个不交叉的路径，单击"√"按钮完成路径绘制，然后在上下文选项卡中单击"编辑轮廓"按钮，在弹出的对话框中选择一个立面视图，进入对应视图选择绘制方式，创建一个闭合不交叉的断面形状，单击"√"按钮完成轮廓创建，再单击"√"按钮完成放样命令。当切换至三维视图时即可显示创建的形体，同时可在属性面板中单击"材质"，为创建的形体添加材质信息，最后单击"√"按钮完成内建族的创建。

（5）放样融合：定义两个断面和一条路径，两个断面沿着路径进行放样和融合，生成一个体。切换至任意一个楼层平面视图，单击"放样融合"命令，在上下文选项卡中单击"绘制路径"按钮，选择绘制方式，创建一个不交叉的路径，单击"√"按钮完成路径绘制，然后在上下文选项卡中单击"编辑轮廓1"按钮，在弹出的对话框中选择一个立面视图，进入对应视图选择绘制方式，创建一个闭合不交叉的断面形状，单击"√"按钮完成轮廓1创建，再在上下文选项卡中单击"编辑轮廓2"按钮，选择绘制方式，创建一个闭合不交叉的断面形状，单击"√"按钮完成轮廓2创建，再单击"√"按钮完成放样融合命令。当切换至三维视图时即可显示创建的形体，同时可在属性面板中单击"材质"，为创建的形体添加材质信息，最后单击"√"按钮完成内建族的创建。

（6）空心形状：空心拉伸、空心融合、空心旋转、空心放样、空心放样融合的操作，与上述5个实体建模命令操作一致，但空心形状建的模型在视图中不可见，可用于裁剪实体模型，其建模操作同样受视图的限制。

综上所述，内建族与外建族编辑器操作基本一致，不同点在于拉伸、融合、旋转等命令，起始断面默认只能在平面视图中创建，放样和放样融合默认只能在平面视图中绘制路径，不能直接在立面视图中创建形体，空心形状操作也如此。

技巧：如果要直接在立面视图创建形体，需要先切换至任意一个楼层平面视图，单击"创建"—"设置"命令，在弹出的对话框中选择一种创建工作平面的方式，如图3.9所示，重新定义工作平面，进入立面视图，才能继续下一步操作。

3.2.4 轮廓族的基本操作

轮廓族常用于创建各种断面形状，属于一个二维图形，需要配合其他命令或嵌套族来使用，形成三维形体。打开

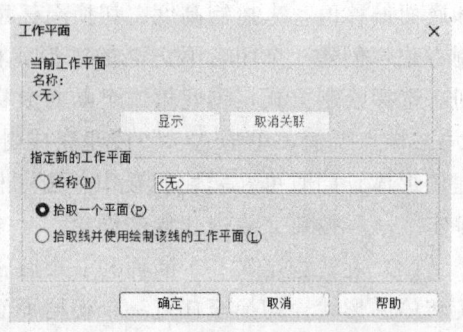

图3.9 设置工作平面面板

Revit 软件,单击族面板中的"新建"按钮,选择"公制轮廓.rft"族样板,如图 3.10 所示,单击"打开"按钮即可进入轮廓族编辑器,如图 3.11 所示。

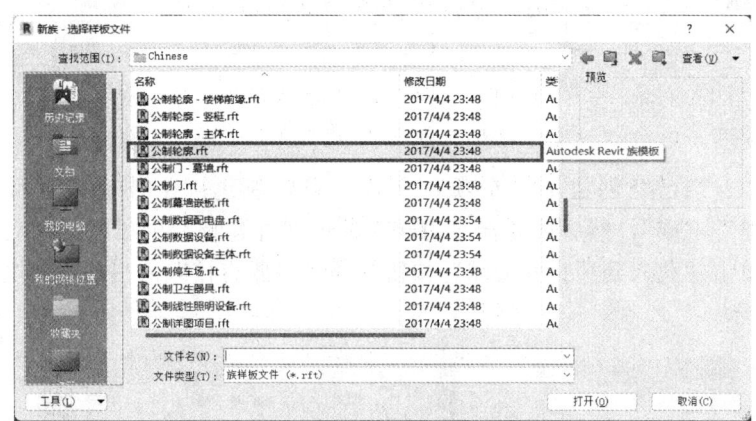

图 3.10　公制轮廓族样板

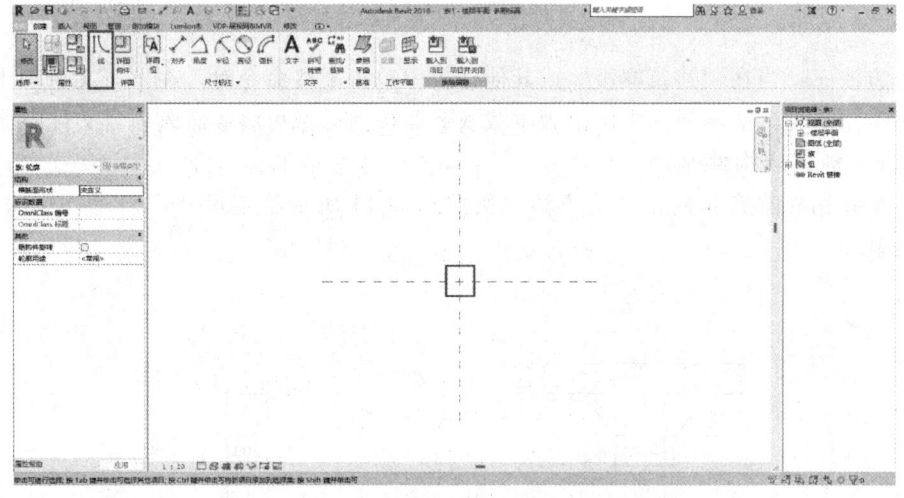

图 3.11　轮廓族编辑器界面

在族样板中可利用"线"命令创建任意形状,但需要注意绘制的图形须为闭合不交叉图形,才能被其他生成三维构件相关命令调用成体。

在绘图区,有两条正交的参照平面,其交点为轮廓族载入其他文件的参照点,创建轮廓族时应考虑图形与参照点的位置关系。

3.2.5　族文件和项目文件的交互

在 Revit 软件中,内建族和系统族是直接在项目文件中创建的,只能用于本项目使用,不可被其他项目文件调用,而外建族可被不同的项目调用,方法如下。

方法一:打开 Revit 软件,在项目面板中单击"新建"或"建筑样板",新建一个项目文件,单击"插入"—"载入族"按钮,找到需要载入项目中的族文件(后缀为.rfa 的文件),双击即可将族载入项目文件中,如图 3.12 所示。

图 3.12　载入族按钮

方法二：当已经创建了一个项目文件，需要新建一个外建族时可单击"文件"—"新建"—"族"，然后选择合适的族样板创建外建族，创建好族之后在上下文选项卡中单击"载入到项目并关闭"按钮，即可将族直接载入当前项目文件中，如图 3.13 所示。

图 3.13　载入到项目并关闭按钮

方法三：当在"建筑样板"或其他样板中单击某些命令时，在上下文选项卡或在"类型属性"编辑界面中会出现"载入族"按钮，都可将族载入项目文件中。

3.2.6　创建族构件案例

3.3　创建族构件案例

分别用外建族和内建族的方法，按照图 3.14 所示给定尺寸，创建"支撑柱"族构件。

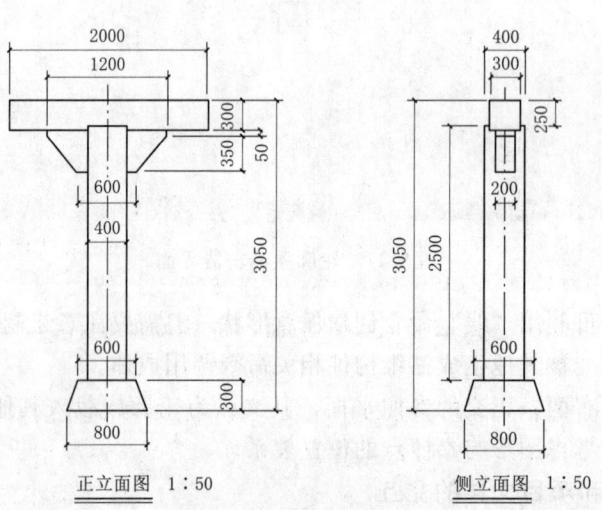

图 3.14　支撑柱立面图

案例分析：首先分析正视图和左视图，均属于轴对称图形，建模时可画一半后镜像；其次可将支撑柱拆分为上部水平横梁、两个牛腿支撑、竖直柱体三大部分，最后采用拉伸、放样等命令进行建模。

1. 外建族

(1) 打开 Revit 软件，单击"族"—"新建"—"公制常规模型.rft"—"打开"。

(2) 将视图切换至"楼层平面"—"参照标高"，以两条参照平面为对称轴，以交点为中心开始建模，设置视图比例"1∶20"或"1∶10"。

(3) 单击"创建"—"放样"—"绘制路径"—"直线"，以参照平面交点为中心，绘制 800mm×800mm 的正方形（中心与参照平面交点重合），单击"√"按钮完成路径绘制，如图 3.15 所示。

(4) 单击"编辑轮廓"—"左立面"（或右立面）—"直线"，按照图纸正或左立面视图中给定的竖直柱和下方底座尺寸，从路径参照点位置，画其轮廓的一半，轮廓中 2500mm 的竖直线与竖向参照平面重合，如图 3.16 所示，单击"√"按钮完成轮廓编辑，最后单击"√"按钮完成放样命令，切换至三维视图，观察模型。

(5) 将视图切换至"左立面"，单击"创建"—"拉伸"—"直线"，在柱子顶部图纸位置，绘制 300mm×300mm 横梁轮廓，如图 3.17 所示，然后在属性面板中，拉伸起点输入 1000，拉伸终点输入－1000，单击"√"按钮完成拉伸命令，最后切换至三维视图，观察模型。

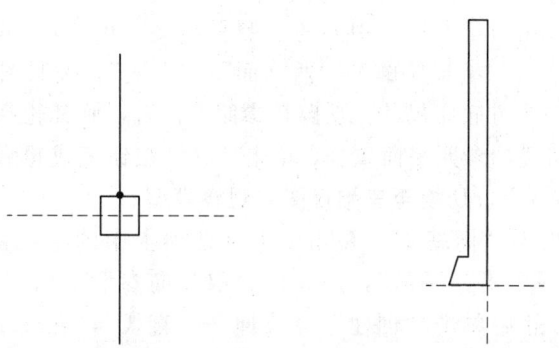

图 3.15　绘制放样路径　　图 3.16　绘制放样轮廓

(6) 将视图切换至"前立面"，单击"创建"—"拉伸"—"直线"，按照图纸给定位置和尺寸，绘制左侧牛腿轮廓，如图 3.18 所示，然后在属性面板中，拉伸起点输入 100，拉伸终点输入－100，单击"√"按钮完成拉伸命令，选中刚绘制的牛腿，输入快捷键"MM"，拾取竖向参照平面，将其镜像至右侧，最后切换至三维视图，观察模型。

(7) 选中竖直柱子，在创建面板中单击"连接"命令，先拾取水平横梁再拾取竖直柱子，按两次 Esc 键结束命令，最后在立面视图中观察模型。

(8) 创建完成的模型如图 3.19 所示，单击"保存"按钮，保存文件格式为.rfa 并命名。

2. 内建模型

(1) 打开 Revit 软件，单击"建筑样板"—"建筑"—"构件"—"内建模型"—"常规模型"—重命名"支撑柱"。

(2) 将视图切换至"楼层平面"—"标高 1"，利用"参照平面"（RP）工具，在绘图区内绘制两个正交的参照平面，作为水平和竖直的对称轴，以交点为中心开始建模，设置视图比例"1∶20"或"1∶10"。

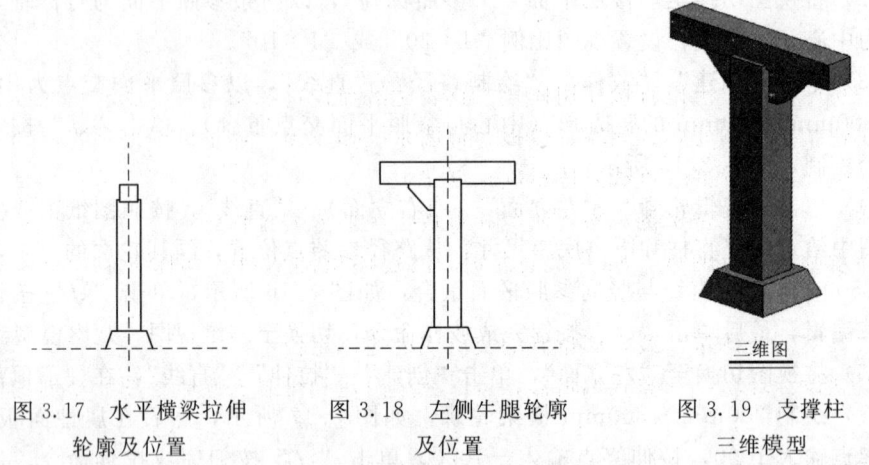

图 3.17　水平横梁拉伸轮廓及位置　　图 3.18　左侧牛腿轮廓及位置　　图 3.19　支撑柱三维模型

（3）单击"创建"—"放样"—"绘制路径"—"直线"，以参照平面交点为中心，绘制 800mm×800mm 的正方形（中心与参照平面交点重合），单击"√"按钮完成路径绘制，然后单击"编辑轮廓"—"西立面"—"直线"，按照图纸正或左立面视图中给定的竖直柱和下方底座尺寸，从路径参照点位置，画其轮廓的一半，轮廓中 2500mm 的竖直线与竖向参照平面重合，单击"√"按钮完成轮廓编辑，最后单击"√"按钮完成放样命令，切换至三维视图，观察模型。

（4）将视图切换至"标高 1"，单击上下文选项卡中的"设置"，在弹出的对话框中选择"拾取一个工作平面"，用光标拾取竖向参照平面，在弹出的对话框中选择"西立面"，然后单击"创建"—"拉伸"—"直线"，在柱子顶部图纸位置，绘制 300mm×300mm 横梁轮廓，然后在属性面板中，拉伸起点输入 1000，拉伸终点输入−1000，单击"√"按钮完成拉伸命令，最后切换至三维视图，观察模型。

（5）将视图切换至"标高 1"，单击上下文选项卡中的"设置"，在弹出的对话框中选择"拾取一个工作平面"，用光标拾取水平向参照平面，在弹出的对话框中选择"南立面"，单击"创建"—"拉伸"—"直线"，按照图纸给定位置和尺寸，绘制左侧牛腿轮廓，然后在属性面板中，拉伸起点输入 100，拉伸终点输入−100，单击"√"按钮完成拉伸命令，选中刚绘制的牛腿，输入快捷键"MM"，拾取竖向参照平面，将其镜像至右侧，最后切换至三维视图，观察模型。

（6）选中竖直柱子，在创建面板中单击"连接"命令，先拾取水平横梁再拾取竖直柱子，按两次 Esc 键结束命令，最后在南面视图中观察模型。

（7）创建完整个支撑柱模型后，在上下文选项卡中单击"√"按钮完成内建族的创建。

（8）单击"保存"按钮保存文件格式为.rvt 并重命名。

3.3 体　　量

3.3.1 体量概述

在初始设计中可以直接使用体量工具表达潜在设计意图，可以随时拾取体量面并创建建筑模型图元，例如墙、楼板、幕墙系统和屋顶。体量可以在项目内部（内建体量）或项目外部（可载入体量族）创建。

体量：使用体量实例观察、研究和解析建筑形成的过程。

体量族：形成的族，属于体量类别。内建体量随项目一起保存，不是单独的文件。

体量实例或体量：载入体量族的实例或内建体量。

概念设计环境：一类族编辑器，可以使用内建和可载入族体量图元来创建概念设计。

体量形状：每个体量族和内建体量的整体形状。

体量研究：在一个或多个体量实例中对一个或多个建筑形式进行的研究。

体量面：体量实例上的表面，可用于创建建筑图元，例如面墙、面楼板、面屋顶、幕墙系统等图元。

体量楼层：在已定义的标高处穿过体量的水平切面。体量楼层提供了有关切面上方体量直至下一个切面或体量顶部之间尺寸标注的几何图形信息。

3.3.2 体量族编辑器

1. 外建体量

在族编辑器中创建体量族后，可将族载入项目中，并将体量族的实例放置在项目中，具体步骤如下：

（1）在开始界面中，单击"族"—"新建概念体量"，打开"新概念体量—选择样板文件"对话框，选择"公制体量.rft"文件。

（2）单击"打开"，在外建体量族中，创建环境，如图3.20所示。

2. 内建体量

其用于创建当前项目下的体量模型，具体步骤如下。

（1）在项目文件中，单击"体量和场地"—"概念体量"—"内建体量"—"名称"—"输入体量名称"。

（2）单击"确定"按钮进入内建体量创建环境，如图3.21所示。

3.3.3 体量基本操作

体量建模可在三维视图中直接操作，也可在平面或立面视图中创建轮廓、轴线、路径等，不受视图约束和限制。

1. 创建拉伸形状

先绘制截面轮廓，系统会根据截面创建拉伸模型。

（1）打开Revit软件，单击"族"—"概念体量"—"概念体量.rft"，或单击"建筑样板"—"体量和场地"—"内建体量"—"重命名"。

3.4 体量基本操作

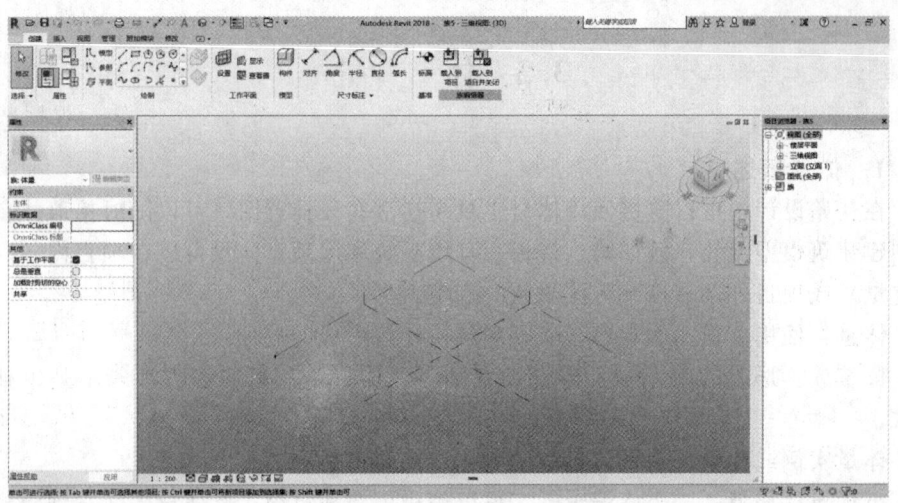

图 3.20 外建体量族创建环境

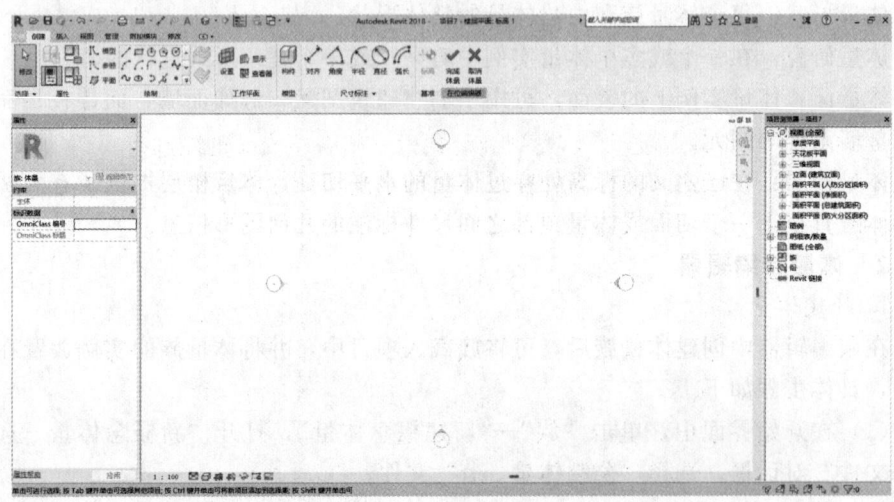

图 3.21 内建体量环境

(2) 单击"创建"—"绘制"—"线",打开"修剪│放置线"选项卡,绘制封闭轮廓。

(3) 选取绘制的封闭轮廓,单击"形状"—"创建形状"—"实心形状",系统自动创建拉伸模型,如图 3.22 所示。

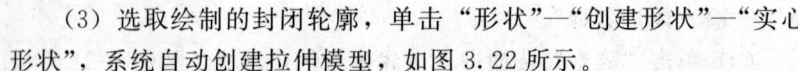

(4) 双击尺寸,输入新的尺寸修改拉伸深度,或直接拖动竖直方向的箭头调整拉伸深度。

(5) 选取模型上的面,拖动操纵控件上的红色箭头,可移动模型。

(6) 选取模型上的边线,拖动操控件上的箭头,可修改模型的局部形状。

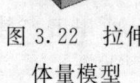

图 3.22 拉伸体量模型

(7) 选取模型的端点,可拖动操控件改变该点在三个方向上的形状。

2. 创建融合形状

先绘制两个（或多个）截面轮廓，使截面之间存在一定距离，系统会根据截面及其位置创建融合模型。

（1）打开 Revit 软件，单击"族"—"概念体量"—"概念体量.rft"，或单击"建筑样板"—"体量和场地"—"内建体量"—"重命名"。

（2）单击"绘制"—"圆形"，在同一平面内绘制两个大小不同的圆形。

（3）选中其中一个圆形，单击"移动"（MV）命令，在状态栏取消勾选"约束"，勾选"分开"，将圆形沿着当前工作平面的法线方向移动一定距离。

（4）选取绘制的两个圆，单击"形状"—"创建形状"—"实心形状"，系统自动创建融合模型，如图 3.23 所示。

3. 创建旋转形状

从线和共享工作平面的二维轮廓来创建旋转形状。具体步骤如下。

（1）打开 Revit 软件，单击"族"—"概念体量"—"概念体量.rft"，或单击"建筑样板"—"体量和场地"—"内建体量"—"重命名"。

（2）单击"创建"—"绘制"—"线"，绘制一条直线段作为旋转轴。

（3）单击"绘制"—"圆形"，绘制旋转截面（闭合不交叉的轮廓）。

（4）选取直线和圆，单击"形状"—"创建形状"—"实心形状"，系统自动创建旋转模型，如图 3.24 所示。

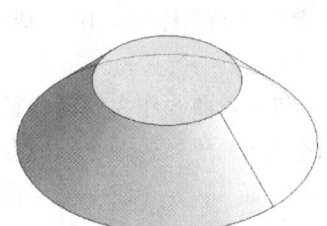
图 3.23　融合体量模型

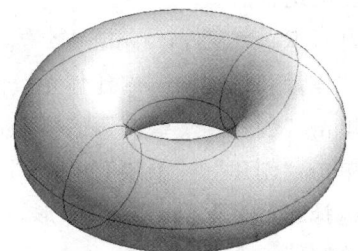
图 3.24　旋转体量模型

4. 创建放样形状

垂直于线绘制二维轮廓，并创建放样形状。如果轮廓是基于闭合环生成的，可以使用多分段的路径来创建放样；如果轮廓不是闭合的，则不会沿多分段路径进行放样；如果路径是一条线构成的段，则使用开放的轮廓创建扫描。

（1）打开 Revit 软件，单击"族"—"概念体量"—"概念体量.rft"，或单击"建筑样板"—"体量和场地"—"内建体量"—"重命名"。

（2）单击"创建"—"绘制"—"圆心—端点弧"，绘制一条曲线作为放样路径。

（3）单击"创建"—"绘制"—"点图元"，在路径上放置参照点。

（4）选择参照点，放大图形，显示工作平面，如图 3.25 所示。

（5）单击"绘制"—"圆形"，在选项栏中取消"根据闭合的环生成表面"复选框,以参考点为圆心绘制圆截面轮廓。

(6)选取路径和截面轮廓,单击"形状"—"创建形状"—"实心形状",系统自动创建放样模型,如图3.26所示。

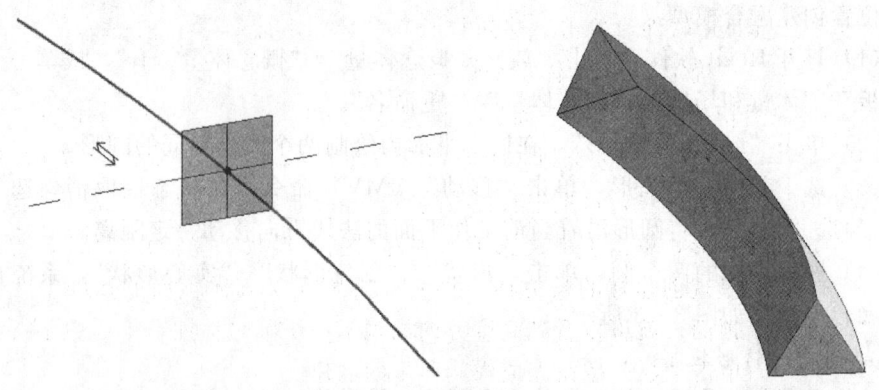

图3.25 参照点上的工作平面　　　　图3.26 放样体量模型

5. 创建放样融合形状

垂直于路径,绘制两个或多个二维轮廓,创建放样融合形状。放样融合中的线定义了放样并融合二维轮廓来创建三维形状的路径。轮廓由线处理组成,线处理垂直于用于定义路径的一条或多条线而绘制。

与放样形状不同,放样融合无法沿着多段路径创建。但是,轮廓可以打开、闭合或是两者的组合。

(1)打开Revit软件,单击"族"—"概念体量"—"概念体量.rft",或单击"建筑样板"—"体量和场地"—"内建体量"—"重命名"。

(2)单击"创建"—"绘制"—"样条曲线",绘制一条曲线作为放样路径。

(3)单击"创建"—"绘制"—"点图元",沿路径放置放样融合轮廓的参照点。

(4)选择起点参照点,放大图形,显示工作平面,单击"绘制"—"圆",在工作平面上绘制第一个截面轮廓。

(5)"绘制"—"内接多边形",在工作平面上绘制第二个截面轮廓。

(6)选择终点的参照点,放大图形,显示工作平面,单击"绘制"—"内接多边形",选项栏中更改边数为4,在工作平面上绘制第三个截面轮廓。

(7)选取所有的路径和截面轮廓,单击"形状"—"创建形状"—"实心形状",系统自动创建放样融合模型,如图3.27所示。

6. 创建空心形状

在选择创建形状时,使用"创建空心形状"工具来创建空心体量模型,可以剪切实心几何图形,建模方法与实体体量模型建模方法一样。

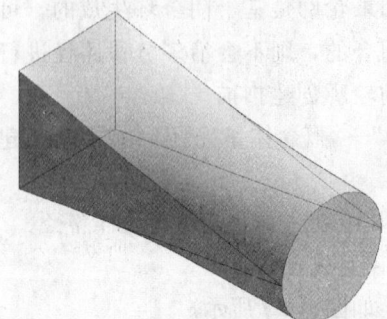

图3.27 放样融合体量模型

3.3.4 创建体量模型案例

体量有两种创建方法,分别是内建体量和外建体量,两种创建方法基本一致,本节以内建体量为例介绍其创建方法。

(1)打开 Revit 软件,单击"建筑样板"—"体量和场地"—"内建体量"—重命名"体量模型"—"确定",进入体量编辑界面。

(2)将视图切换至"楼层平面"—"标高 1",单击上下文选项卡中的"模型线"—"矩形",在绘图区任意绘制一个矩形,按两次 Esc 键结束命令,双击矩形的边即可更改一个临时标注,这里把长度改为 6000mm,宽度改为 3000mm。

(3)选中该矩形,单击上下文选项卡中的"创建形状"—"实心形状",切换至三维视图,即可呈现创建好的长方体,将光标放置在长方体顶面的边线上,利用 Tab 键选中这个顶面,就可以看到高度方向出现了一个临时标注,单击数字将其修改为 4000mm,单击"√"按钮完成内建体量的创建。

(4)将视图切换至"南立面",可以看到体量模型的底面落在标高 1 上,顶面落在标高 2 上,然后切换至三维视图,选中体量模型,在上下文选项卡中单击"体量楼层",在弹出的对话框中选择"标高 1""标高 2",然后单击"确定"按钮,体量楼层创建完成。

(5)单击"建筑"—"幕墙系统",单击属性面板"编辑类型",在弹出的对话框中设置水平向间距 600mm,竖向间距 1000mm,竖挺 1 和竖挺 2 样式全部设置为半径 50mm 的圆形,然后单击"确定"按钮,拾取需要放置幕墙的面,案例中应拾取长方体的南侧面和东侧面,再单击上下文选项卡中的"创建系统",按两次 Esc 键结束命令,幕墙系统创建完成。

(6)单击"建筑"—"墙"—"面墙",在属性面板中确认"基本墙常规 200",拾取长方体的西侧面和北侧面,显示自动创建的两面墙,按两次 Esc 键结束命令,完成面墙的创建。

(7)单击"建筑"—"楼板"—"面楼板",确认"楼板常规 150",拾取长方体的底面,然后单击上下文选项卡中的"创建楼板",按两次 Esc 键结束命令,底部楼板自动创建完成。

(8)单击"建筑"—"屋顶"—"面屋顶",选择"基本屋顶常规 400",拾取长方体的顶面,然后单击上下文选项卡中的"创建屋顶",按两次 Esc 键,屋顶自动创建完成,选中屋顶在属性面板中设置自标高偏移为 400mm,如图 3.28 所示为小房子体量模型。

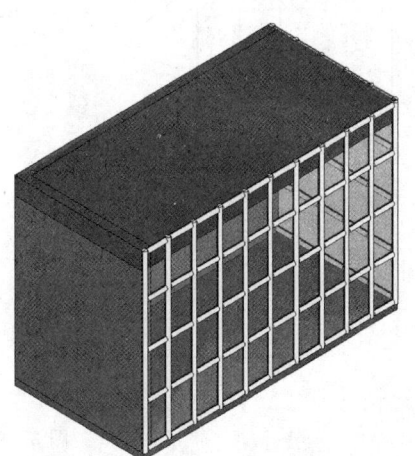

图 3.28 小房子体量模型

课 后 练 习

3.6 课后
练习第一题

一、根据图 3.29 中给定的尺寸创建"篮球架"模型。

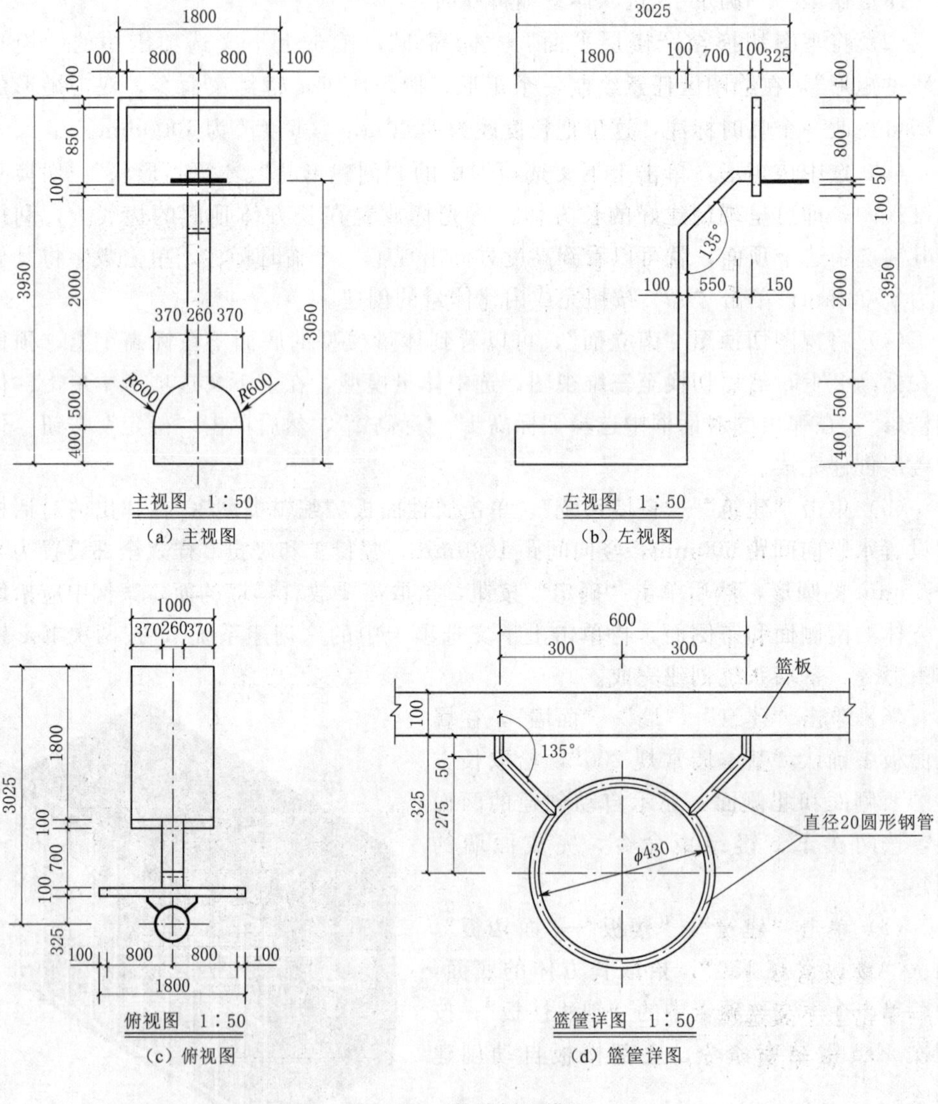

（a）主视图

（b）左视图

（c）俯视图

（d）篮筐详图

图 3.29 "篮球架"模型

3.7 课后
练习第二题

二、按照要求创建图 3.30 所示体量模型，参数详见图纸，半圆圆心对齐。并将上述体量模型创建幕墙［图 3.30（c）］，幕墙系统为网格布局 1000mm×600mm（横向竖挺间距为 600mm，竖向竖挺间距为 1000mm）；幕墙的竖向网格中心对齐，横向网格起点对齐；网格上均设置竖挺，竖挺均为圆形竖挺，半径为 50mm。创建屋面女儿墙以及各层楼板。

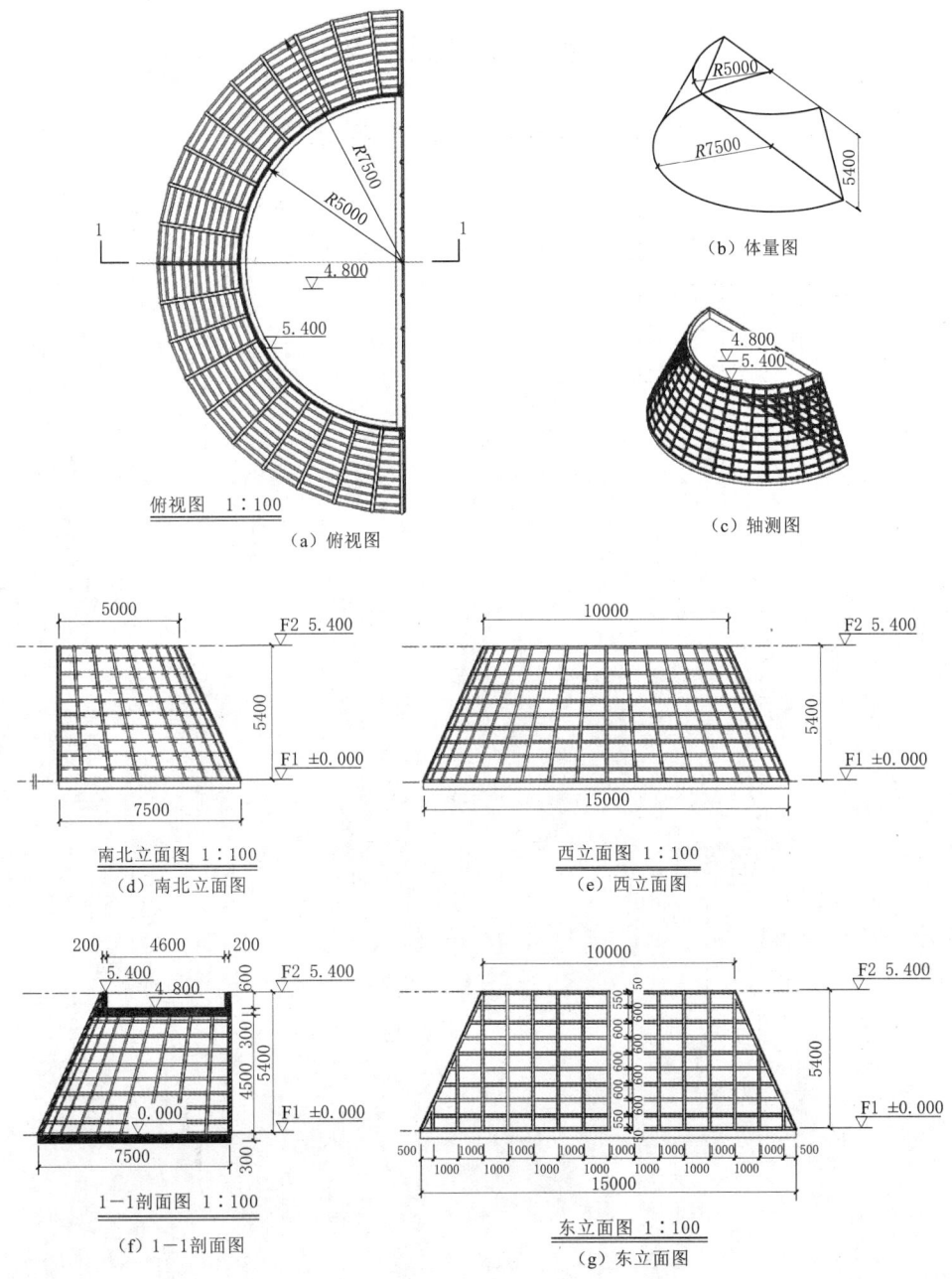

图 3.30 体量模型

第 2 篇　Revit Architecture 建模基础

第 4 章

建模前准备工作

本篇以创建一个小别墅 BIM 模型为例,阐述 Revit Architecture(建筑)建模基本操作,小别墅设计图纸包括图 4.1 所示的首层平面图、图 4.2 所示的二层平面图、图 4.3 所示的屋顶平面图、图 4.4 所示的南立面图、图 4.5 所示的北立面图、图 4.6 所示的楼梯间大样图,正式建模前,先识读图纸,了解建模内容。

4.1 别墅建模

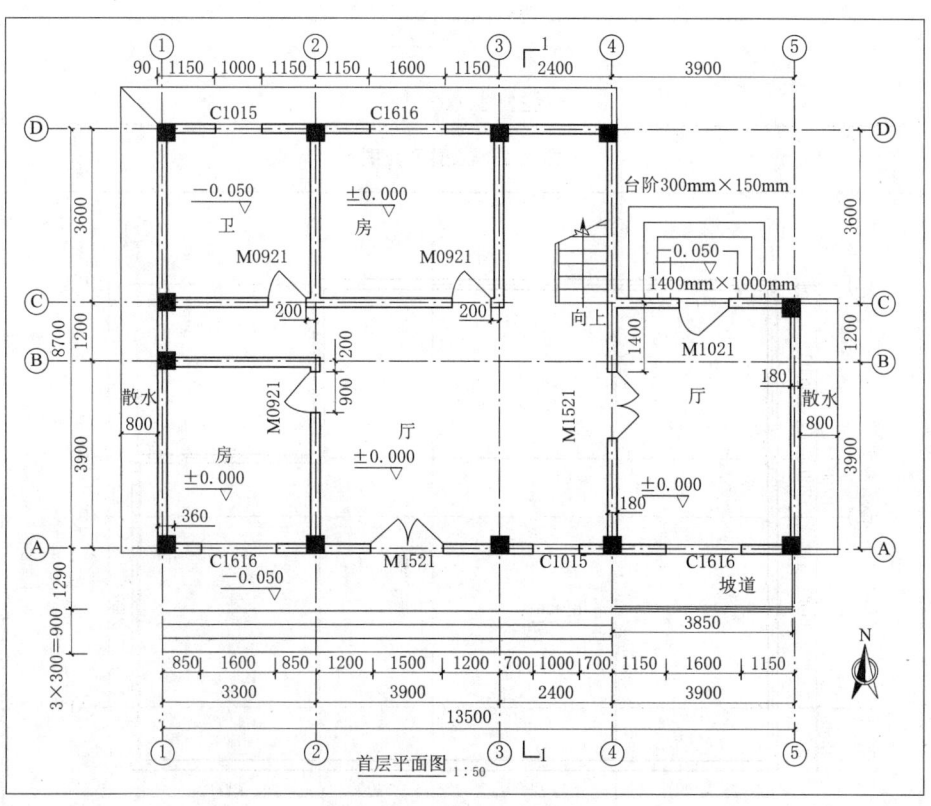

图 4.1 首层平面图

第 4 章 建模前准备工作

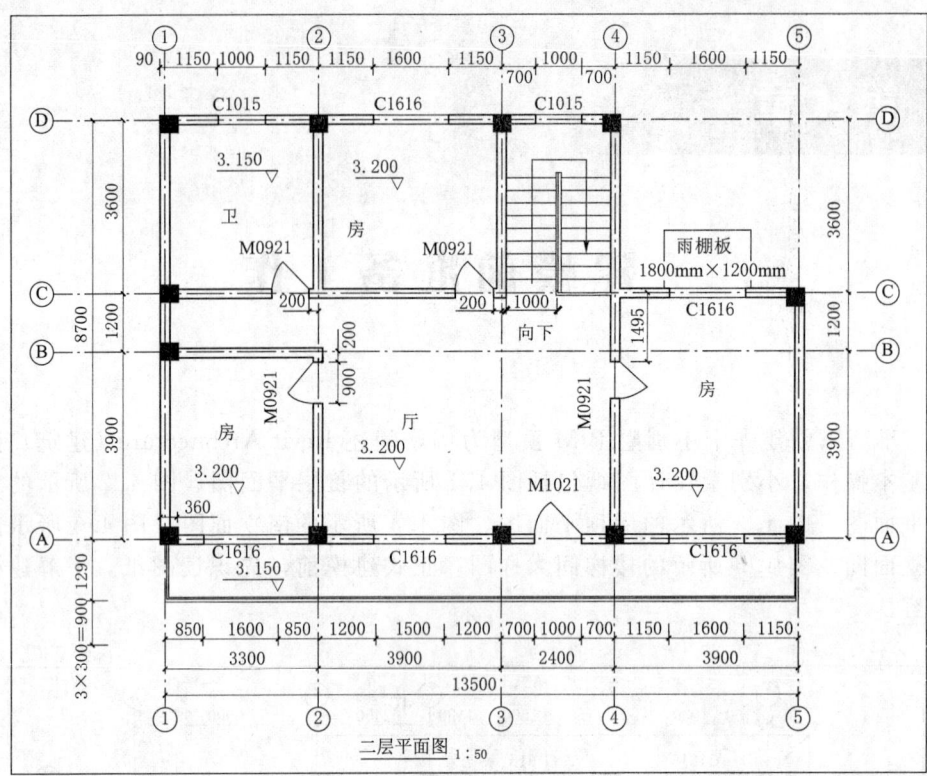

图 4.2 二层平面图

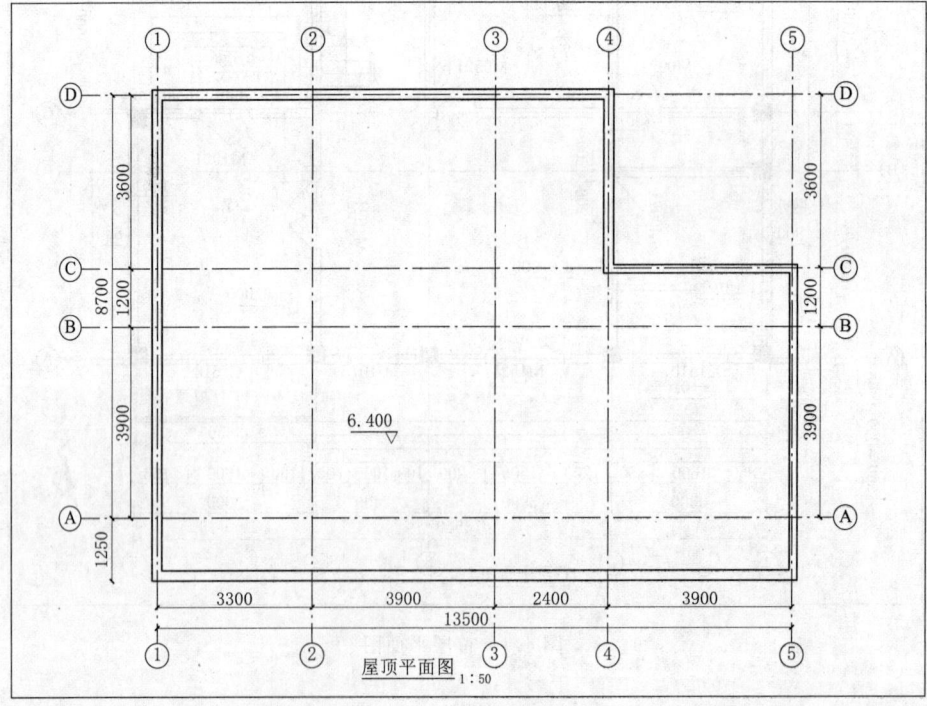

图 4.3 屋顶平面图

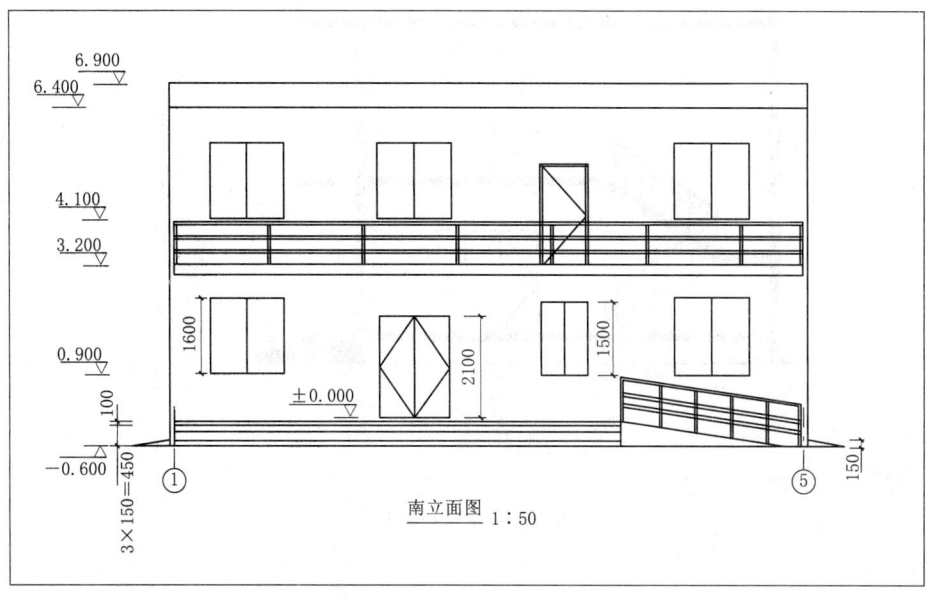

图 4.4　南立面图

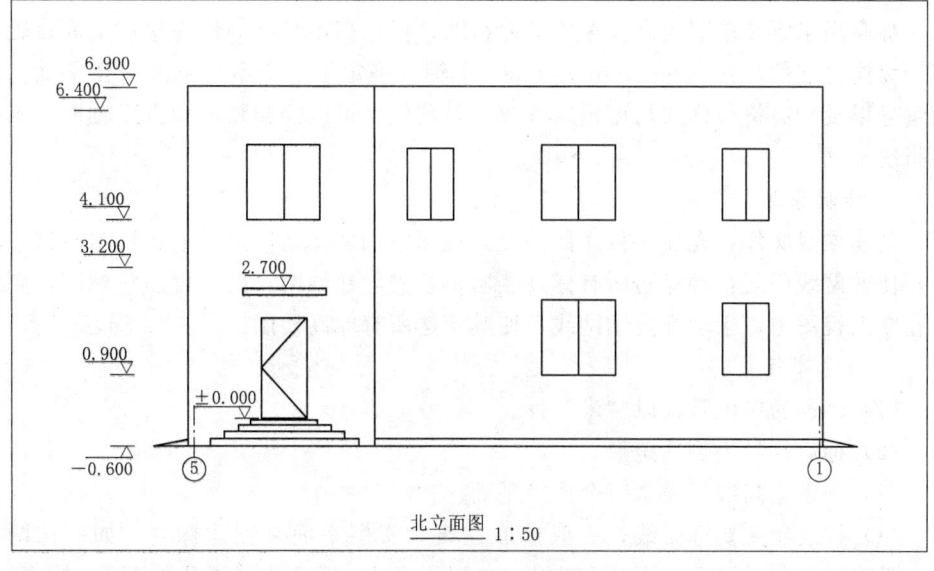

图 4.5　北立面图

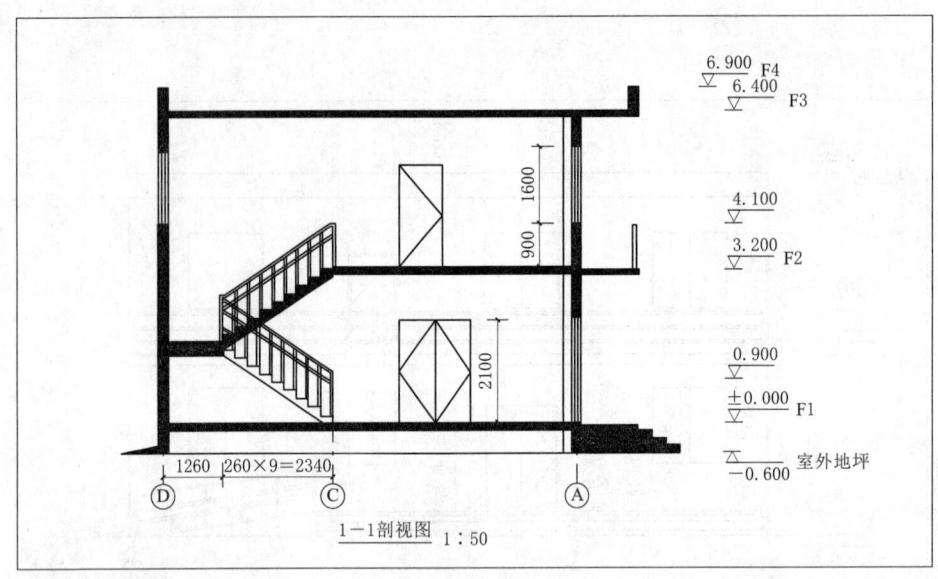

图 4.6 楼梯间大样图

4.1 Revit Architecture 基本命令概述

4.1.1 标高轴网

标高用来定义楼层层高及生成平面视图,但标高不是必须作为楼层层高;轴网用于为构件定位,在 Revit Architecture 中轴网确定了一个不可见的工作平面。轴网编号以及标高符号样式均可定制修改,目前软件可以绘制弧形和直线轴网,不支持折线轴网。

1. 绘制原则

创建项目文件,先在项目文件的立面视图中创建标高,再在平面视图中创建轴网,使轴网线条能自动穿透所有标高楼层。若先创建轴网,而后再创建标高,则需要在立面视图中,手动拖拽轴网线,使其穿透所有标高楼层。

2. 注意事项

(1) 高程的单位默认以"米"计。

(2) 标高符号为倒三角形。

(3) 一条标高线,表示一个楼层平面。

(4) 仅绘制主要标高线,一般选取建筑物楼层平面来创建标高,如一栋两层楼,只需要绘制一层平面 F1 标高线、二层平面 F2 标高线、屋顶平面 F3 标高线、建筑物最底部室外地坪标高线、建筑物最顶部 F4 标高线(视情况可省略)等主要标高线。

(5) 规定竖向轴线编号用阿拉伯数字,自左向右顺序编写;横向轴线编号用拉丁字母(除 I、O、Z),自下而上顺序编写。

(6) 附加定位轴线的编号采用分数表示，分母表示前一轴线的编号，分子表示附加轴线编号。

(7) 竖向轴网线从左往右依次绘制，编号从数字"1"开始，横向水平轴网线，从下往上绘制，编号从大写字母"A"开始。

4.1.2 基本墙

在 Revit Architecture 中，墙分为建筑墙、结构墙和面墙，建筑墙属于装饰墙，结构墙属于承重墙，面墙适用于创建体量模型。本节主要学习基本墙"墙建筑"的操作。

1. 绘制原则

(1) 在类型属性中设置墙体构造。

(2) 在材质浏览器中设置墙体用到的材质。

(3) 在实例属性面板中设置定位线、顶底标高及偏移值。

(4) 按照先首层再其他、先外墙再内墙的顺序进行绘制。

2. 注意事项

(1) 绘制墙体之前，要正确创建建筑物的标高轴网系统。

(2) 墙体一般在平面视图绘制，立面视图无法绘制墙体。

4.1.3 柱

Revit Architecture 中柱分为建筑柱和结构柱，建筑柱属于装饰柱，结构柱属于承重柱。本节主要学习建筑柱的创建。

1. 绘制原则

(1) 建议先绘制墙体再放置柱。

(2) 在类型属性面板中设置柱的截面尺寸和材质。

(3) 实例属性面板不需要设置，默认从当前标高延伸到下一个标高。

(4) 放置时先粗略放置其位置，后用对齐命令调整。

2. 注意事项

(1) 放置柱时光标默认拾取柱的正中心。

(2) 放置柱子时可以先将其放在轴网交点上，再进行位置调整。

(3) 柱子一般在平面视图中放置。

4.1.4 门和窗

在 Revit Architecture 中，门和窗只能放置在墙体上，与门族和窗族创建时的样板有关，但软件提供了丰富的门窗族类型，基本不需自行创建门窗族，只需修改参数即可，族库中没有的门窗族，也可在网上查找，本节涉及的部分门窗族已提前创建，直接载入使用即可。

1. 绘制原则

(1) 载入对应的门窗族。

(2) 设置门窗族的类型属性、实例属性。

(3) 在墙体对应的位置放置门窗族。

(4) 按照图纸调整门窗族准确位置和标记。

2. 注意事项

(1) 放置门窗族时要进行标记。

(2) 当门窗族在平面图不可见时,调整视图范围即可。

4.1.5 楼板

在 Revit Architecture 中,楼板分为建筑楼板、结构楼板和面楼板,建筑楼板属于装饰楼板,结构楼板属于承重楼板,面楼板适用于创建体量模型。本节主要学习建筑楼板。

1. 绘制原则

(1) 在类型属性中设置楼板构造。

(2) 在材质浏览器中设置楼板用到的材质。

(3) 在实例属性面板中设置顶底标高及偏移值。

(4) 按照图纸楼板轮廓绘制楼板轮廓线。

2. 注意事项

(1) 楼板轮廓线必须闭合不交叉。

(2) 楼板的厚度是沿着当前标高平面向下生成的。

4.1.6 屋顶

在 Revit Architecture 中,屋顶分为迹线屋顶、拉伸屋顶和面屋顶,拉伸屋顶适用于创建异形屋顶,面屋顶适用于创建体量屋顶。本节主要学习迹线屋顶。

1. 绘制原则

(1) 在类型属性中设置屋顶构造。

(2) 在材质浏览器中设置屋顶用到的材质。

(3) 在实例属性面板中设置顶底标高及偏移值。

(4) 按照图纸屋顶轮廓绘制屋顶轮廓线。

2. 注意事项

(1) 屋顶轮廓线必须闭合不交叉。

(2) 屋顶的厚度沿着当前标高平面向上生成,与楼板生成方式刚好相反。

(3) 屋顶属于建筑物最顶端结构,应在对应的楼层平面上进行绘制。

4.2 标高和轴网

4.2 创建标高轴网

4.2.1 创建标高

1. 确定标高

识读立面图纸,确定需要绘制的标高为室外地坪(−0.6m)、F1(±0.00)、F2(3.2m)、F3(6.4m),F4(6.9m)可省略。

2. 创建项目文件

打开 Revit 软件,在主界面"项目"面板中单击"建筑样板"或"新建"—"建筑样板",进入项目文件。

3. 绘制标高

在 Revit Architecture（建筑）中，"标高"命令必须在立面和剖面视图中才能使用，因此在正式开始项目设计前，必须事先打开一个立面视图。

（1）在项目浏览器中展开"立面（建筑立面）"项，双击视图名称"南立面"进入南立面视图。调整已有的两条标高，修改高程值。

方法一：单击标高 2，数字"4.00"改为"3.2"即可。

方法二：单击标高 2，在两条标高之间会出现一个临时尺寸"4000"，单击数字"4000"改为"3200"，注意该单位是 mm。

（2）创建 F3 标高线，高程为 6.4m。

方法一：单击"建筑"—"基准选项卡"—"标高"命令（快捷键 LL）可绘制标高线，绘制 F3 标高，调整间距。

方法二：利用"复制"命令，创建 F3 标高。选择"标高 2"，单击"修改标高"—"修改"面板—"复制"（快捷键 CO），移动光标在"标高 2"上单击捕捉一点作为复制参考点，然后垂直向上移动光标，输入间距值 3200 后按 Enter 键确认后复制新的"标高 3"。

注意：在 Revit Architecture（建筑）中复制的标高是参照标高，只复制标高样式，而且在项目浏览器中的"楼层平面"项下也没有创建新的平面视图。需要单击"视图"—"平面视图"—"楼层平面"命令，如图 4.7 所示，打开"新建平面"对话框。从列表中选择所有出现的标高，单击"确定"按钮后，在项目浏览器中创建了新的楼层平面。

（3）利用"标高"（LL）或者"复制"（CO）命令，绘制室外地坪（−0.6m）标高线。

4.2.2 编辑标高

1. 编辑标高名称

方法一：单击"标高 1"字样，间隔 1~2s，即可编辑文字，修改为"F1"，空白处单击即可结束编辑，弹出"是否希望重命名相应视图"，选择"是"即可。

方法二：选择"标高 2"，在实例属性面板中修改名称，将"标高 2"改为"F2"，空白处单击，即可完成修改。

依次修改其他标高名称 F3、室外地坪。

2. 标高类型属性

任意选择一条标高（除±0.00 标高外），单击属性面板中的"编辑类型"打开对话框，可修改标高符号、线型、颜色、两端符号等，类型属性的修改会自动同步到其他标高中，另外±0.00 标高类型属性需要单独编辑。

3. 上、下标头

当出现±0.6 高程值时，单击标高线条，在属性面板顶部区域下拉菜单中，选择"上标头"则变为 0.6，选择"下标头"则变为−0.6，同时标高符号倒三角形，会镜像翻转。

4. 其他编辑操作

单击标高符号，周围会出现拖拽符、隐藏符、3D、锁定、弯折符等，如图 4.8 所示。

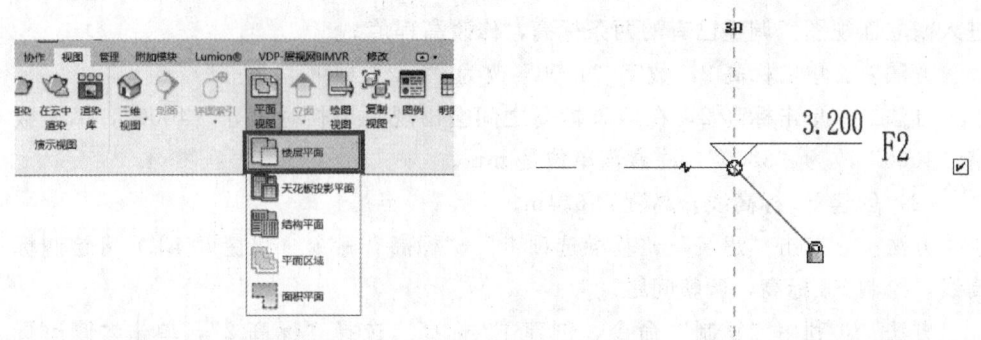

图 4.7　新建楼层平面按钮　　　　图 4.8　标高符号周围图例

（1）拖拽符：位于倒三角形下端顶点处，形状为小圆圈，左键按住小圆圈，可左右拖拽，改变标高线条的长短。

（2）隐藏符：形状为小方块，勾选为显示，取消勾选为隐藏标高符号。

（3）锁定：形状为一个小锁子按钮，关闭锁子，该标高线与其他标高线联结为整体，各标高线互相影响；打开锁子，标高线间相互独立、互不影响。

（4）2D 和 3D：3D 状态下，当前视图的所有操作，会同步和影响到其他视图；2D 状态下，当前视图的所有操作，不会同步和影响其他视图。一般设置为 3D 状态，单击"3D"字样，可在"2D"和"3D"状态来回切换。

（5）弯折符：形状为一段小折线，单击后可使标高线发生弯折，可拖拽使其向上或下弯折，或使其回到原来状态。

绘制和编辑完成的标高系统如图 4.9 所示。

图 4.9　绘制和编辑完成的标高系统

4.2.3　绘制轴网

1. 了解轴网分布

识读平面图纸，清楚水平与竖向轴网的数量、间距、编号、伸缩等情况。一般情况下，图纸中出现的轴网线都要绘制。

2. 进行绘制

在 Revit Architecture（建筑）中轴网仅需要在某一平面视图中绘制，其他平面和立面、剖面视图中都将自动显示。

接 4.2.2 节创建的项目文件，在项目浏览器中双击"楼层平面"下的"场地"视图（或任意一个楼层平面视图），进入平面视图。

（1）单击"建筑"—"基准选项卡"—"轴网"命令（快捷键 GR），在四个立面符号区域内，从左下角开始，绘制第一条垂直轴线（长度适当即可），确认编号为"1"。单击轴网编号，数字变蓝时，即可修改编号。

注意：绘制完第一条轴网线，发现只有一端有编号，且中间断开不连续时，需要选中已绘制的轴网线，在属性面板单击"编辑类型"，将"轴线中段"设置为"连续"，并勾选平面视图轴号端点 1 和端点 2 即可，如图 4.10 所示。

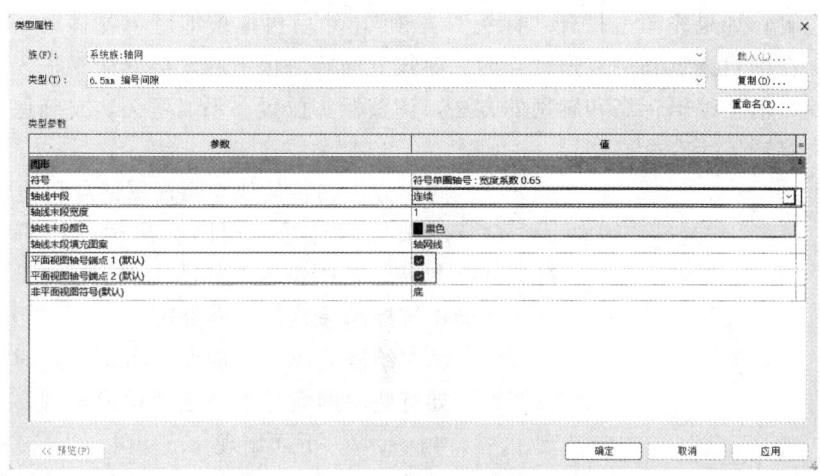

图 4.10　轴网编辑类型对话框

（2）绘制其他竖向轴网线。

方法一：利用"复制"（CO）命令，在状态栏勾选"多个"，连续复制创建 2~5 号轴网。单击选择 1 号轴线，移动光标在 1 号轴线上单击捕捉一点作为复制参考点，然后水平向右移动光标，输入间距值 3300 后，按 Enter 键确认后复制 2 号轴线。保持光标位于新复制的轴线右侧，分别输入前后两根轴网的间距值，按 Enter 键确认，复制 3~5 号轴线。

方法二：利用"阵列"（AR）命令，绘制 2~5 号轴网。选中"1"号轴网，输入快捷键"AR"进入阵列命令，在状态栏取消成组关联，项目数输入 5，移动到选择"第二个"，光标在"1"号轴网上拾取一个参照点，并水平向右移动，同时输入间距值 4000（假定值），然后按 Enter 键确认，即可生成 2~5 号轴网，最后根据各轴网之间的实际间距，从左往右依次调整各轴网线之间的临时尺寸。

注意：调整间距时，从左往右依次调整，不要打乱顺序。例如 1 号和 2 号的间距是 3000，则单击 2 号轴网，将 1 号和 2 号轴网之间的临时尺寸改为 3300，然后修改 2 号和 3 号的间距，单击 3 号轴网，修改 2 号和 3 号轴网线之间的临时尺寸，依次类推，始终修改的是选中轴网线左侧的临时尺寸。

（3）输入快捷键"GR"绘制第一条水平轴网，需要穿透所有竖向轴网线，并将编号改为"A"，然后利用"阵列"命令，绘制完所有水平轴网，调整间距，修改编号。

（4）调整拉伸轴网线长度，使其长度适宜合理即可，框选所有轴网线，利用"移动"（MV）命令，将轴网移动至视图中心。

4.3 编辑轴网

4.2.4 编辑轴网

绘制好轴网系统后，可进行以下编辑操作。

（1）绘制完轴网后，需要在平面图和立面视图中手动调整轴线标头位置，修改轴线标头干涉等情况，以满足出图需求。

（2）标头位置调整：在"标头位置调整"符号上按住左键拖拽可整体调整所有标头的位置；如果先单击打开"标头对齐锁"，然后再拖拽即可单独移动一根标头的位置。在项目浏览器中双击"立面（建筑立面）"项下的"南立面"进入南立面视图，使用前述编辑标高和轴网的方法，调整标头位置、添加弯头，并确保立面图中，轴网穿透了所有标高楼层。

（3）同样方法调整其他立面视图标高和轴网。

（4）单击轴网符号，周围会出现拖拽符、隐藏符、3D、锁定、弯折符等，如图4.11所示。

其操作与标高一致，不再赘述。

（5）轴网绘制完成后，需要参考图纸，对轴网进行调整，如有些轴网编号不一定两端都出现，上面出现1、3、4、5、7，下面出现1、2、4、6、7等情况，左右字母也是，不一定两端都有，而且有些轴网线并没有穿透水平或竖向所有轴网线，在某一位置就结束了，这种情况，需要根据图纸，利用拖拽符、隐藏符等操作对轴网进行编辑。

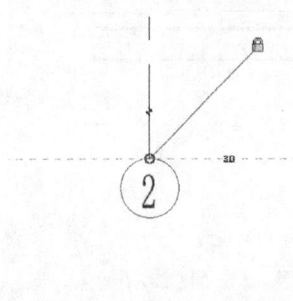

图4.11 轴网符号周围图例

注意：在F1楼层平面对轴网的编辑操作不会同步到其他平面或立面视图，因为实际的图纸也不会，每层轴网的伸缩位置、两端编号位置会完全一致。对于上下两层轴网分布一致的情况，如果想把F1层的轴网编辑结果同步到F2层，需要将视图调整到F1楼层平面，框选所有轴网线，在属性面板单击"影响范围"，在弹出的对话框中勾选复制到F2楼层平面，单击"确定"按钮即可同步到F2层。

（6）当编辑轴网操作全部完成后，需要框选所有轴网线，在上下文选项卡的"视图"栏中，有一个小图钉按钮，名称为"锁定"，单击一下，则所有轴网将被锁定，不能再进行删除、移动等操作，如果需要进行修改操作，框选轴网，单击小图钉下面的"解锁"按钮即可。

绘制和编辑完成的轴网系统如图4.12所示。

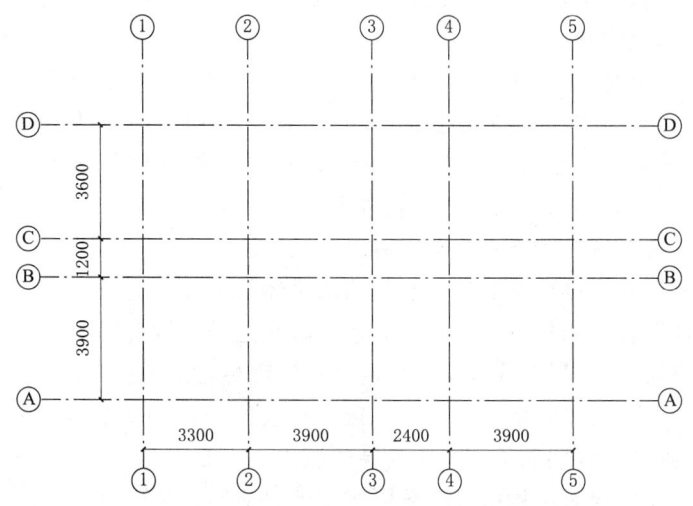

图 4.12　绘制和编辑完成的轴网系统

4.3　设置基本构件类型属性

4.3.1　构造和材质设置工具

1. 编辑部件工具

Revit Architecture 中涉及"编辑部件"面板参数设置的方法基本相同,该面板用于设置和模拟结构的实际构造情况,例如墙、楼板、屋顶等构件均可用该工具设置构造,这里以"墙"命令为例,调出该面板,讲解该工具的使用方法。

打开 Revit 软件,单击"建筑样板"—"建筑"—"墙"—"墙建筑"后,在属性面板单击"编辑类型",在弹出的对话框中单击构造栏中的"结构"—"编辑"打开"编辑部件"面板,如图 4.13 所示。

4.4　设置基本构件类型属性

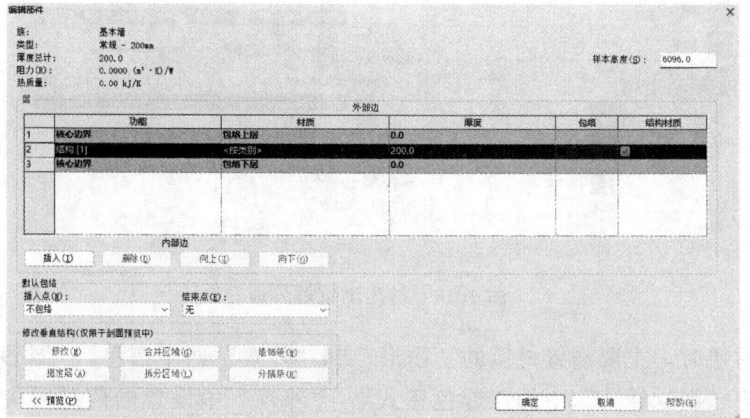

图 4.13　编辑部件面板

插入：该按钮用于插入需要的构造层，然后可利用"向上""向下"按钮将插入的层调整到对应位置。

注意：进入墙体构造设置对话框后，默认有 3 个结构层、两个"核心边界"层、一个"结构层"，核心边界层没有厚度，只用于将核心结构层和其他衬底层区分开，并且上下两个核心边界层中间只能放一个结构层（核心结构），其他衬底层必须放置于上、下核心边界层以上或者以下。

功能："功能"这一列下拉菜单中有以下几种。

(1)"结构"代表结构核心层，也是墙的主体结构和主要材料。

(2)"衬底"代表结构打底层，比如水泥砂浆之类的材料层。

(3)"保温层/空气层"代表结构中起到保温隔热功能的材料层。

(4)"面层 1"和"面层 2"功能一致，代表位于结构表面的材料层，例如涂料、瓷砖、贴画等，区别在于面层 1 的穿透能力强于面层 2。

(5)"涂膜层"代表结构中起到分隔作用的材料层，例如油毡等。

以上几个功能层，从上到下穿透能力依次减弱，结构层最强，面层 2 最弱。

材质："材质"这一列单击后可进入"材质浏览器"设置每层的材质信息。

厚度："厚度"这一列可定义每层的厚度值，如果"功能"选择了"涂膜层"，那么"厚度"这里必须输入"0"才可以。

可变："可变"这一列用来定义每层厚度方向的渐变性。

2. 材质浏览器

单击"编辑部件"—"材质"，即可进入材质浏览器，材质浏览器界面如图 4.14 所示。

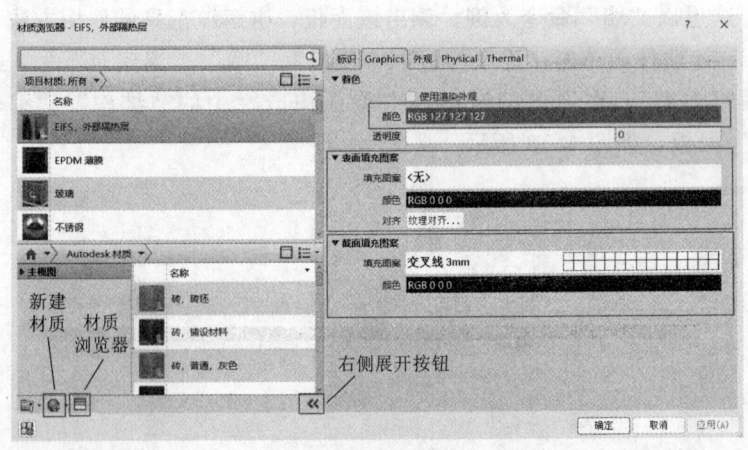

图 4.14　材质浏览器界面

创建材质时，主要设置材质的"图形"和"外观"两个信息，"图形"中设置的信息对应"视觉样式"中的"着色模式"，"外观"中设置的信息对应"视觉样式"中的"真实模式"。

"图形"设置中"表面填充图案"单击后要选择"模型"按钮，这样材质表面图案不会跟随视图比例的变化而变化,"截面填充图案"单击后要选择"绘制",这样材质在剖视图、平面视图中显示就会随着视图比例的变化而变化,及时调整截面填充样式的疏密。

在"图形"面板中如果勾选"使用渲染外观"按钮,则表示"图形"和"外观"颜色保持一致,"图形"中的颜色无法修改,只能在"外观"中修改颜色。

设置材质信息的方法常用的有以下几种。

方法一:在材质浏览器搜索栏中,直接输入需要的材质名称,将搜索到的材质右击"复制"重命名后,直接单击确定应用即可。

方法二:当搜索结果中没有需要的材质,可单击下方的"新建材质"按钮,新建一个材质重命名,然后单击下方的"资源浏览器",在弹出的对话框中搜索需要的材质,选择搜索结果中的想要的材质,单击"替换"按钮即可新建成功,单击"确定"按钮应用即可。

方法三:如果资源浏览器中也没有需要的材质,则单击"新建材质"重命名,设置"图形"面板中的"颜色""表面填充图案""截面填充图案"等信息,如果需要保持"图形"和"外观"中的颜色一样,则勾选"使用渲染外观"对话框,在"外观"面板中修改颜色即可,还可在"外观"面板中设置外观样式,当视觉样式设置为"真实模式"的时候,就会显示出来。

4.3.2 设置墙体类型属性

本案例外墙和内墙的构造见表4.1。

表 4.1 墙 体 构 造

名称	构造	厚度/mm
外墙	正方形 250mm 浅蓝色瓷砖	10
	水泥砂浆	10
	砌体-普通砖	150
	白色涂料	10
内墙	白色涂料	15
	砌体普通砖	150
	白色涂料	15

1. 设置内墙类型属性

(1)打开已绘制好的"标高轴网"项目文件,将视图切换至F1楼层平面。

(2)单击"建筑"—"墙"—"墙建筑"进入墙命令,在属性面板顶部下拉菜单选择"基本墙-180mm"(其他常规200、240都可以),以此为基础。

(3)在属性面板单击"编辑类型",在弹出的对话框中单击"复制"并重命名,命名规则为"内墙"。

注意:Revit 中在编辑构件类型属性时,一般先复制一份出来进行修改,如果直接修改,会影响到其他同类型构件的属性。

(4)单击构造栏中的"结构"—"编辑"打开"编辑部件"对话框,单击"插入"再插入两层,利用"向上""向下"按钮将其调整至核心边界以上或以下,在"功能"这一列依次设置为面层2［5］、结构［1］、面层2［5］,"厚度"这一列依次设置为15、150、15。

(5)"材质"这一列依次设置白色涂料、砌体普通砖、白色涂料,这里打开材质浏览器可直接搜索这些材质,如果没有,则打开材质浏览器中的资源浏览器进行查找。新建"白色涂料"材质,打开"材质浏览器"单击"新建材质",将其命名为"白色涂料",勾选"图形"中的"使用渲染外观",然后单击"资源浏览器"在搜索栏中输入"白色",在搜索结果中选择"墙漆有光泽",单击"替换"按钮,即可创建好"白色涂料"材质,如图4.15所示。新建"砌体-普通砖"材质,打开材质浏览器,在搜索栏输入"砌体普通砖",选中搜索结果中的"砌体-普通砖75mm×225mm"右击复制然后重命名为"砌体普通砖",单击"确定"按钮即可应用,设置好的内墙构造如图4.16所示。

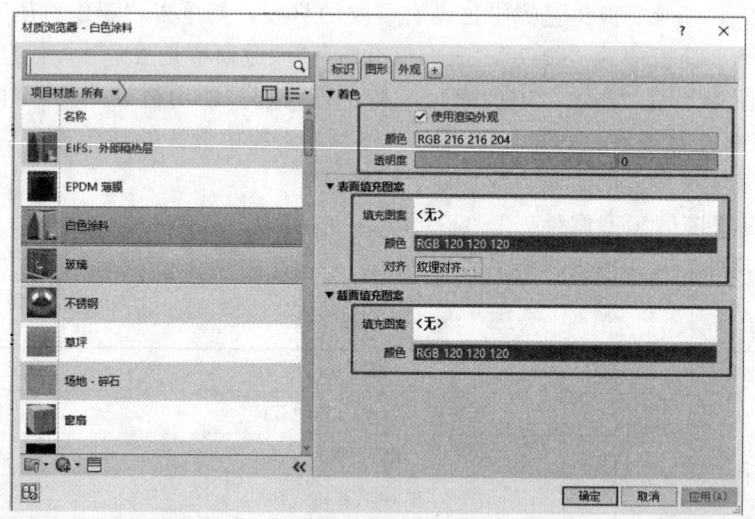

图4.15 白色涂料材质样式

(6)设置好构造后,单击"确定"按钮完成编辑部件,在功能中选择"内部",在粗略填充样式中选择"实体填充",如图4.17所示。

(7)单击"确定"按钮完成内墙类型属性设置。

2.设置外墙类型属性

(1)不要结束"墙"命令(或重新执行"墙"命令),继续单击"编辑类型"—"复制"重命名为"外墙"。

(2)单击构造栏中的"结构"—"编辑"打开"编辑部件"对话框,单击"插入"再插入一层,利用"向上"按钮将其调整至核心边界以上,在"功能"这一列依次设置为面层2［5］、衬底［2］、结构［1］、面层2［5］,"厚度"这一列依次设置为10、10、150、10。

(3)"材质"这一列依次设置正方形250mm浅蓝色瓷砖、水泥砂浆、砌体普通砖、白色涂料。新建"正方形250mm浅蓝色瓷砖"材质,打开"材质浏览器"单

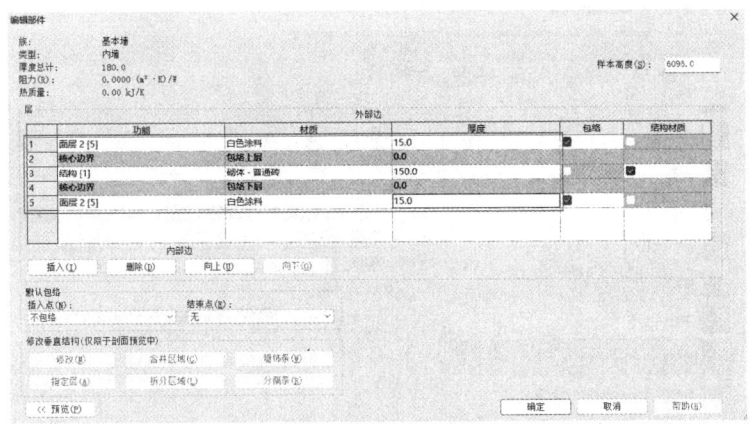

图 4.16 内墙构造设置

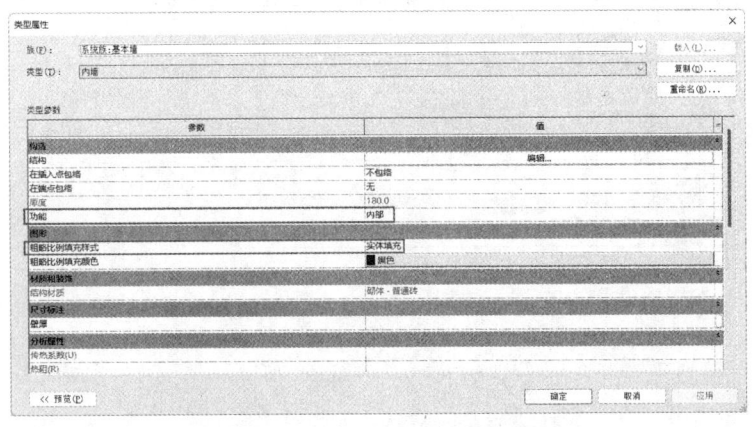

图 4.17 设置功能和粗略填充样式

击"新建材质",将其命名为"正方形 250mm 浅蓝色瓷砖",勾选"图形"中的"使用渲染外观",然后单击"资源浏览器"在搜索栏中输入"瓷砖",在搜索结果中选择"4 英寸方形浅蓝色",单击"替换"按钮,然后在"图形"中单击"表面填充图案",在弹出的对话框中勾选"模型"后,选择"正方形 250mm",单击"确定"按钮即可创建好"正方形 250mm 浅蓝色瓷砖"材质,如图 4.18 所示。新建"水泥砂浆"材质,打开材质浏览器,在搜索栏输入"水泥砂浆",选中搜索结果中的"水泥砂浆",单击"确定"按钮直接应用即可,设置好的外墙构造如图 4.19 所示。

(4) 设置好构造后,单击"确定"按钮完成编辑部件,在功能中选择"外部",在粗略填充样式中选择"实体填充"。

(5) 单击"确定"按钮完成墙体类型属性设置,这里直接按两次 Esc 键结束墙体命令,然后再单击"墙"命令,在属性面板下拉,就可以看到创建好的墙体类型。

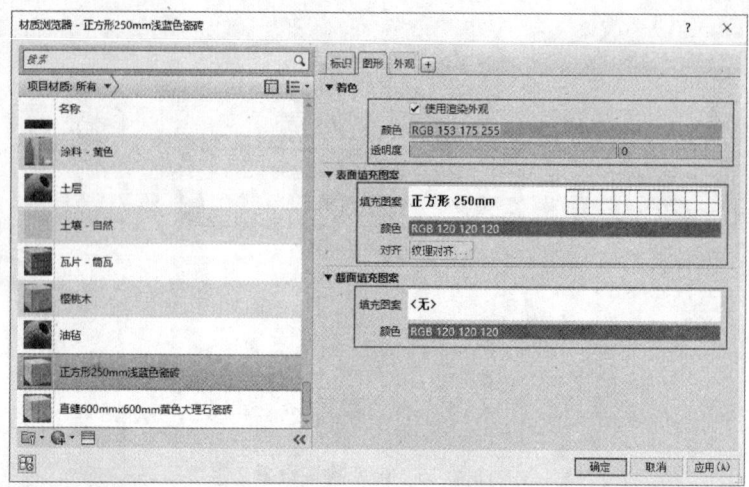

图 4.18 正方形 250mm 浅蓝色瓷砖材质样式

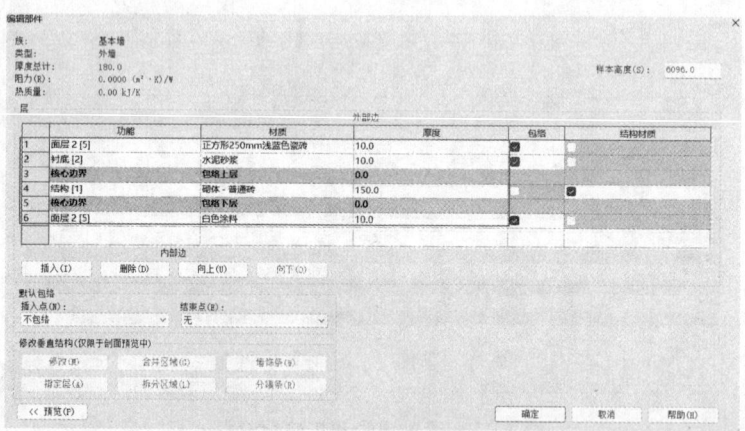

图 4.19 外墙构造设置

4.3.3 设置楼板类型属性

本案例室内楼板的构造如表 4.2 所示。

表 4.2   室 内 楼 板 构 造

名 称	构 造	厚度/mm
一层室内楼板	直缝 600mm×600mm 黄色大理石瓷砖	10
	水泥砂浆	20
	钢筋混凝土	120
二层及以上室内楼板	直缝 600mm×600mm 黄色大理石瓷砖	10
	水泥砂浆	20
	钢筋混凝土	120
	水泥砂浆	20
	白色涂料	10

本案例室外楼板的构造如表 4.3 所示。

表 4.3　　　　　　　　　　室　外　楼　板　构　造

名　称	构　造	厚度/mm
一层室外楼板	直缝 600mm×600mm 黄色大理石瓷砖	10
	水泥砂浆	20
	钢筋混凝土	520
二层及以上室外楼板	直缝 600mm×600mm 黄色大理石瓷砖	10
	水泥砂浆	20
	钢筋混凝土	120
	水泥砂浆	20
	白色涂料	10
雨棚板	水泥砂浆	10
	钢筋混凝土	80
	水泥砂浆	10

1. 设置一层室内楼板类型属性

(1) 接 4.3.2 节项目文件，单击"建筑"—"楼板"—"楼板建筑"—"编辑类型"—"复制"重命名为"一层室内楼板"。

(2) 单击构造栏中的"结构"—"编辑"打开"编辑部件"对话框，单击"插入"再插入两层，利用"向上"按钮将其调整至核心边界以上，在"功能"这一列依次设置为面层 2[5]、衬底[2]、结构[1]，"厚度"这一列依次设置为 10、20、120。

(3) "材质"这一列依次设置直缝 600mm×600mm 黄色大理石瓷砖、水泥砂浆、钢筋混凝土。新建"直缝 600mm×600mm 黄色大理石瓷砖"材质，打开"材质浏览器"单击"新建材质"，将其命名为"直缝 600mm×600mm 黄色大理石瓷砖"，勾选"图形"中的"使用渲染外观"，然后单击"资源浏览器"在搜索栏中输入"瓷砖"，在搜索结果中选择"4 英寸方形黄色"，单击"替换"按钮，然后在"图形"中单击"表面填充图案"，在弹出的对话框中勾选"模型"后，选择"直缝 600mm×600mm"，单击"确定"即可创建好"直缝 600mm×600mm 黄色大理石瓷砖"材质，如图 4.20 所示。新建"水泥砂浆"材质，打开材质浏览器，在搜索栏输入"水泥砂浆"，选中搜索结果中的"水泥砂浆"单击"确定"按钮直接应用即可。新建"钢筋混凝土"材质，打开材质浏览器，在搜索栏输入"混凝土"，选中搜索结果中的"混凝土砌块"右击复制重命名为"钢筋混凝土"，勾选"图形"中的"使用渲染外观"，单击设置"截面填充图案"，在弹出的对话框中勾选"绘制"，选择"钢砼"（砼表示混凝土）单击确定，即可新建好"钢筋混凝土"材质，如图 4.21 所示，设置好的一层室内楼板构造如图 4.22 所示。

(4) 设置好构造后，单击"确定"按钮完成编辑部件，在功能中选择"内部"，在粗略填充样式中选择"实体填充"。

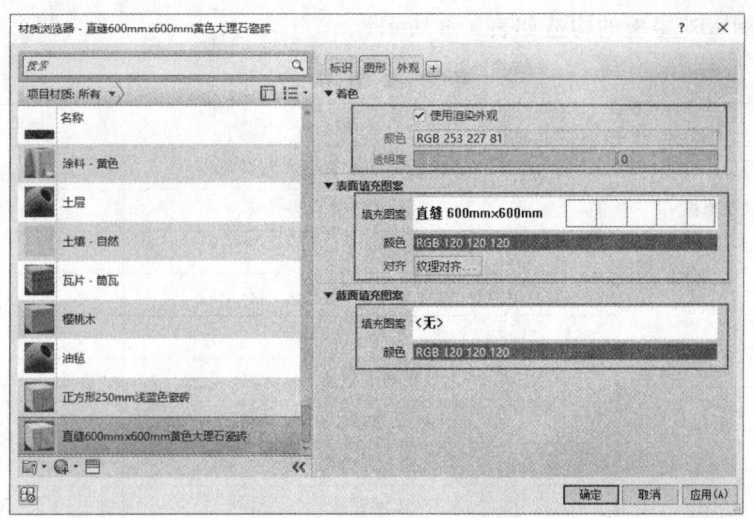

图4.20　直缝600mm×600mm黄色大理石瓷砖材质样式

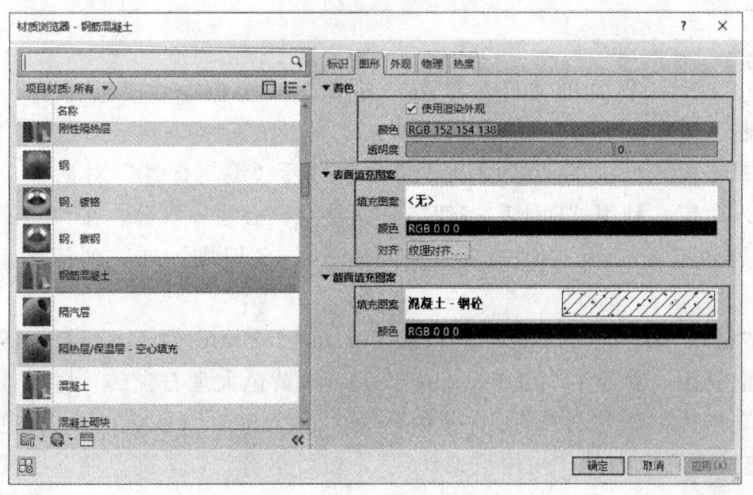

图4.21　钢筋混凝土材质样式

（5）单击"确定"按钮完成一层室内楼板类型属性设置。

2. 设置二层及以上室内楼板类型属性

（1）不要结束当前"楼板"命令，继续单击"编辑类型"—"复制"重命名为"二层及以上室内楼板"。

（2）单击构造栏中的"结构"—"编辑"打开"编辑部件"对话框，单击"插入"再插入两层，利用"向下"按钮将其调整至核心边界以下，在"功能"这一列依次设置为面层2［5］、衬底［2］、结构［1］、衬底［2］、面层2［5］，"厚度"这一列依次设置为10、20、120、20、10。

（3）"材质"这一列依次设置直缝600mm×600mm黄色大理石瓷砖、水泥砂浆、钢筋混凝土、水泥砂浆、白色涂料，这里没有需要新建的材质，直接选择各层

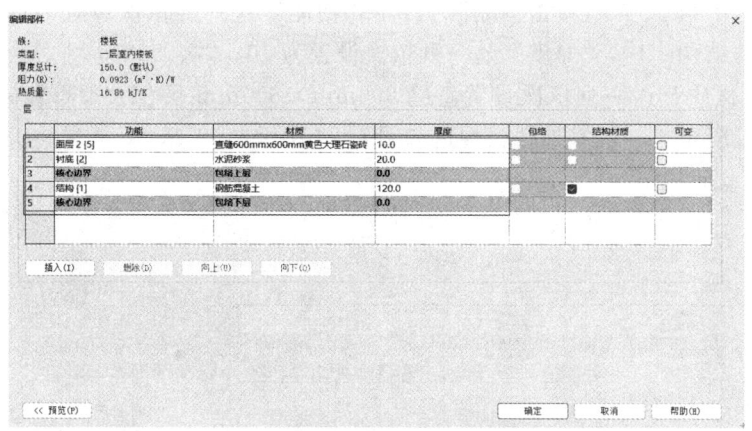

图 4.22　一层室内楼板构造

对应的材质即可，设置好的二层及以上室内楼板构造如图 4.23 所示。

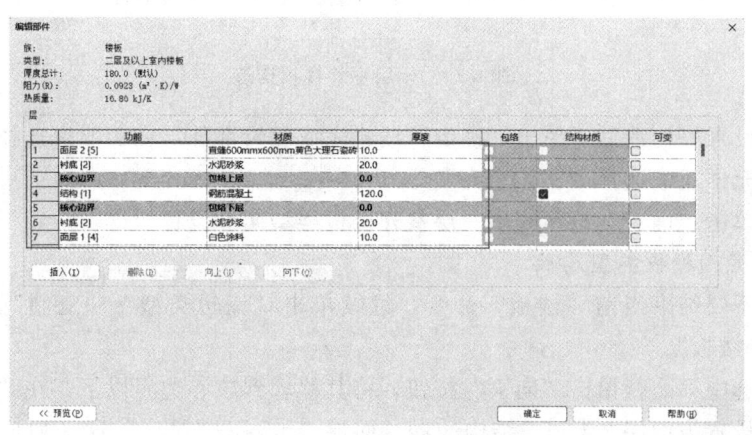

图 4.23　二层及以上室内楼板构造

（4）设置好构造后，单击"确定"按钮完成编辑部件，在功能中选择"内部"，在粗略填充样式中选择"实体填充"。

（5）单击"确定"完成二层及以上室内楼板类型属性设置。

3. 设置二层及以上室外楼板类型属性

（1）不要结束当前"楼板"命令，继续单击"编辑类型"—"复制"重命名为"二层及以上室外楼板"。

（2）二层室内外楼板构造一样，重命名后在功能中选择"外部"，在粗略填充样式中选择"实体填充"。

（3）单击"确定"按钮完成二层及以上室外楼板类型属性设置。

4. 设置一层室外楼板类型属性

（1）不要结束当前"楼板"命令，继续单击"编辑类型"—"复制"重命名为"一层室外楼板"。

(2)选中第6、7行单击"删除",在"功能"这一列依次设置为面层2[5]、衬底[2]、结构[1],"厚度"这一列依次设置为10、20、520。

(3)"材质"这一列依次设置直缝600mm×600mm黄色大理石瓷砖、水泥砂浆、钢筋混凝土,一层室外楼板构造如图4.24所示。

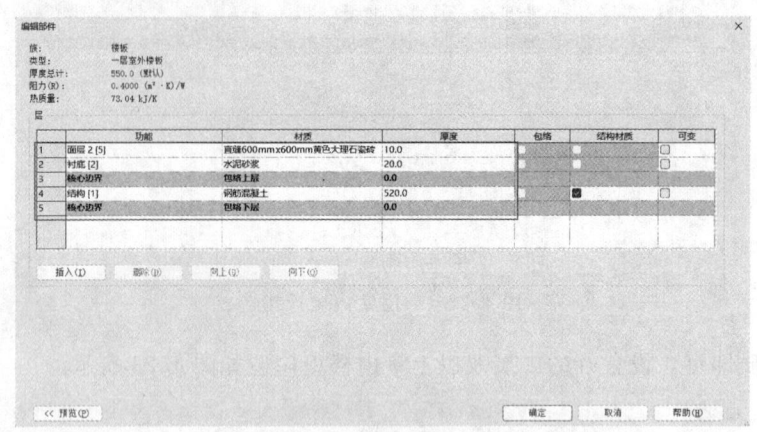

图4.24 一层室外楼板构造

(4)设置好构造后,单击"确定"按钮完成编辑部件,在功能中选择"外部",在粗略填充样式中选择"实体填充"。

(5)单击"确定"按钮完成一层室外楼板类型属性设置。

5. 设置雨棚板类型属性

(1)不要结束当前"楼板"命令,继续单击"编辑类型"—"复制"重命名为"一层室外楼板"。

(2)选中第2行单击"向下"按钮,将其移动到核心边界以下,在"功能"这一列依次设置为面层2[5]、结构[1]、面层2[5],"厚度"这一列依次设置为10、80、10。

(3)"材质"这一列依次设置水泥砂浆、钢筋混凝土、水泥砂浆,雨棚板构造如图4.25所示。

(4)设置好构造后,单击"确定"按钮完成编辑部件,在功能中选择"外部",在粗略填充样式中选择"实体填充"。

(5)单击"确定"按钮完成雨棚板类型属性设置。

6. 任意绘制一块楼板

楼板是在编辑模式下创建的,这里不能用Esc键结束该命令。

单击上下文选项卡中的"矩形"工具,在绘图区任意画一个矩形,单击"√"按钮完成,结束楼板命令,然后选中绘制的楼板删除即可,这样创建的所有楼板类型就保留下来了,这一步非常关键。

特别注意:楼板不像墙体那样,不用绘制墙体结束命令即可保存设置的类型,楼板必须任意创建一块楼板结构,这样才能保留楼板所有设置的类型。

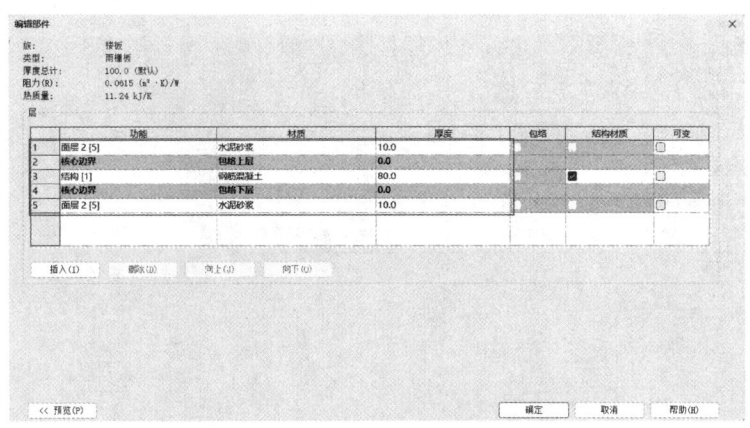

图 4.25 雨棚板构造

4.3.4 设置屋顶类型属性

本案例屋顶的构造如表 4.4 所示。

表 4.4　　　　　　　屋　顶　构　造

名　称	构　造	厚度/mm
平屋顶	沥青	10
	涂膜层—油毡	0
	水泥砂浆	20
	涂膜层—油毡	0
	钢筋混凝土	100
	水泥砂浆	20
	白色涂料	10

（1）接 4.3.3 节项目文件，单击"建筑"—"屋顶"—"迹线屋顶"—"编辑类型"—"复制"重命名为"平屋顶"。

（2）单击构造栏中的"结构"—"编辑"打开"编辑部件"对话框，单击"插入"再插入六层，利用"向上""向下"按钮将其调整至核心边界以上或以下，在"功能"这一列依次设置为面层 2［5］、涂膜层、衬底［2］、涂膜层、结构［1］、衬底［2］、面层 2［5］，"厚度"这一列依次设置为 10、0、20、0、100、20、10。

（3）"材质"这一列依次设置沥青、油毡、水泥砂浆、油毡、钢筋混凝土、水泥砂浆、白色涂料，这里"沥青"和"油毡"两种材质，打开材质浏览器在搜索栏中直接搜索单击应用就行，其他材质之前都已经创建好直接调用即可，设置好的屋顶构造如图 4.26 所示。

（4）设置好构造后，单击"确定"按钮完成编辑部件，在粗略填充样式中选择"实体填充"。

（5）设置好类型属性后单击"确定"按钮完成编辑，在上下文选项卡中单击"矩形"工具，在绘图区任意画一个矩形，单击"√"按钮完成屋顶创建，然后选

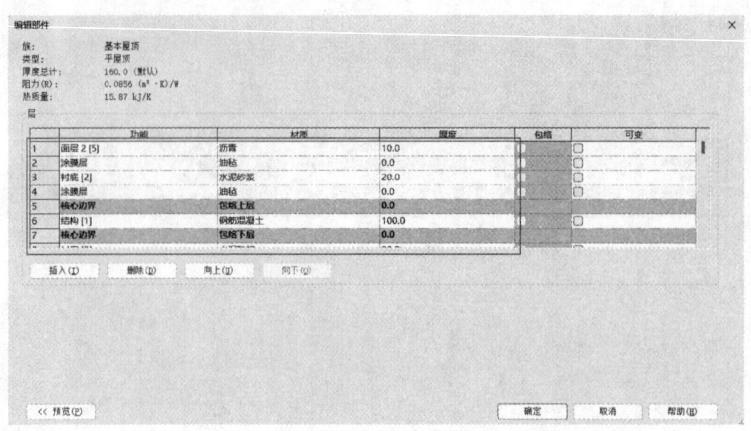

图 4.26 屋顶构造

中该屋顶删除,设置好的屋顶类型就会保留下来,此处原理与楼板一致。

4.3.5 设置门窗类型

本案例门的类型主要包括单扇平开门 M0921、M1021 和双扇平开门 M1521,窗的类型主要包括推拉窗 C1015、C1616,在立面图中可看到窗底高度均为 900mm。

1. 设置门类型

(1) 单击"建筑"选项卡中的"门"命令—在上下文选项卡中单击"载入族"—"建筑"—"门"—"普通门"—"平开门"—"单扇"—"单扇木门"双击即可载入项目。

(2) 单击属性面板中"编辑类型",在弹出的对话框中单击"复制"重命名为"M0921",单击"确定"按钮,设置"宽度"为"900"、"高度"为"2100"、"类型标记"为"M0921",单击"确定"按钮完成 M0921 门类型的设置,如图 4.27 所示。

(3) 单击"编辑类型"—"复制"重命名为"M1021",单击"确定"按钮,设置"宽度"为"1000"、"高度"为"2100"、"类型标记"为"M1021",单击"确定"按钮完成 M1021 门类型的设置。

(4) 单击上下文选项卡中"载入族"—"建筑"—"门"—"普通门"—"平开门"—"双扇"—"双扇木门"双击即可载入项目,单击"编辑类型"—"复制"重命名为"M1521",设置"宽度"为"1500"、"高度"为"2100"、"类型标记"为"M1521",单击"确定"按钮完成 M1021 门类型的设置。

(5) 按两次 Esc 键结束"门"命令,即可保存所有设置的门类型。

2. 设置窗类型

(1) 单击"建筑"选项卡中的"窗"命令,在上下文选项卡中单击"载入族"—"建筑"—"窗"—"普通窗"—"推拉窗"—"推拉窗 4 带贴面"(这里可任选一个)双击即可载入项目。

(2) 单击属性面板中"编辑类型",在弹出的对话框中单击"复制"重命名为

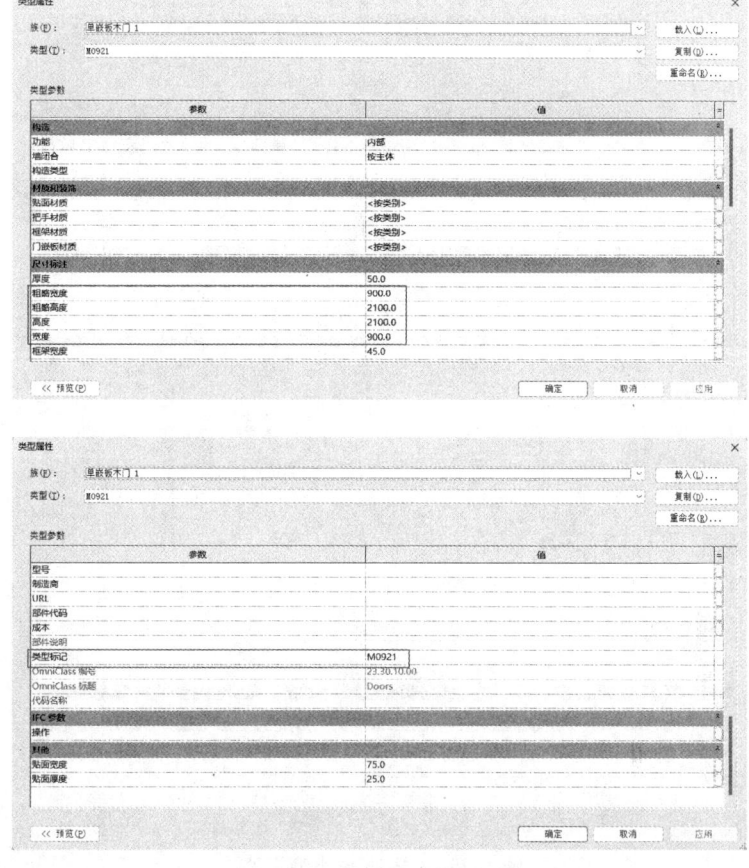

图 4.27 M0921 门类型设置

"C1015",单击"确定"按钮,设置"宽度"为"1000"、"高度"为"1500"、"类型标记"为"C1015",单击"确定"按钮,在实例属性中设置"底部偏移"为"900",完成类型的设置,如图 4.28 所示。

(3) 单击"编辑类型"—"复制"重命名为"C1616",单击"确定"按钮,设置"宽度"为"1600"、"高度"为"1600"、"类型标记"为"C1616",单击"确定"按钮完成 C1616 窗类型的设置。

(4) 按两次 Esc 键结束"窗"命令,即可保存所有设置的窗类型。

4.3.6 设置建筑柱类型

本案例柱子尺寸为 360mm×360mm。

(1) 单击"建筑"—"柱"—"建筑柱"进入柱命令,默认放置矩形柱,在属性面板单击"编辑类型",在弹出的对话框中单击"复制"并重命名为"矩形建筑柱 360mm×360mm"。

(2) 设置宽度(W):360、深度(H):360,"材质"采用默认"按类别",如图 4.29 所示。"按类别"表示柱子的材质会随着墙体或其他附着的结构材质的变化而变化,有利于保持柱子的材质和周围结构材质的一致。但是当柱子周围没有任何

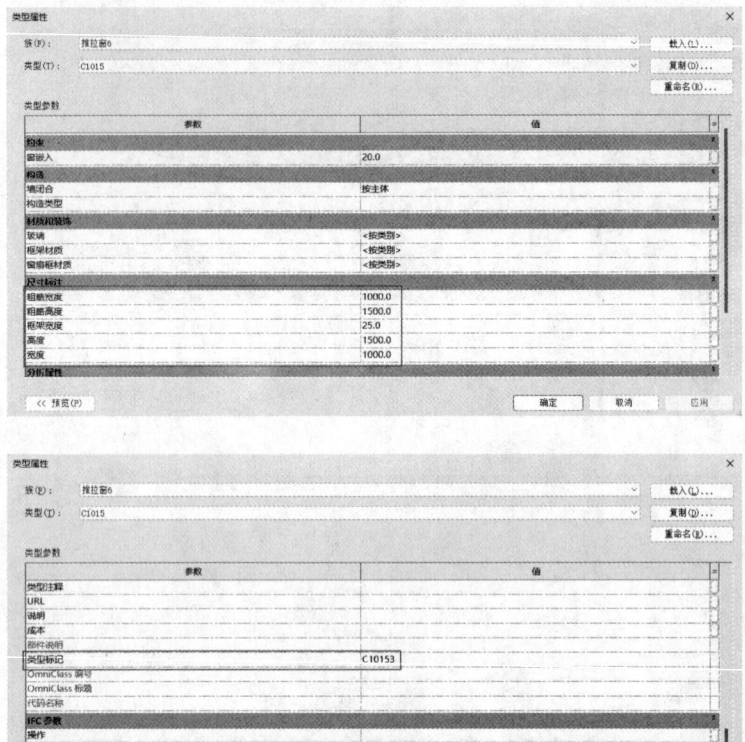

图 4.28　C1015 窗类型设置

可附着的结构，柱子独立存在的时候，则需要根据实际情况设置材质类型。

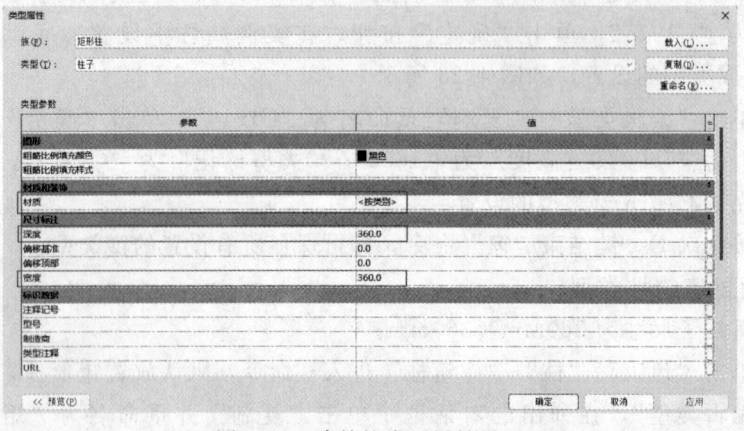

图 4.29　建筑柱类型属性设置

（3）单击"确定"按钮完成建筑柱的编辑，实例属性面板不用设置，按两次 Esc 键结束"柱"命令，设置好的柱子类型就会保留下来。

至此几个基本构件的类型属性就设置好了。

第 5 章

Revit Architecture 建模过程

5.1　创建墙、柱和门窗

5.1　创建墙、柱和门窗

5.1.1　设置墙体实例属性

打开第 4 章已经设置好基本构件类型属性的项目文件，单击"建筑"—"墙"—"墙建筑"，在属性面板中下拉选择已经设置好的"外墙"类型，在实例属性面板中依次设置以下参数。

1. 定位线

定位线指的是绘制墙体时，墙体与轴网线的相对关系，例如定位线选择"墙中心线"，那么在绘制墙体时，轴网线就会与墙中心线重合。定位线方式一共有 6 种。

（1）墙中心线：表示整个墙体厚度的中心。

（2）核心层中心线：表示墙体构造中，结构层（两个核心边界中间夹的那层，也是墙体的核心层）厚度的中心。

注意：当墙体构造沿着墙体厚度中心线对称时，"墙中心线"和"核心层中心线"重合；当不对称时，二者不重合，需要根据图纸选定使用哪种方式。

（3）面层面-外部：指的是墙体构造中外部面层结构的表面。

（4）面层面-内部：指的是墙体构造中内部面层结构的表面。

（5）核心面-外部：指的是墙体构造中上核心边界那层，实际上就是核心层上表面。

（6）核心面-内部：指的是墙体构造中下核心边界那层，实际上就是核心层下表面。

根据图纸 F1 外墙定位线选择"墙中心线"。

2. 顶、底约束

F1 外墙底部位于 F1 标高层，顶部位于 F2 标高层。

底部约束：指的是 F1 层墙体底部的标高为多少，选择"F1"。

底部偏移：指的是沿着选定的底部约束 F1 层，向上或者向下偏移多少，重新定义底部高程，正值表示向上偏移，负值表示向下偏移，没有偏移值直接输入 0，F1 层墙体底部没有偏移值，输入 0 即可。

顶部约束：选择"F2"标高，这里不能使用默认值"未连接"，必须选择对应的顶部约束标高。

顶部偏移：与底部偏移含义一致，当顶部没有偏移值时输入0即可。F1层墙体顶部到F2标高结束，没有偏移值，输入0。

3. 状态栏设置

偏移：表示绘制墙体时，墙体定位线与轴网线之间的间距。例如墙体定位线选择"墙中心线"，偏移值输入60，那么在绘制墙体的时候，墙中心线就会与轴网线之间存在60mm的间距；偏移值输入0时，则二者重合。

连接状态：允许连接，表示可以连续绘制墙体，两段墙体会自动首尾连接。

以上实例属性参数设置如图5.1所示。

5.1.2　F1层墙体绘制

1. 绘制F1外墙

设置好了F1外墙的类型属性和实例属性，就可以绘制F1外墙了，绘制要点如下。

（1）从1轴和A轴的交点处开始绘制，参照图纸F1外墙的布置，按照顺时针的顺序绘制，这样可以保证墙体的内外侧分布正确。

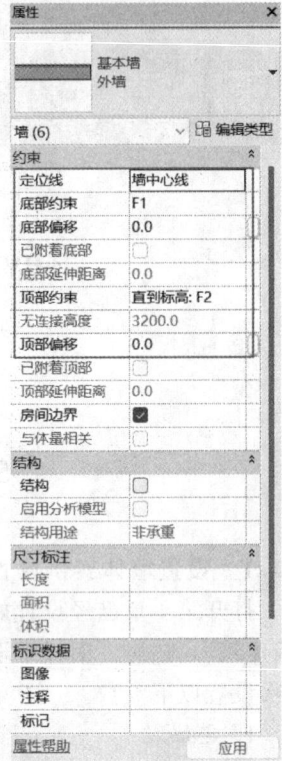

图5.1　F1外墙实例属性参数设置

（2）绘制过程中，如果发现墙体内外侧不正确，可按空格键进行调整。

（3）当墙体绘制完毕，发现内外侧不正确，可单击有问题的墙体，会出现一个转换箭头，利用该箭头可调整墙体内外侧。

（4）当某一位置图纸中有一段墙体，但是该位置没有轴网线，这时为了准确定位墙体位置，可利用"参照平面"工具，补充一段辅助线，用于墙体定位。

（5）当在绘制墙体时存在两种及以上不同的定位线方式，则不能一次性绘制完所有墙体，必须结束当前墙体绘制，修改定位线方式，重新绘制其他墙体。

（6）遇到墙体有凹凸时，可利用"复制""移动""修建""镜像""对齐"等命令，对墙体进行编辑。

绘制过程：先拾取1-A点（1轴和A轴的交点，以下简写均表示轴网交点），再依次拾取1-D、4-D、4-C、5-C、5-A、1-A，按两次Esc键结束墙命令，完成一层外墙绘制，如图5.2所示。

2. 绘制F1内墙

单击"建筑"—"墙"—"墙建筑"，在属性面板中下拉选择已经设置好的"内墙"类型，在实例属性面板中设置"定位线"为"墙中心线"、"底部约束"为"F1"、"底部偏移"为"0"、"顶部约束"为"F2"、"顶部偏移"为"0"；状态栏参数保持默认。然后参照外墙的绘制方法，按照首层平面图内墙的位置，依次将其绘制完

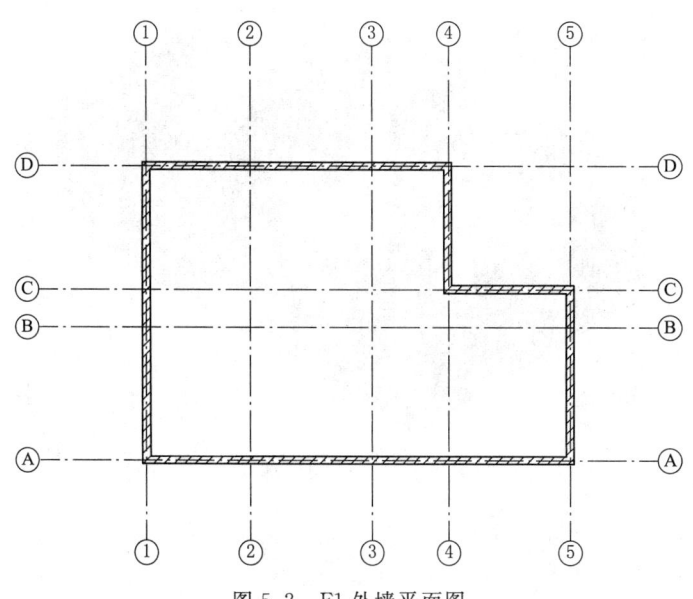

图 5.2 F1 外墙平面图

成,F1 层墙体如图 5.3 和图 5.4 所示。

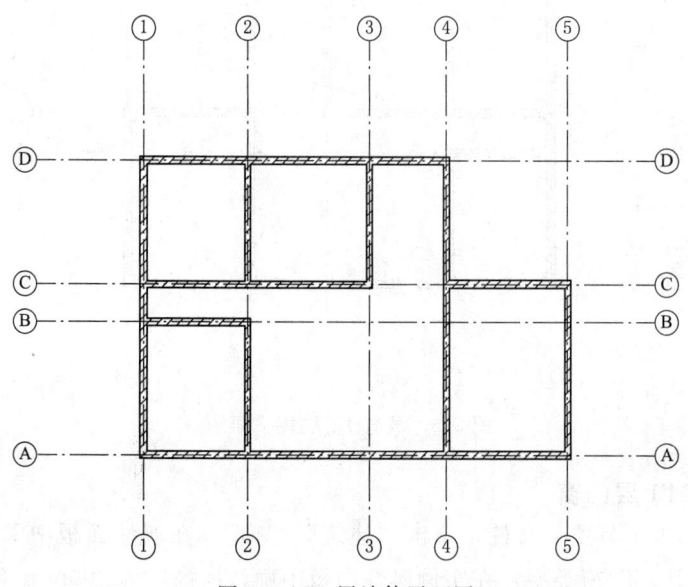

图 5.3 F1 层墙体平面图

5.1.3 放置 F1 层柱

(1)接 5.1.2 节项目文件,单击"建筑"—"柱"—"柱建筑",在属性面板中下拉选择已经设置好的"矩形柱"类型,实例属性面板采用默认设置。

(2)放置完成后。利用"对齐"(AL)命令,先拾取墙表面再拾取柱表面,将矩形柱的边界与墙体或者轴网线对齐,可准确定出柱子的位置,放置完成如图 5.5 所示。

67

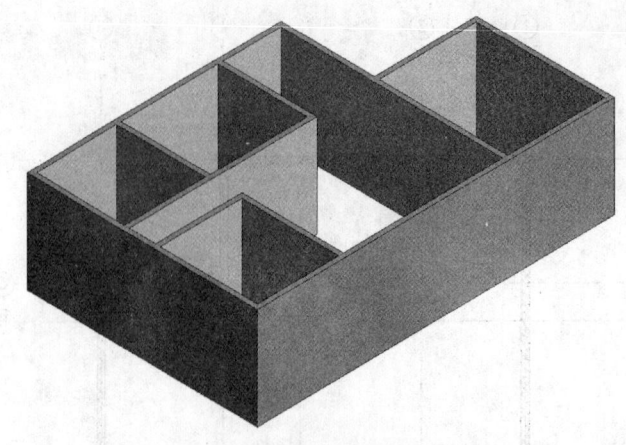

图 5.4　F1 层墙体

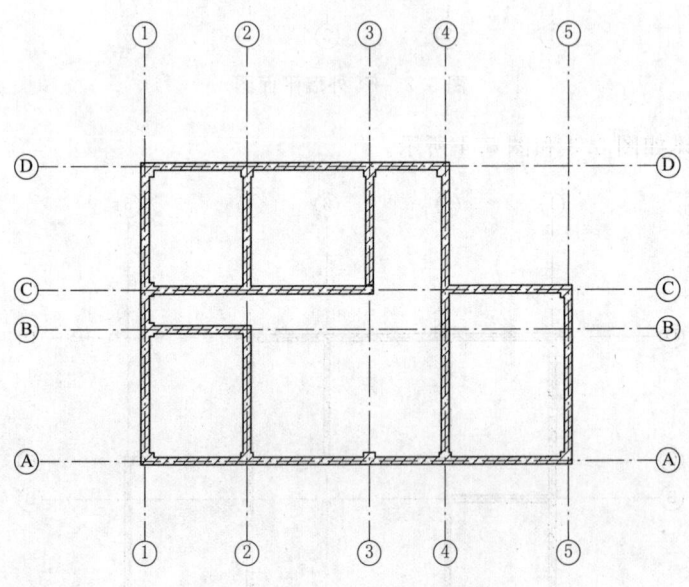

图 5.5　放置 F1 层柱平面图

5.1.4　放置 F1 层门窗

（1）接 5.1.3 节项目文件，单击"建筑"—"窗"，在属性面板中下拉选择已经设置好的"C1015"窗类型，在实例属性面板中确认底高度为 900mm（来源于立面图窗底高程），在上下文选项卡中勾选"放置时进行标记"对话框，根据首层平面图在外墙上对应位置大致放置 C1015 窗。然后重复操作大致放置 C1616 窗。

（2）根据图纸中窗与轴网间距，任意选中一个窗，周围就会出现临时标注尺寸，尺寸线的一个端点在窗的边缘，另外一个端点需要拖拽至窗距离最近的轴网线上（参照图纸尺寸标注位置），然后单击临时标注数字，将其修改为图纸中标注的尺寸数字，即可将窗调整到其准确位置。

（3）采用同样的方法将其他窗调整到准确位置。

(4) 门的放置与窗的放置方法一样,门不用设置底高度,默认为 0,依次放置 M0921、M1021、M1521 门,如图 5.6 和图 5.7 所示。

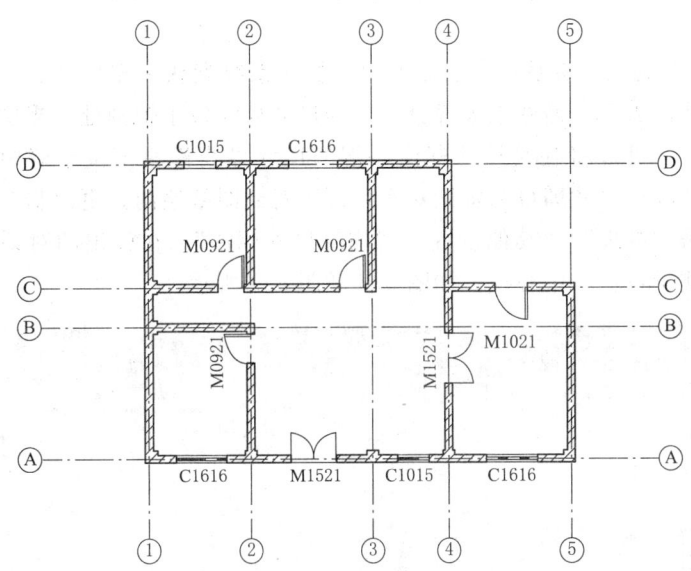

图 5.6　放置 F1 层门窗平面图

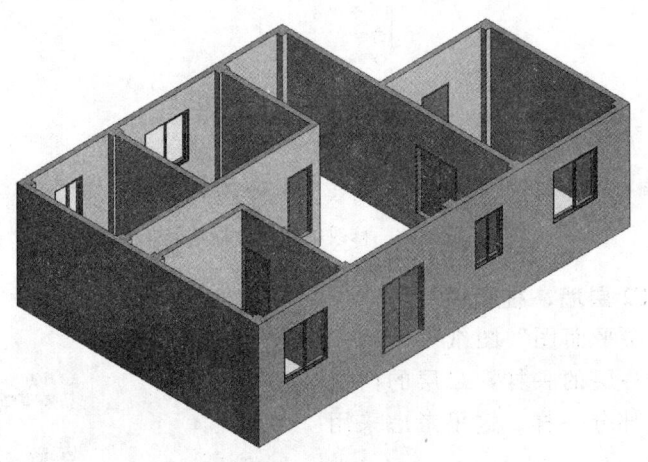

图 5.7　F1 层门和窗

技巧 1:放置门、窗族时,可以利用光标上下浮动调整方向,还可利用空格键调整门窗方向。当门窗族位于墙体中心时,可利用快捷键 SM,快速拾取某段墙体的中心,然后放置门窗族。

技巧 2:当在放置门、窗时忘记勾选"放置时进行标记"对话框,放置完门、窗后发现没有出现门窗标记,可单击"注释"—"按类型标记",然后单击门、窗族就会出现标记,当然,也可以单击"注释"—"全部标记",在弹出的对话框中勾选"门标记"和"窗标记",单击"确定"按钮,所有的门、窗都会被一次性标记完成。

注意：放置门或者窗时，发现放置后门窗不显示，或者平面不是所有的门窗都可见，此时需要单击"属性面板"—"视图范围"—"编辑"，在弹出的对话框中修改剖切位置高度。

技巧 3：放置门、窗族时，其临时尺寸标注系统默认一端尺寸界线位于墙核心层的面，即墙的表面。而图纸大部分一端的尺寸界线位于轴网处，当图纸墙体中心线位于轴网时，可以将临时尺寸标注一端的尺寸界线修改至位于墙中心线，放置门、窗族时的临时尺寸即可与轴网对齐，便于对照图纸绘制。更改临时尺寸标注属性操作：单击"管理"—"其他设置"—"临时尺寸标注"，在弹出的对话框中修改临时尺寸标注测量自：墙中心线。如图 5.8 和图 5.9 所示。

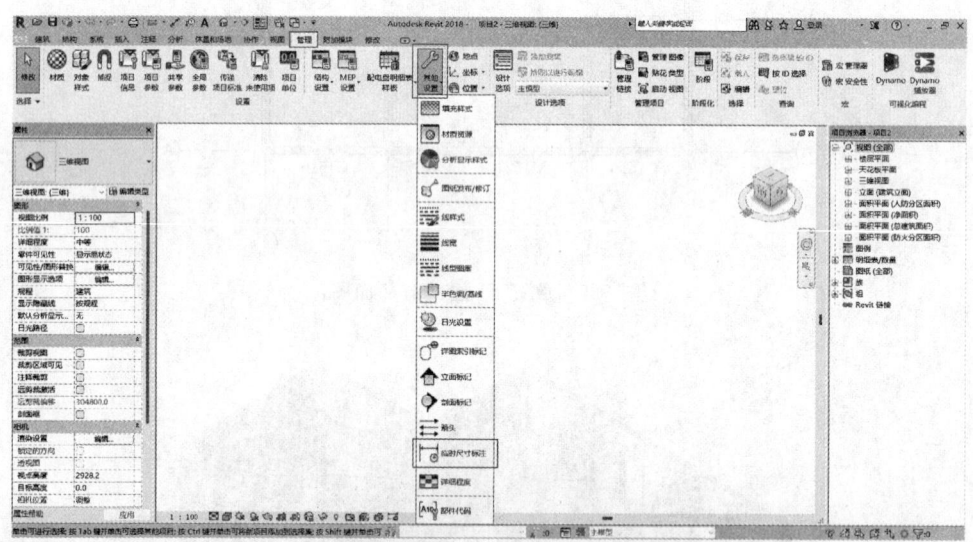

图 5.8 修改临时尺寸标注

5.1.5 创建 F2 层墙、柱和门窗

打开"二层平面图"图纸可看到二层的墙、柱和一层的一样，二层的门窗和一层门窗大部分一样，这里考虑采用以下方法。

(1) 接 5.1.4 节项目文件，将视图切换至 F1 楼层平面，框选所有图元。

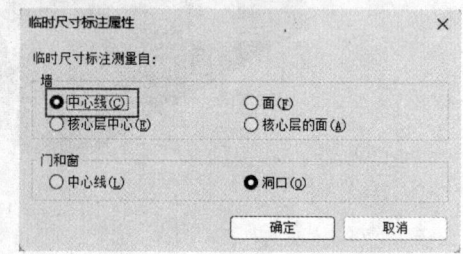

图 5.9 临时尺寸标注属性

(2) 单击上下文选项卡中的"过滤器"，在打开的对话框中只选择"墙""柱""门""窗"，单击"确定"按钮。

(3) 单击上下文选项卡中的"复制到剪贴板"按钮，再单击"粘贴"按钮，在下拉菜单中选择"与选定标高对齐"，在打开的对话框中选择 F2，单击"确定"按钮，切换至三维视图可看到一层的墙、柱、门、窗已经被复制到二层了。

(4) 将视图切换至 F2 楼层平面，根据二层平面图纸中门窗的编号和位置，对一层复制上来的门窗进行检查修改，例如删除二层北立面上的 M1021 门，重新在这个位置添加 C1616 窗并调整位置。

（5）调整好二层门窗后，单击"注释"—"全部标记"，在弹出的对话框中勾选"门标记"和"窗标记"，单击"确定"按钮，就可以看到二层的门窗已经被全部标记了，如图 5.10 和图 5.11 所示。

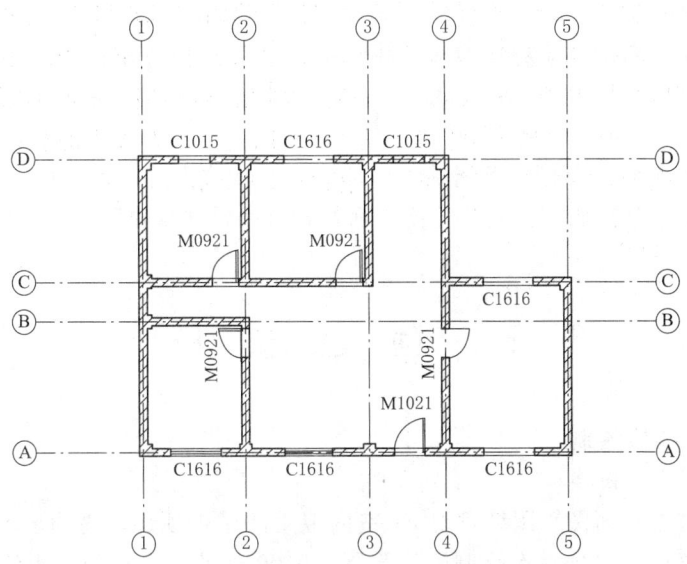

图 5.10　F2 层墙、柱和门窗平面图

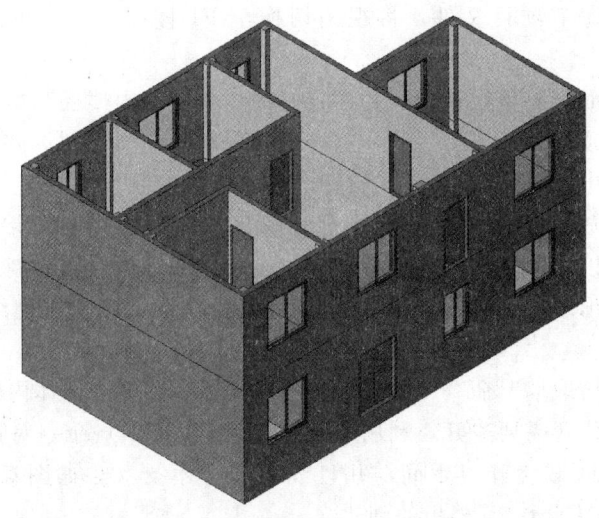

图 5.11　F2 层墙、柱和门窗

注意：如果发现一层和二层墙体有重叠，则需要检查一层的墙体实例属性面板中"顶部约束"是否为"直到 F2"，如果显示"未连接"则需要将一层墙体修改正确，再重新复制到二层；复制门窗族时，在过滤器中不能勾选"门标记"和"窗标记"。

5.1.6 创建室外地坪墙和柱

打开"南立面"图纸会看到墙和柱底部标高是"室外地坪"。

（1）将视图切换至F1楼层平面，框选所有图元。

（2）单击上下文选项卡中的"过滤器"，在打开的对话框中只选择"墙"，单击"确定"按钮。

（3）在属性面板中将实例属性"底部约束"修改为"室外地坪"，在绘图区空白处单击一下，就完成了墙体的向下延伸。

（4）再次框选所有图元，单击上下文选项卡中的"过滤器"，在打开的对话框中只选择"柱"，单击"确定"按钮。

（5）在属性面板中将实例属性"底部约束"修改为"室外地坪"，在绘图区空白处单击一下，然后将视图切换至南立面，就可以看到墙和柱已延伸到了"室外地坪"标高。

5.2 创 建 楼 板

5.2 创建楼板

5.2.1 室内楼板绘制

1. 绘制F1室内楼板

分析"首层平面图"图纸发现F1室内卫生间楼板顶部标高为－0.05，其他均为±0.00，这样需要分两次绘制，先绘制±0.00处的室内楼板，再绘制卫生间处的室内楼板。

（1）打开5.1节项目文件，将视图切换至F1楼层平面，单击"建筑"—"楼板"—"楼板建筑"。

（2）在属性面板中下拉选择已经设置好的"一层室内楼板"类型，在实例属性面板中设置"自顶部偏移"为"0"（这样楼板顶部就会与F1标高齐平），在状态栏勾选"延伸到墙中（至核心层）"，选择"拾取墙"绘制方式。

（3）将光标放置在任意一面外墙上，按Tab键直至所有外墙边线高亮显示，单击一下，就可以一次性拾取完所有外墙，按两次Esc键结束绘制，单击任意一条拾取的线条，会出现一个转换箭头，单击一次，可将所有拾取的线条调整至墙的外侧。

（4）单击"拾取墙"命令，依次单击拾取完卫生间所有墙体内侧。

（5）卫生间位置需要避开，利用"修剪/延伸"（TR）命令对拾取的轮廓线进行修剪，让整个区域绕开卫生间，并且线条闭合不交叉，如图5.12所示，单击"√"按钮完成所有±0.00楼板的创建。

（6）单击"建筑"—"楼板"—"楼板建筑"，在属性面板中下拉选择已经设置好的"一层室内楼板"类型，在实例属性面板中设置"自顶部偏移"为"－50"（这样楼板顶部就会低于F1标高50mm，与图纸保持一致），在状态栏勾选"延伸到墙中（至核心层）"，选择"拾取墙"绘制方式。

（7）依次单击拾取完卫生间所有墙体内侧。

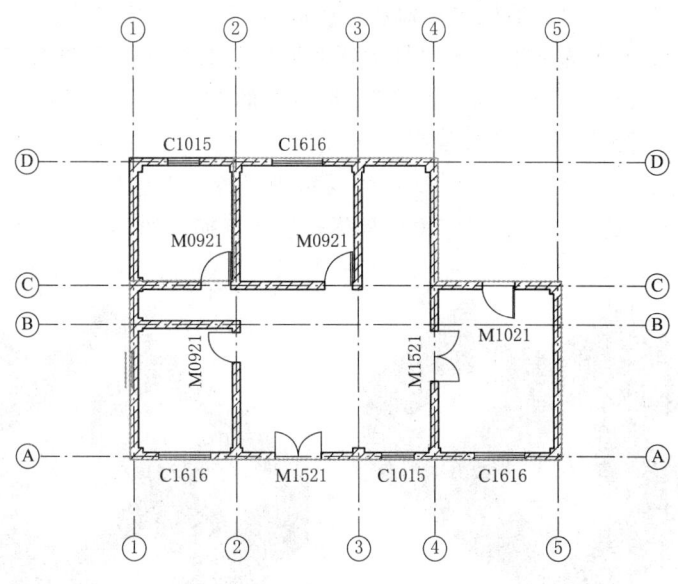

图 5.12 ±0.00 楼板轮廓

(8) 利用"修建/延伸"(TR)命令对拾取的轮廓线进行修建,让整个卫生间区形成一个闭合不交叉的轮廓,如图 5.13 所示,单击"√"按钮完成卫生间楼板的创建。

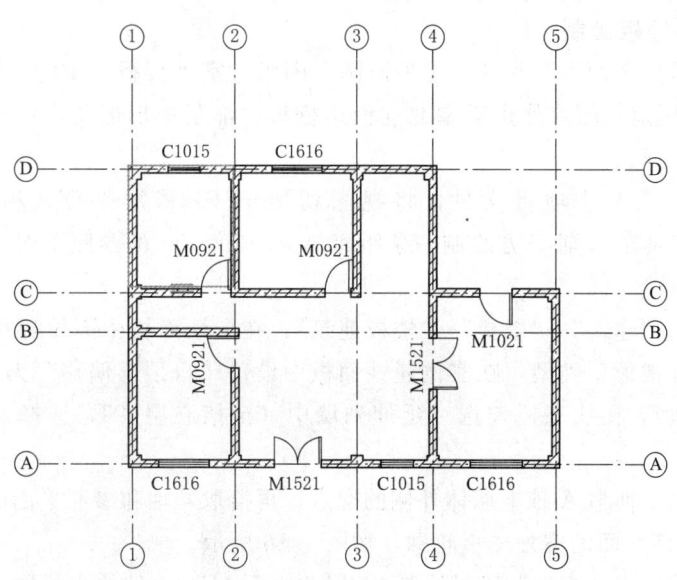

图 5.13 卫生间楼板轮廓

(9) 切换至三维视图,观察模型如图 5.14 所示。

2. 绘制 F2 室内楼板

二层与一层室内楼板轮廓一样,楼板类型不一样。

(1) 将视图切换至 F1 楼层平面,框选所有图元,单击上下文选项卡中的"过滤器"按钮,在弹出的对话框中只勾选"楼板",单击"确定"按钮。

(2) 单击上下文选项卡中的"复制到剪贴板"对话框,再单击"粘贴"按钮,在下拉菜单中选择"与选定标高对齐",在打开的对话框中选择"F2",单击"确定"按钮,即可将 F1 室内楼板复制到 F2 层。

(3) 切换至三维视图,选中 F2 层两块室内楼板,在属性面板下拉菜单中选择"二层室内楼板"类型,对二层室内楼板样式进行替换,如图 5.15 所示。

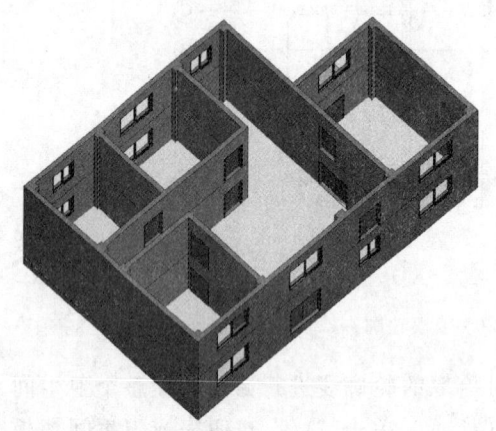
图 5.14 F1 层室内楼板

图 5.15 F2 层室内楼板

5.2.2 室外楼板绘制

分析"首层平面图"和"二层平面图"图纸,室外楼板有 F1 层南立面和北立面门处,F2 层南立面室外走道和北立面雨棚板,都是矩形形状,尺寸见图纸,绘制方法基本一样。

(1) 接 5.2.1 节项目文件,将视图切换至 F1 楼层平面,利用"参照平面"(RP)工具在 A 轴下方绘制一条距离 A 轴 1290mm 的参照平面,长度从 1 轴到 5 轴。

(2) 单击"建筑"—"楼板"—"楼板建筑",在属性面板中下拉选择已经设置好的"一层室外楼板"类型,在实例属性面板中设置"自顶部偏移"为"−50"(与图纸保持一致),在状态栏勾选"延伸到墙中(至核心层)",选择"矩形"绘制方式。

(3) 拾取 1 轴与 A 轴上墙体外侧的交点,再拾取 4 轴和参照平面的交点,就绘制好了 F1 层南立面的室外楼板轮廓,如图 5.16 所示。

(4) 继续采用"矩形"工具绘制 F1 层北立面 M1021 处的室外楼板轮廓,矩形尺寸 1400mm×1000mm,中心与门的中心对齐。

(5) 绘制完两个"矩形"轮廓后,单击"√"按钮完成 F1 室外楼板的创建。

(6) 将视图切换至 F2 楼层平面,单击"楼板"—"楼板建筑",在属性面板选择"二层及以上室外楼板"类型,设置"自标高偏移"为"−50"(与图纸保持一致),在状态栏勾选"延伸到墙中(至核心层)",选择"矩形"绘制方式。

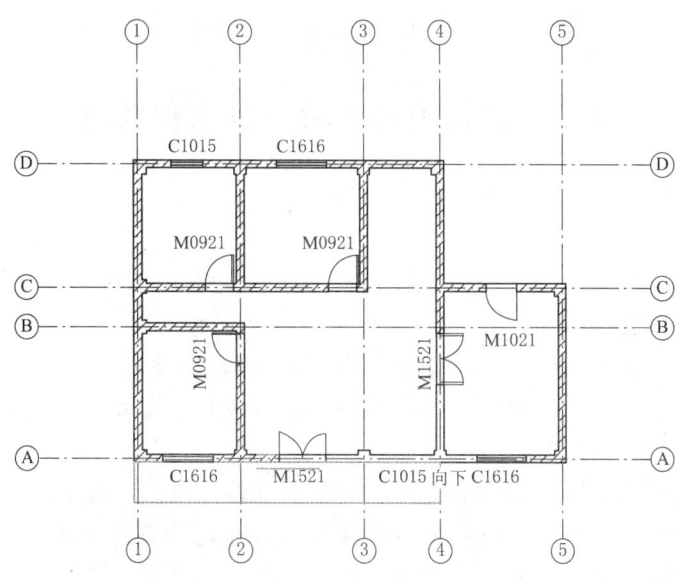

图 5.16 F1 南立面室外楼板轮廓

（7）拾取 1 轴与 A 轴上墙体外侧的交点，再拾取 5 轴和参照平面的交点，就绘制好了 F2 层南立面的室外楼板轮廓，单击"√"按钮，这时会弹出"是否希望墙体附着到楼板底部"，单击"否"，完成 F2 层室外走道的创建。

（8）单击"楼板"—"楼板建筑"，在属性面板选择"雨棚板"类型，设置"自标高偏移"为"－500"（来源于北立面图纸），在状态栏勾选"延伸到墙中（至核心层）"，选择"矩形"绘制方式。

（9）在二层平面图所示位置绘制一个 1800mm×1200mm 的矩形轮廓，中心与 C1616 窗中心对齐，单击"√"按钮完成雨棚板的创建，室外楼板如图 5.17 所示。

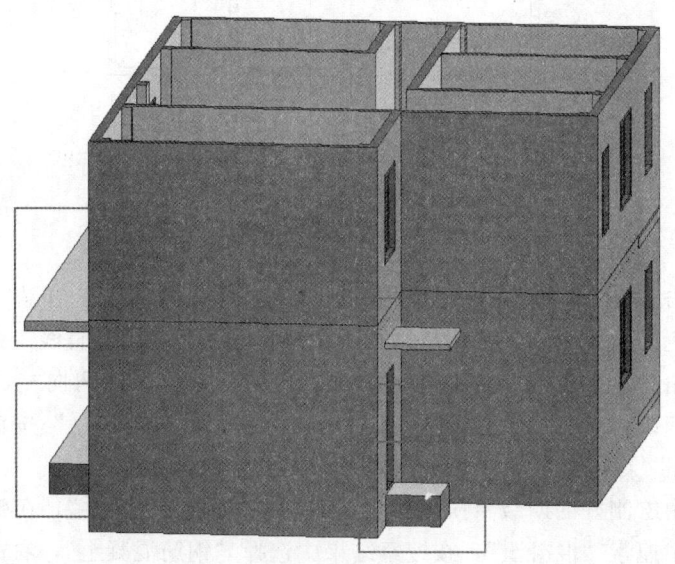

图 5.17 室外楼板

技巧：在绘制矩形时，可先大概绘制，然后修改临时标注调整具体尺寸。

5.3 创建室外台阶、散水和坡道

5.3 创建室外台阶、散水和坡道

5.3.1 创建室外台阶和散水

1. 室外台阶

分析"首层平面图"图纸室外台阶有两处，这里介绍两种方法。

方法一：内建模型，以 F1 南立面处室外台阶为例。

（1）打开 5.2 节项目文件，将视图切换至 F1 楼层平面。

（2）单击"建筑"—"构件"—"内建模型"，选择族样板单击"常规模型"—重命名"四级台阶"—"确定"。

（3）单击"放样"—"绘制路径"，选择"拾取线"方式，拾取 F1 层南立面室外楼板边线，生成一条路径（或利用"直线"自行在此位置绘制路径），单击"√"按钮，完成路径绘制，如图 5.18 所示。

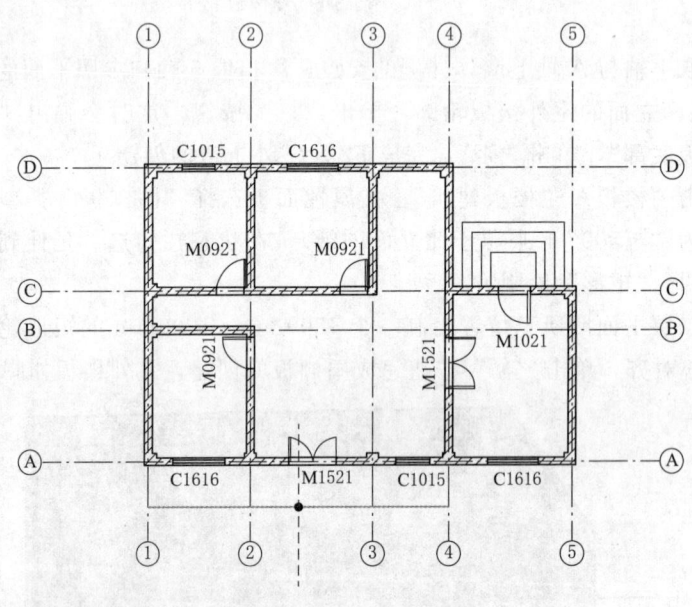

图 5.18 绘制放样路径

（4）单击"编辑轮廓"，在弹出的对话框中选择"西立面"，单击"打开视图"，找到一个红色的参照点，该点就是路径所在位置，然后利用"直线"命令，沿着室外楼板右下角角点，先水平向右画 900mm，再向上 150mm，再向左 300mm，重复操作绘制完四级台阶轮廓，如图 5.19 所示，绘制好后单击"√"按钮，完成轮廓绘制，再单击"√"按钮，结束放样命令，完成台阶的创建。

（5）选中绘制好的四级台阶族，在属性面板中单击"材质"，在弹出的材质浏览器对话框中搜索"混凝土"，在搜索结果中选择"钢筋混凝土"，右击复制重命名为"混凝土"，然后单击"图形"中的"截面填充图案"，勾选"绘制"后选择"混凝土"样式，单击"确定"按钮，完成新建材质，如图 5.20 所示。

（6）单击"√"按钮，完成内建族的创建，如图 5.21 所示。

方法二：使用轮廓族和楼板边命令创建 F1 北立面 M1021 门处的四级台阶。

（1）接 5.2 节项目文件，打开后单击左上角"文件"—"新建"—"族"—"公制轮廓.rft"进入轮廓族编辑器。

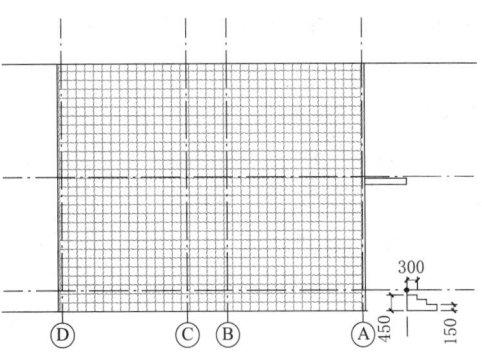

图 5.19 四级台阶放样轮廓

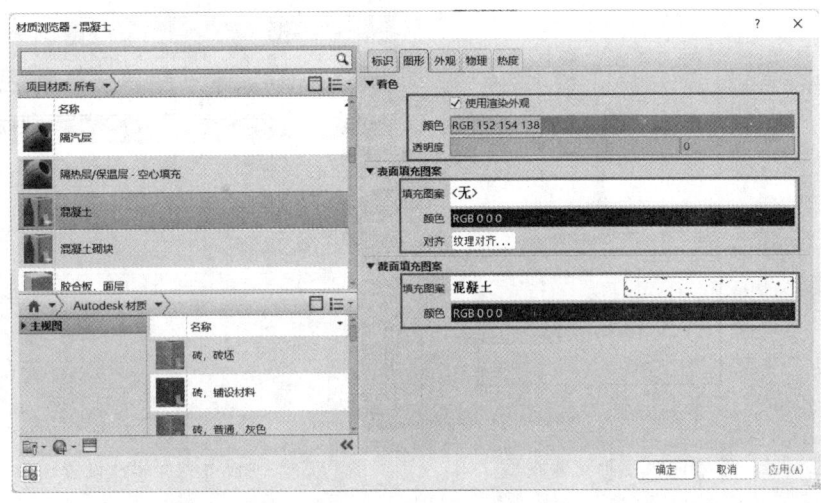

图 5.20 混凝土材质样式

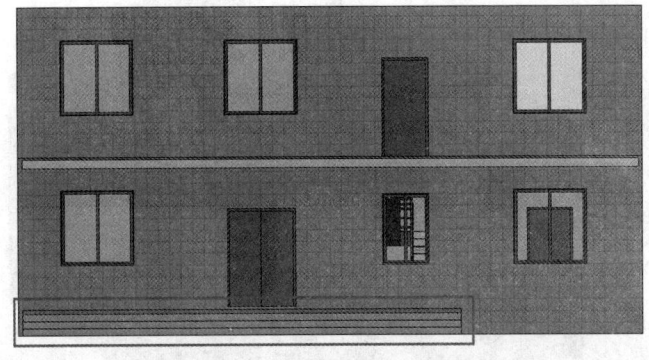

图 5.21 F1 南立面室外台阶

（2）单击"线"—"直线"，以两条参照平面交点为起点，向下画 100mm，再向下画 450mm，水平向右画 900mm，再向上画 150mm 向左 300mm，重复两次让轮廓闭合，删除第一条向下绘制的 100mm 直线，如图 5.22 所示，并单击"载入项目并关闭"按钮,命名为"室外四级台阶"。

(3) 回到项目文件中,切换至三维视图,单击"建筑"—"楼板"—"楼板边"—"编辑类型"—"复制"—重命名"室外台阶",在参数中将"轮廓"改为"四级台阶轮廓","材质"改为"混凝土",单击"确定"按钮,如图 5.23 所示。

(4) 在三维视图中依次单击 F1 北立面 M1021 门处室外楼板的三个上边缘线,就会看到系统自动创建了一圈室外台阶,如图 5.24 所示。

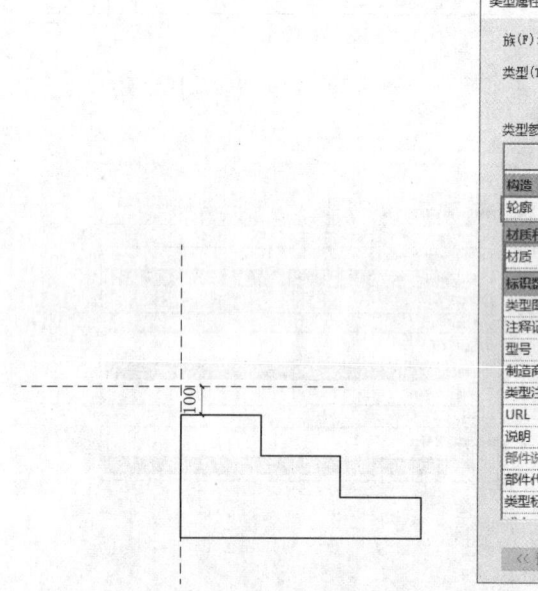
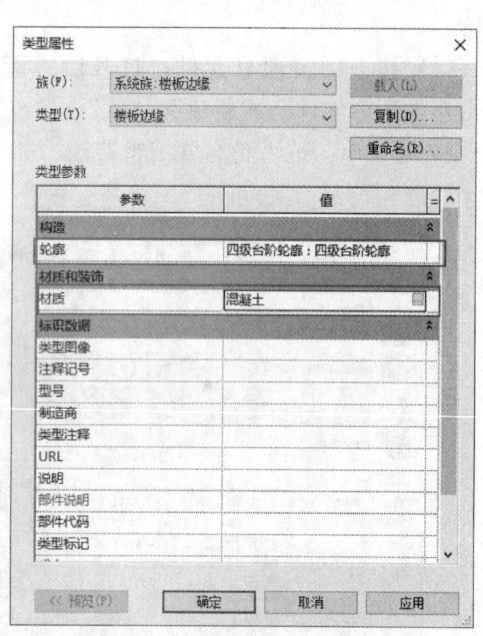

图 5.22　室外四级台阶轮廓族　　　　图 5.23　楼板边类型属性设置面板

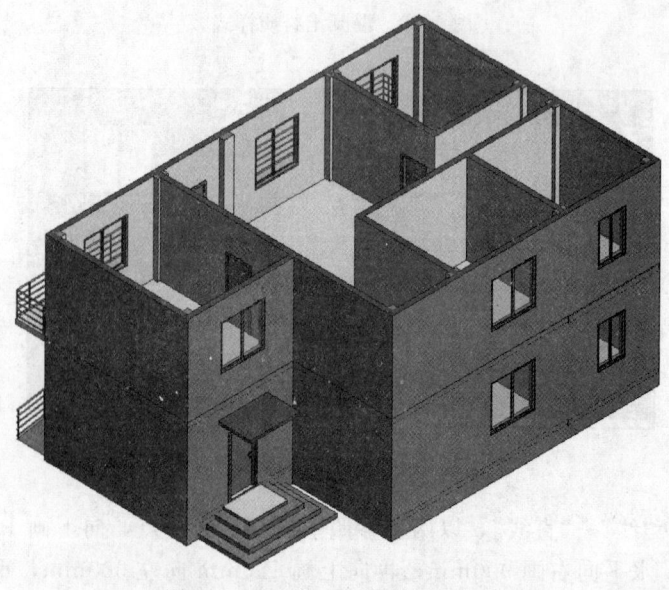

图 5.24　F1 北立面室外四级台阶

2. 散水

分析"首层平面图"图纸室外散水有两处,可采用内建模型的"放样"命令分两次创建,方法与室外台阶创建方法一样。

这里采用"放样"命令创建散水时,拾取的路径是墙的边缘线条,需要注意修改其长度和图纸保持一致,散水的轮廓是一个高 150mm、长 800mm 的直角三角形,材质是"混凝土",这里不再赘述,如图 5.25 所示。

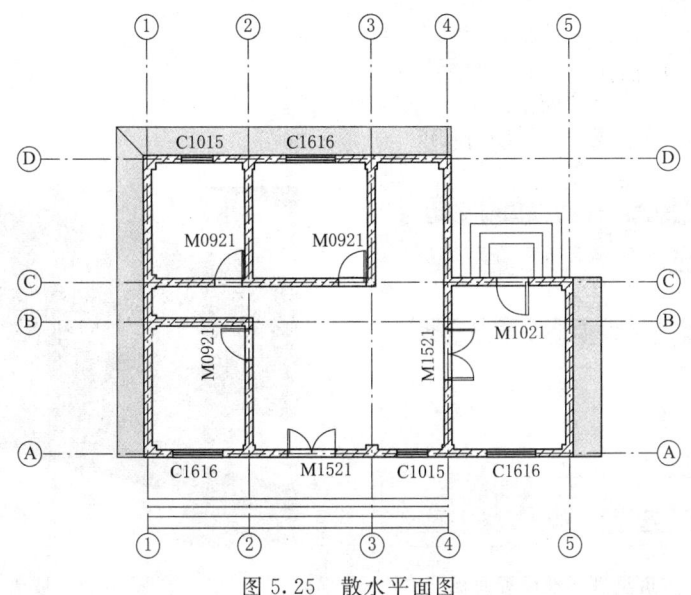

图 5.25 散水平面图

技巧:如果散水的截面形状是一个矩形,那么还可以用"楼板"命令来创建散水,按照图纸给定尺寸,像创建室外楼板一样,来创建散水结构。

5.3.2 创建坡道

分析"首层平面图"图纸坡道位于 F1 南立面室外楼板的右侧,长度 3900mm 从 4 轴到 5 轴,起始高度 550mm,顶部与室外楼板齐平,底部与"室外地坪"标高齐平,宽度为 1200mm,坡比约为 1∶7。

(1) 接 5.3.1 节项目文件,将视图切换至 F1 楼层平面,单击"建筑"—"坡道"—"编辑类型"—"复制"—重命名"室外坡道",然后再将"构造"改为"实体","功能"改为"外部","坡道材质"改为"混凝土","最大斜坡长度改为"3850","坡道最大坡度(1/x)"改为"7",单击"确定"按钮,如图 5.26 所示。

(2) 在实例属性面板中设置底部约束室外地坪、底部偏移 0、顶部约束 F1、顶部偏移−50mm(与 F1 室外楼板齐平),坡道宽度 1200mm。

(3) 单击"直线"进行坡道绘制,光标拾取 F1 南立面室外楼板 4 轴处的边缘线,然后光标水平往右移动直到整个坡道长度完全显示并且长度不再变化,单击一下,按两次 Esc 键结束绘制,单击"√"按钮完成编辑。

(4) 选中创建好的坡道,在坡道左侧会出现一个"→",单击一次"→"后,坡道会自动调整方向。

(5) 切换至三维视图，删除坡道内侧的栏杆，如果发现坡道和室外楼板没对齐相接，可利用"移动"（MV）命令，将其移动到对应位置，完成室外坡道的创建，如图 5.27 所示。

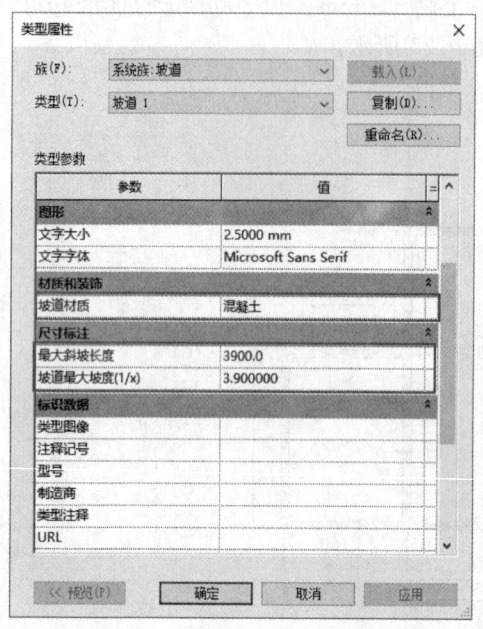

图 5.26　坡道类型属性设置面板

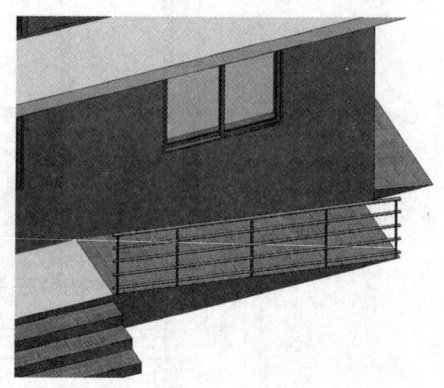

图 5.27　坡道

5.4　创建楼梯、洞口和栏杆扶手

5.4.1　创建楼梯

Revit Architecture 中可以创建直梯、旋转楼梯、U 形楼梯、L 形楼梯等多种类型的楼梯形式，操作基本一致，本节主要讲述直梯的操作。

(1) 接 5.3 节项目文件，将视图切换至 F1 楼层平面，单击"建筑"—"楼梯"，默认是"直梯"绘制方式。

(2) 在实例属性面板中选择"整体浇筑楼梯"，然后单击属性面板中"编辑类型"—"复制"—重命名"楼梯"—"确定"，单击"构造"中的"梯段类型"，在弹出的对话框中，勾选"踏板"和"踢面"。

(3) 依次设置整体式材质为"白色涂料"，踏板和踢面材质为"直缝 600mm× 600mm 黄色大理石瓷砖"，设置踏板厚度"5"，楼梯前缘长度"10"，楼梯前缘轮廓"半径：20mm"，仅前侧，设置踢面勾选开始于踢面和结束于踢面，踢面类型为"直梯"，踢面厚度"5"，连接方式为踢面延伸至踏板后，单击"确定"按钮，梯段类型参数设置如图 5.28 所示。

创建楼梯、洞口和栏杆扶手 5.4

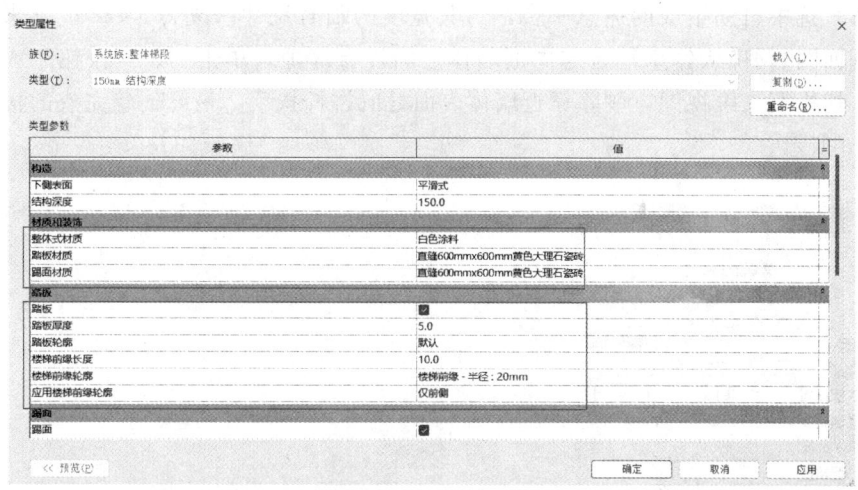

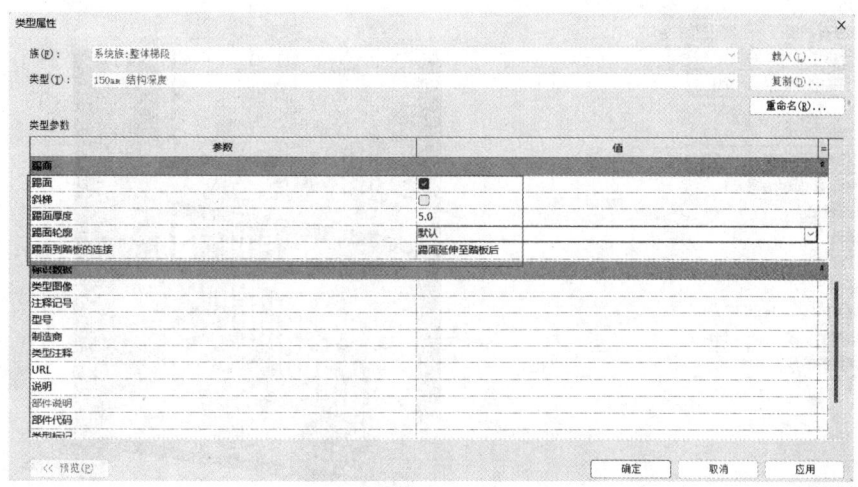

图 5.28　楼梯梯段类型参数设置

（4）在实例属性面板中，确认底部约束为"F1"，底部偏移为"0"，顶部约束为"F2"，顶部偏移为"0"，再依次设置所需踢面数为"20"（计算规则图纸中标注了单侧9个踏板＋1个休息平台，单侧共10个踢面，两侧对称共计20个踢面）、实际踏板深度为"260"（来源于楼梯间剖面图），如图 5.29 所示。

（5）在状态栏"定位线"下拉菜单中选择"梯边梁外侧右"，勾选"自动平台"，实际梯段宽度"1000"（来源于二层平面图）。

（6）在上下文选项卡中确认绘制方式是"直梯"，绘制时注意楼梯的方向，从右边梯段开始到左边梯段结束，一次性绘制完成，首先拾取右边梯段第一梯段起点与墙面的交点（图纸中楼梯间墙体与C轴的交点），向上创建"10"个踢面（光标向上移动时，旁边会出现数字表示踢面个数），单击一次，水平向左拾取右边踢面结束端延伸线与左边墙面交点，再向下创建"10"个踢面，按两次 Esc 键结束绘制。

81

(7) 选中自动生成的休息平台,将其宽度的临时尺寸修改为"1260"(来源于楼梯剖面图),确认休息平台与周围墙体之间没有缝隙,单击"√"按钮完成楼梯创建,切换至三维视图,删除靠近墙体表面处的栏杆扶手,最终创建完成的楼梯如图5.30所示。

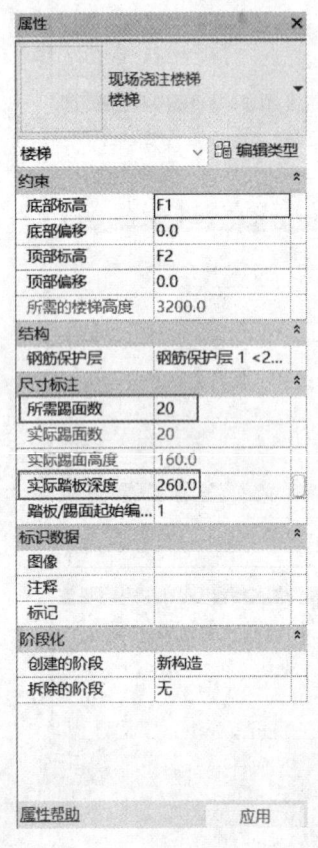

图5.29 楼梯实例属性参数设置

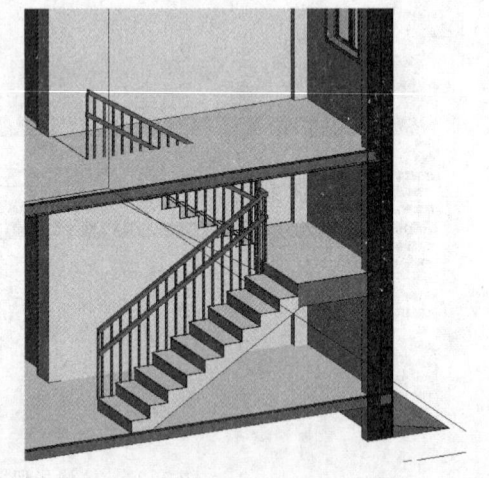

图5.30 楼梯

技巧:在三维视图模式下,可在实例属性面板中勾选"剖面框"按钮,利用拖拽柄裁剪视图,裁剪到楼梯间位置,露出楼梯断面观察模型,取消勾选"剖面框"按钮,可恢复原样。

注意:创建不同类型楼梯时,所需题面数、实际踏板深度、实际梯段宽度是三个关键控制参数;如果在状态栏"定位线"下拉菜单中选择"梯段:中心"这种方式,则需要提前利用"参照平面"工具,绘制好左、右梯段中心定位线和休息平台的内侧边线,这三条定位线即可确定楼梯梯段的中心、起、始位置。

5.4.2 创建洞口

Revit Architecture中洞口工具是用来在墙、楼板、天花板、屋顶等4种结构上进行开洞的,Revit软件中提供了5种洞口工具,具体如下。

按面：该工具始终沿着作用面的法线方向进行开洞。

竖井：该工具始终沿着垂直于标高平面方向进行开洞，类似于电梯井，该工具可通过控制裁剪深度，一次性裁剪一层或者多层楼板、天花板、墙体、屋顶等图元。

墙：该工具适用于在墙体结构上开洞口。

垂直：该工具和竖井工具类似，都是始终垂直于标高平面进行开洞，不同点在于该工具不能设置裁剪深度，无论选中的结构多厚，都是一次性剪透。

老虎窗：该工具适用于在屋顶上开洞口。

以上5种洞口工具适用场景有所不同，但操作基本一致，下面重点介绍竖井工具。

（1）接5.4.1节项目文件，将视图切换至F2楼层平面，单击"建筑"—"洞口"—"竖井"，设置实例属性面板中的参数。通过设置底部约束、底部偏移、顶部约束、顶部偏移等参数，来控制裁剪范围，使其只剪透F2层楼板而不碰到屋顶或者F1层楼板。这里F2层楼板厚度为180mm，设置底部约束F2、底部偏移−180mm、顶部约束F2、顶部偏移0，就可以只剪透F2层楼板，而不碰到其他楼层结构（这里的设置参数不唯一，合理即可）。

（2）在上下文选项卡中选择"矩形"绘制方式，拾取楼梯间左上方墙体交点，再拾取楼梯间右下方第一梯段起点（C轴与墙体的交点），创建一个矩形洞口，如图5.31所示，单击"√"按钮完成竖井洞口的创建。

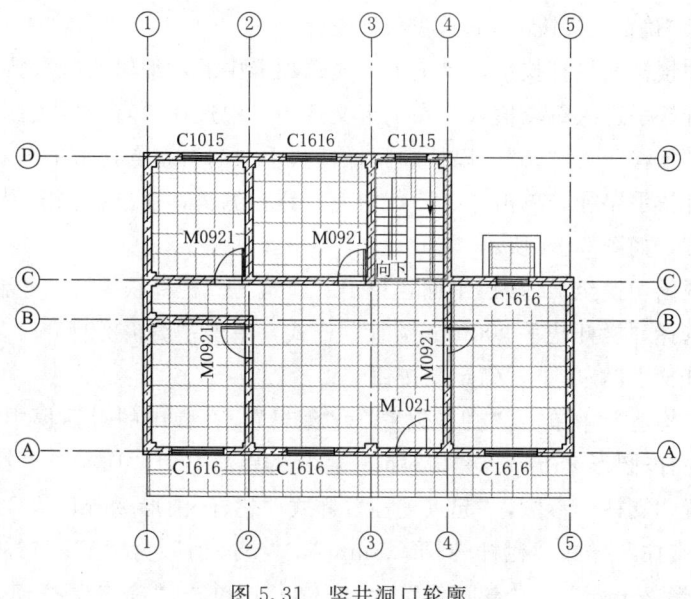

图5.31 竖井洞口轮廓

（3）切换至三维视图，结合"剖面框"工具检查洞口大小和上下范围是否合理，如果洞口太大或太小，可选中竖井洞口进行拖拽拉伸，或双击重新编辑，如图5.32所示。

5.4.3 创建栏杆扶手

Revit Architecture 中创建栏杆扶手有两种方式：一种是绘制栏杆路径，通过自定义栏杆路径自动生成符合要求的栏杆扶手结构。另一种是放置栏杆，直接拾取楼梯、楼板结构即可自动生成栏杆扶手，该方法局限性较大，只能拾取楼梯、屋顶和楼板结构，不能自定义路径，需要二次编辑。这里重点讲解"绘制栏杆路径"方式。

(1) 接 5.4.2 节项目文件，将视图切换至 F2 楼层平面，选中楼梯间栏杆扶手，在属性面板下拉菜单中选择"栏杆扶手 900mm"样式。

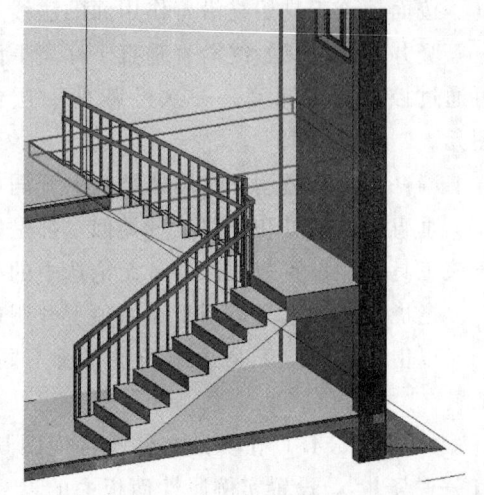

图 5.32 竖井洞口

(2) 单击"编辑类型"—"复制"—重命名"楼梯间栏杆扶手"，单击"确定"按钮，依次设置"扶栏结构（非连续）"—"编辑"，在弹出的对话框中单击"插入"，重命名为"幼儿扶手"，高度改为"600"，轮廓改为"矩形扶手 50mm×50mm"，如图 5.33 所示，单击"确定"按钮。

(3) 在"顶部扶栏"中设置"高度"为"900"，"类型"为"矩形-50mm×50mm"，单击"确定"按钮，完成类型属性设置。

(4) 选中楼梯间栏杆扶手，单击上下文选项卡中的"编辑路径"按钮或直接双击楼梯间栏杆扶手进入编辑模式，在上下文选项卡中选择"直线"绘制方式，在状态栏中设置"偏移"为"25"，以楼梯间栏杆扶手末端为起点，水平向右直到墙体，绘制一段栏杆扶手路径，单击"√"按钮完成路径编辑，在三维视图中检查路径绘制得是否合理，如图 5.34 所示。

(5) 将视图切换至 F2 楼层平面，单击"建筑"—"栏杆扶手"—"绘制路径"，在属性面板中选择"栏杆扶手 900mm 圆管"样式，单击"编辑类型"—"复制"—重命名"室外栏杆扶手"，单击"确定"按钮。

(6) 在"构造"中单击"栏杆位置"—"编辑"，在弹出的对话框中设置第 2 行主样式为"栏杆-圆形 25mm"，"相对前一栏杆的距离"为"1000"。

(7) 设置"支柱"参数，"起点支柱"样式"栏杆-圆形 25mm"，"空间值"为"60"；"转角支柱"样式"栏杆-圆形 25mm"，"空间值"为"0"；"终点支柱"样式"栏杆-圆形 25mm"，"空间值"为"-60"；单击"确定"按钮，"扶栏结构（非连续）"及其他参数采用默认设置，如图 5.35 和图 5.36 所示，单击"确定"按钮完成类型属性设置。

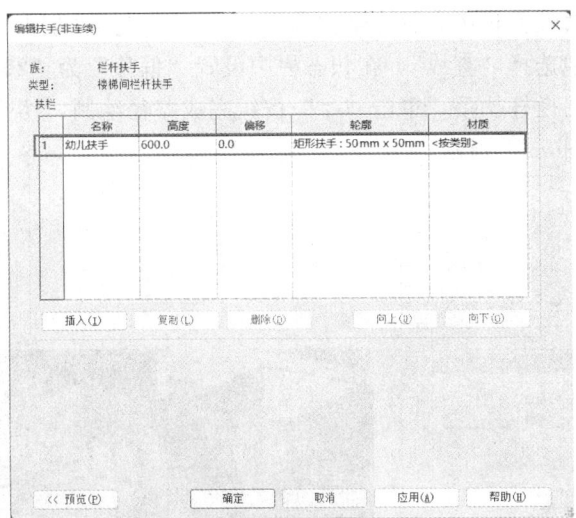

图 5.33　楼梯间幼儿扶手参数设置

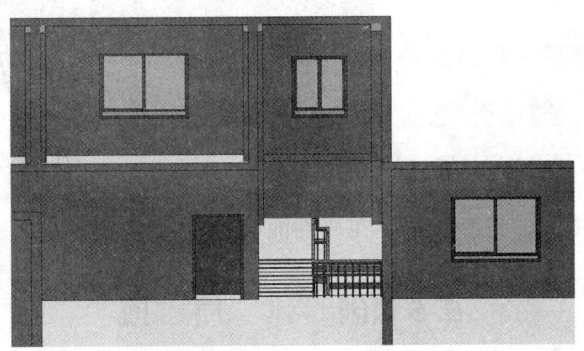

图 5.34　楼梯间栏杆扶手编辑完成

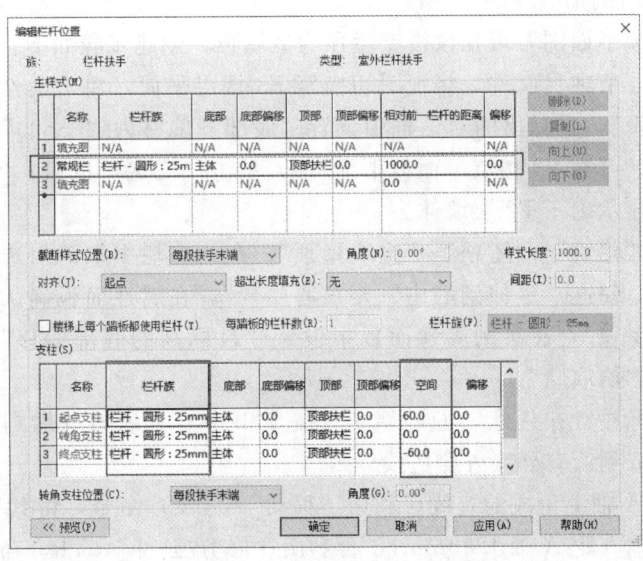

图 5.35　栏杆位置参数设置

(8) 在实例属性面板中设置底部偏移为"—50"（与 F2 层室外楼板顶部贴合），在上下文选项卡中选择"直线"，在状态栏中设置"偏移"为"20"，按图纸位置绘制二层室外楼板的栏杆扶手，单击"√"按钮完成路径绘制，切换至三维视图，检查绘制结果，如图 5.37 所示。

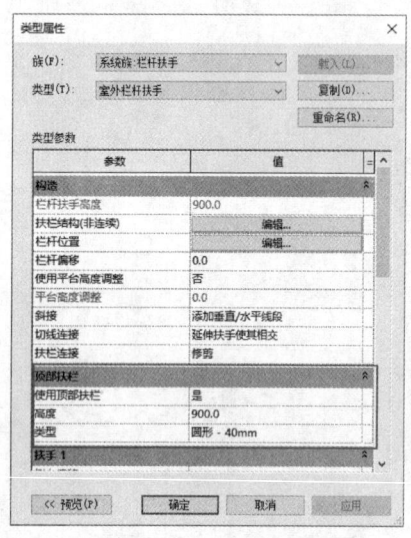

图 5.36 室外栏杆扶手参数设置

图 5.37 室外栏杆扶手

(9) 选中坡道上的栏杆扶手，在属性面板中将其样式改为"室外栏杆扶手"。

5.5 创 建 屋 顶

5.5.1 创建平屋顶

分析"屋顶平面图"可知该模型屋顶为平屋顶，创建步骤如下。

(1) 接 5.4 节项目文件，将视图切换至 F3 楼层平面，单击属性面板中的"视图范围"—"编辑"，在弹出的对话框中设置"底部"偏移为"—600"，"视图深度"偏移为"—600"（在 F3 楼层平面以下即可），单击"确定"按钮，可看到 F3 楼层平面已经投影显示出了 F2 层墙体。

(2) 单击"建筑"—"屋顶"—"迹线屋顶"，在状态栏中取消勾选"定义坡度"，悬挑值为"0"，勾选"延伸到墙中（至核心层）"，在属性面板确认屋顶类型是之前设置的"平屋顶"，在实例属性面板中设置"自标高的底部偏移"为"—160"，绘制方式选择"拾取墙"。

(3) 将光标放置在任意一面外墙上，按 Tab 键直到所有外墙高亮显示，单击一下，即可拾取到所有外墙外侧边线。

(4) 选中 A 轴上生成的迹线，利用"移动"（MV）命令，将其移动到 A 轴下方的参照平面上（距 A 轴 1290mm），再利用"修剪/延伸"（TR）命令或直接拖拽线条，将 1 轴和 5 轴上的线与移动后的线条进行闭合不交叉处理，单击"√"按钮会弹出"是否希望连接几何图形并从墙中剪切重叠的体积"对话框,单击"是"按钮完成屋顶创建,如图 5.38 和图 5.39 所示。

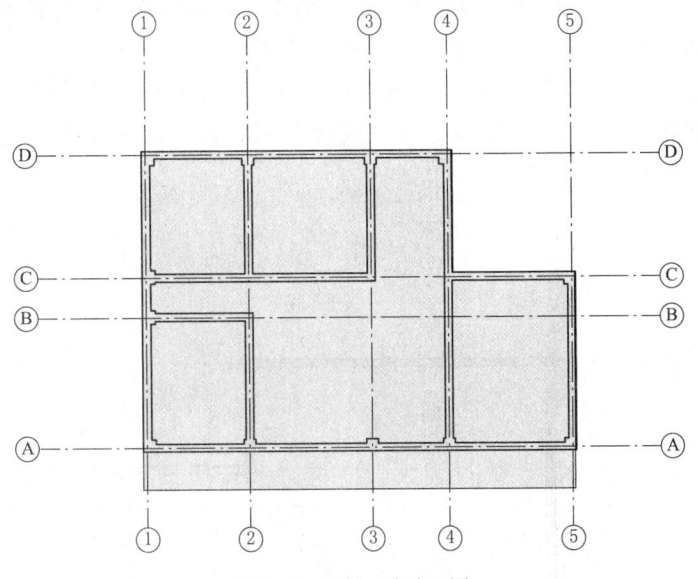

图 5.38 平屋顶平面图

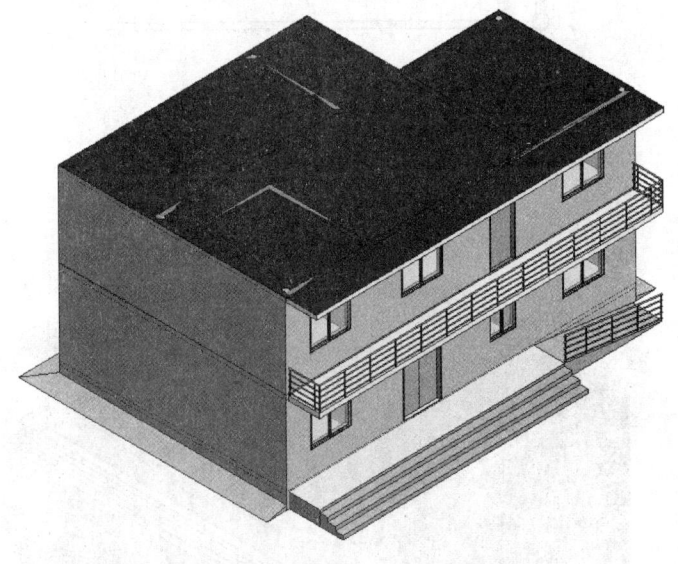

图 5.39 平屋顶

5.5.2 创建平屋顶女儿墙

分析"屋顶平面图"和"楼梯间"图纸可知平屋顶上有一圈女儿墙,创建步骤如下。

(1) 接 5.5.1 节项目文件,将视图切换至 F3 楼层平面,单击"建筑"—"墙"—"墙建筑",在属性面板中选择"外墙"类型,实例属性面板中依次设置定位线为"墙中心线"、底部约束为"F3"、底部偏移为"0"、顶部约束为"未连接"、顶部偏移为"500",选择"直线"绘制方式。

(2)先拾取1轴和屋顶南立面水平边缘线的交点,再依次拾取1-D、4-D、4-C、5-C、5轴和屋顶南立面水平边缘线的交点,按两次Esc键结束墙命令。

(3)再次单击"墙"—"墙建筑",在属性面板将定位线修改为"面层面-外部",确认绘制方式为"直线",先拾取5轴和屋顶南立面水平边缘线的交点,再拾取1轴和屋顶南立面水平边缘线的交点,按两次Esc键结束墙命令,完成女儿墙创建,如图5.40和图5.41所示。

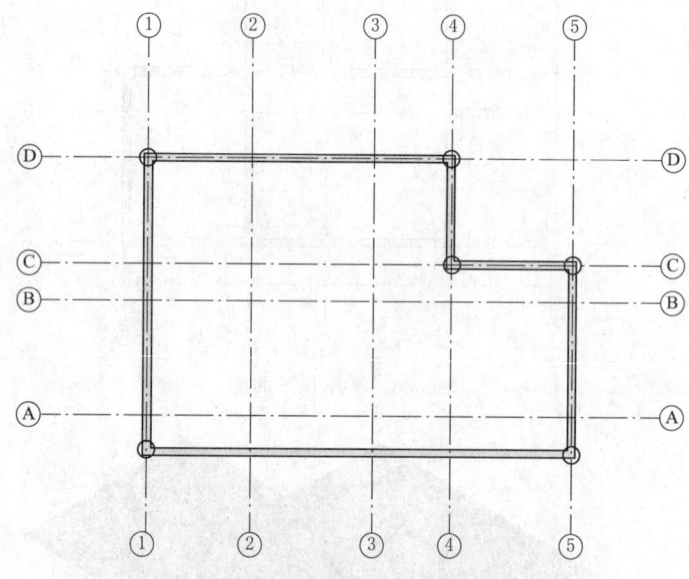

图 5.40 女儿墙平面图

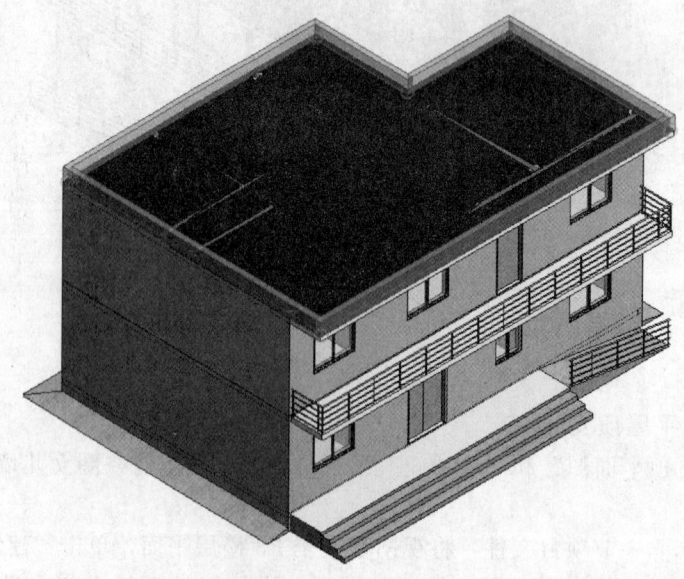

图 5.41 女儿墙

5.5.3 创建坡度屋顶

要绘制坡度屋顶,则在绘制屋顶前,在状态栏勾选"定义坡度","悬挑"值输入 1200。以下操作为练习,可将 5.5.2 节模型文件打开后另存一份。

5.6 创建坡度屋顶

(1)视图切换至 F3 楼层平面,单击"建筑"—"屋顶"—"迹线屋顶"—选择"常规-150mm"屋顶类型,在状态栏勾选"定义坡度","悬挑"输入"1200",在实例属性面板中设置"自标高的底部偏移"为"500"。

(2)单击"拾取墙",将光标放置在任意一面女儿墙上,按 Tab 键切换选择对象,直到所有墙体高亮显示,单击一下,一次性拾取完所有墙边线,线条会自动向外偏移 1200mm,形成一个闭合不交叉的轮廓,单击"√"按钮完成坡度屋顶的绘制。

(3)绘制好坡度屋顶后,可在三维视图中选中坡度屋顶,如图 5.42 所示,这里所有的屋顶迹线都起坡了。

(4)如果想让坡度屋顶部分起坡部分不起坡,可选中已经绘制好的坡度屋顶,将视图切换至 F3 楼层平面,单击上下文选项卡中的"编辑迹线"按钮,进入屋顶编辑模式。

(5)选中 1 轴左侧的迹线,在属性面板中取消勾选"定义坡度"按钮,选中 5 轴右侧的迹线,在属性面板中取消勾选"定义坡度"按钮,单击"√"按钮会弹出"是否希望将高亮显示的墙附着到屋顶",单击"否"完成屋顶迹线的编辑。

(6)切换至三维视图,观察发现不定义坡度的位置,墙体和屋顶分离了,选中该位置的墙体,在上下文选项卡中单击"附着/分离"按钮,然后单击一下屋顶,墙体会自动附着到屋顶下侧,如图 5.43 所示。

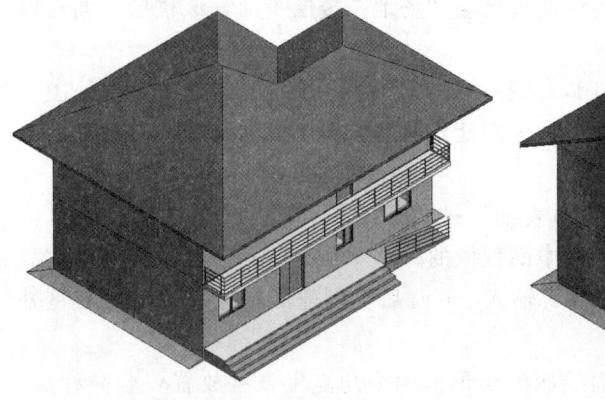

图 5.42 坡度屋顶

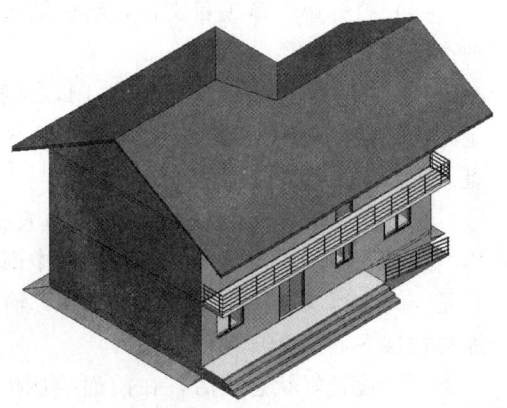

图 5.43 编辑后的坡度屋顶

第 6 章

模型后处理

6.1 场地设计

6.1 场　地　设　计

6.1.1 创建和编辑地形表面

Revit 中可以创建地形场地模型，但仅仅是地形表面，不是三维实体模型，更加复杂和专业的地形地质模型，需要借助其他软件来进行创建，例如 Civil 3D 软件。

Revit 中创建地形表面时视图必须调整为"场地"楼层平面视图，在该视图中，才能执行场地相关操作，主要有两种方式：一种是直接放置高程点，手动放置点后输入高程值即可，适用于高程点数量较少的情况；另一种是通过导入创建，通过导入已有的高程坐标来快速创建地形表面，适用于批量处理高程点的情况。

（1）打开第 5 章项目文件，将视图切换至"场地"楼层平面，该楼层平面对应的高程是±0.00。

（2）输入"模型线"快捷键 LI，选择"矩形"绘制方式，在距建筑物外围一定距离，绘制一个任意大小的矩形框，使得建筑物整体处于矩形框内，按两次 Esc 键结束绘制。

（3）单击"体量和场地"—"地形表面"—"放置点"，在状态栏选择"绝对高程"，"高程"输入"－600"（状态栏中高程值的默认单位是 mm，这里室外地坪高程是－0.6m，场地视图高程是 0.0m，输入－600 后，创建的场地表面恰好与室外地坪楼层平面重合）。

（4）设置好状态栏后，在前面绘制的矩形框四个角点上，各放置一个高程点，单击"√"按钮完成创建，切换至三维视图查看地形表面，并删除利用"模型线"绘制的矩形框。

（5）选中创建的地形表面，在实例属性面板中单击"材质"，在弹出的材质浏览器对话框中搜索"草"，复制并重命名为"草坪"，打开"资源浏览器"搜索"草"，选择"草皮"进行替换，并在"图形"面板中勾选"使用渲染外观"按钮，单击"确定"按钮。

（6）创建好的地形表面如图 6.1 所示，如果需要编辑地形表面，可选中创建好的地形表面,在上下文选项卡中单击"编辑地形表面"按钮,进行编辑处理。

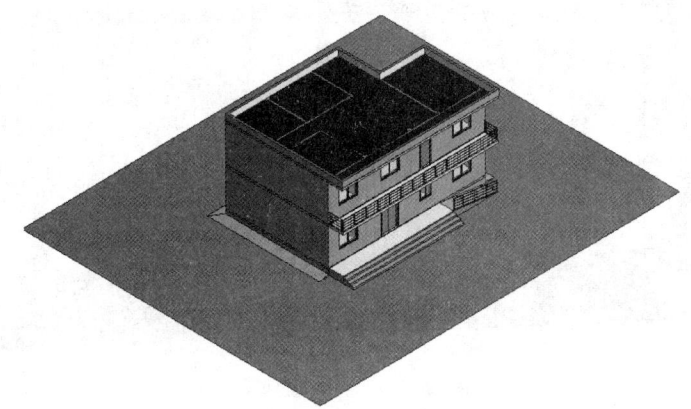

图 6.1 地形表面

6.1.2 建筑地坪

Revit 软件中建筑地坪工具,类似于模拟建筑物地基回填,6.1.1 节创建完地形表面后,会发现 F1 楼板底部至地形表面之间是空的,这部分需要利用"建筑地坪"工具进行回填处理。建筑地坪工具的使用方法和楼板的创建方法一样,厚度都是沿着标高平面向下生成的,轮廓线条要求闭合不交叉。

1. 创建所有±0.00 楼板以下建筑地坪

接 6.1.1 节项目文件,所有±0.00 楼板厚度为 150mm,楼板底部标高为 −0.15,楼板底部到地形表面的距离为 450mm,因此建筑地坪的厚度为 450mm。

(1) 将视图切换至 F1 楼层平面,单击"体量和场地"—"建筑地坪"—"编辑类型"—"复制"重命名为"0.00 楼板以下建筑地坪",单击"确定"按钮,然后单击"结构"—"编辑",直接修改默认的结构层,功能"结构[1]"、材质"碎石"、厚度"450",单击"确定"按钮,再单击"确定"按钮完成类型属性设置。

(2) 修改实例属性当前标高"F1"、偏移"−150"(使得建筑地坪顶部贴在楼板底部),在状态栏勾选"延伸到墙中(至核心层)",再单击"拾取墙"命令。

(3) 将光标放置在外墙上,按 Tab 键直到所有外墙边线高亮显示,单击一下,即可选中所有外墙边线,然后再利用"拾取墙""修剪/延伸"(TR)等工具,修剪轮廓线,绕开卫生间(参照楼板创建方法),单击"√"按钮完成建筑地坪创建。

2. 卫生间楼板以下建筑地坪

卫生间楼板顶部比±0.00 标高低了 50mm,楼板厚度 150mm,因此卫生间楼板底部的标高为−0.2,与地形表面的间距为 400mm,该位置建筑地坪的厚度为 400mm,材质"碎石",实例属性面板中标高为"F1",偏移值"−200",采用"拾取墙"的绘制方式创建卫生间楼板以下建筑地坪,绘制方法和上述一样,也可参考卫生间楼板创建方法。最终建筑地坪如图 6.2 所示。

6.1.3 几种编辑场地工具

Revit 软件中场地道路是利用子面域工具进行创建的,下面介绍几种编辑地形

图 6.2 建筑地坪

表面的工具。

子面域：该工具是用于在已经创建好的地形表面上，再创建一个新面，相当于在原来的面上再贴一个面，删除用子面域工具创建的面，不会影响到原来的地形表面。

拆分表面：该工具是用来分割已经创建好的地形表面，将一个完整的地形表面，划分为多个小区域，各区域之间独立存在，删除任意一块地形表面，不会影响其他区域，但被删除的地方，会镂空没有地形表面了，这也是其与子面域工具的区别。

合并表面：该工具是用来将多个地形表面合并为一个整体，与拆分表面工具刚好相反。

注意： 在使用以上工具时，必须切换到"场地"视图下，才能进行相关操作。

这里利用"子面域"工具来创建"场地道路"。

（1）打开 6.1.2 节项目文件，将视图切换至场地楼层平面，这里未显示地形表面光，在实例属性面板中单击"视图范围"—"编辑"，在弹出的对话框中设置"底部"偏移为"－1000"，"视图深度"偏移为"－1000"，单击"确定"按钮，即可显示出地形表面。

（2）单击"体量和场地"—"子面域"—"直线"或"矩形"绘制方式，自行在室外地形表面绘制一个闭合不交叉的轮廓，单击"√"按钮完成场地道路的创建，尺寸和形状自定义即可。

（3）将视图切换至三维视图，选中创建好的场地道路，在实例属性面板中单击"材质"，在弹出的对话框中搜索"沥青"，单击"确定"按钮，最终场地道路如图 6.3 所示。

6.1.4 场地构件

Revit 软件族库中提供了丰富的场地构件族，也可在网上下载别人制作好的场地构件族，来布置和模拟场地真实的场景，载入场地构件有以下两种方式。

方法一：单击"体量和场地"—"场地构件"—"载入族"，然后就可以放置场地构件族。

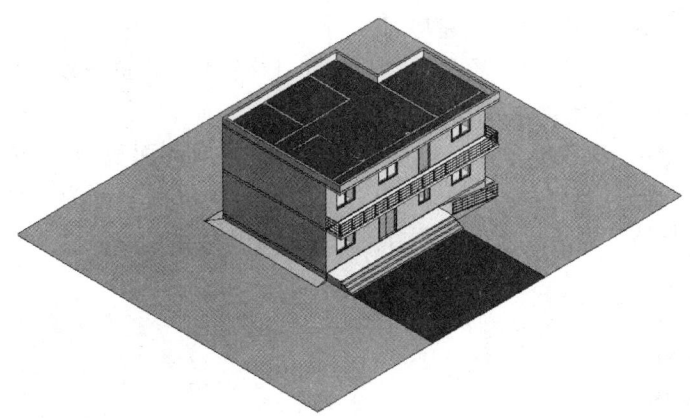

图 6.3 场地道路

方法二：单击"建筑"—"构件"—"放置构件"—"载入族"，然后就可以放置场地构件、室内家具、机械设备等族构件。

当采用"场地构件"载入族发现找不到时，很可能是因为该族的属性不是场地构件，需要利用"放置构件"命令载入，例如家具、专用设备、机械设备等类型的族。

（1）接 6.1.3 节项目文件，将视图切换至室外地坪楼层平面，单击"体量和场地"—"场地构件"—"载入族"，在族库中选择一些场地构件族进行场地布置。

（2）还可单击"建筑"—"构件"—"放置构件"，在族库中找一些家具、设备等族构件进行放置，自行布局美观合理即可，如图 6.4 所示。

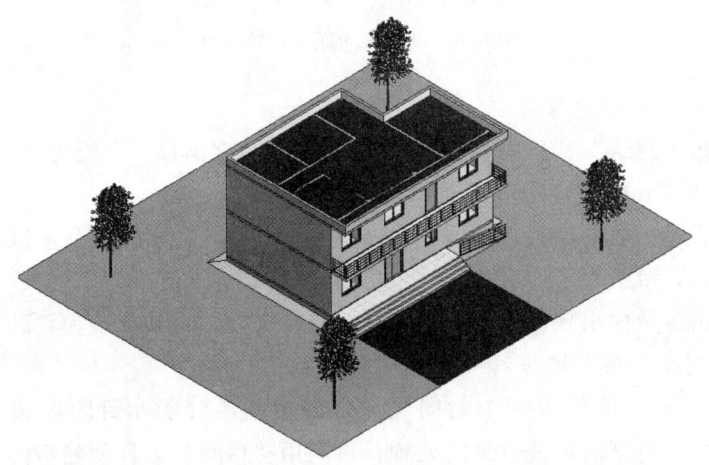

图 6.4 场地构件

6.2 明 细 表

6.2 创建
明细表

6.2.1 创建房间

创建好模型后，如果想快速统计房间数量和面积，就要先创建房间，Revit 软件中只能在一个封闭的区域内创建房间。

打开6.1节"场地设计"项目文件，将其另存复制一份进行以下练习。

1. 设置房间面积计算规则

将视图切换至F1楼层平面，单击"建筑"—"房间和面积"，下拉菜单中选择"面积和体积计算"，在弹出的对话框中将面积的计算规则修改为"在墙核心层"，单击"确定"按钮，即可设置好面积计算规则，如图6.5所示。

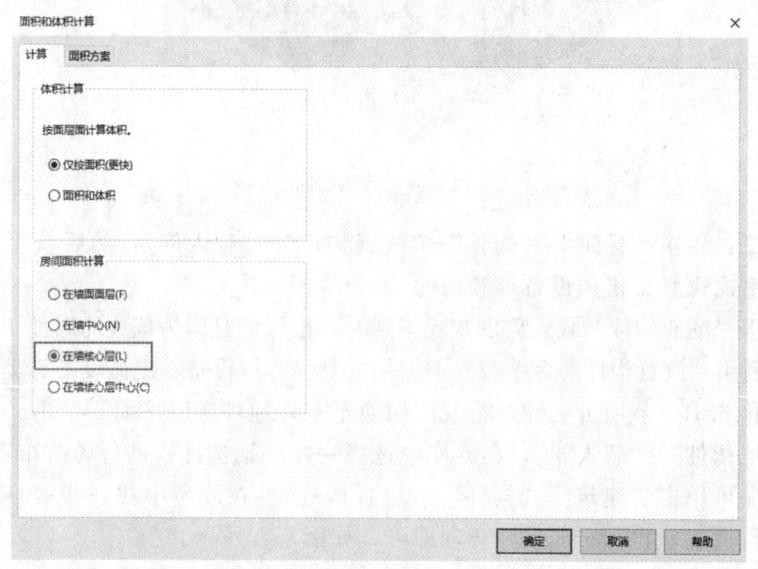

图6.5　设置房间面积计算规则

2. 在封闭区域创建房间

（1）单击"建筑"—"房间"，在属性面板将"高度偏移"设置为"2000"（参考值，以高度2000mm对应的截面面积为准）。

（2）用光标拾取一个封闭区域，例如"卧室"，当光标放在卧室区域内，四周就会高亮显示，单击一下即可创建一个房间。

（3）单击区域中出现的"房间"字样可修改文字，将其修改为"卧室"。

3. 在非封闭区域创建房间

"房间"工具只能拾取一个封闭区域创建房间，对于非封闭区域，需要添加"房间分隔线"，对该区域进行封闭处理，再利用"房间"工具创建房间，下面以楼梯间为例。

（1）单击"建筑"—"房间分隔线"—"直线"，在楼梯间入口处绘制一条直线，模拟一道墙，使楼梯间成为一个封闭区域。

（2）单击"建筑"—"房间"，在楼梯间拾取放置房间，按两次Esc键结束命令，单击"房间"字样修改为"楼梯间"即可，如图6.6所示。

通过上述方法就创建好了所有房间，然后可采用"明细表"工具来统计数量、面积等信息。

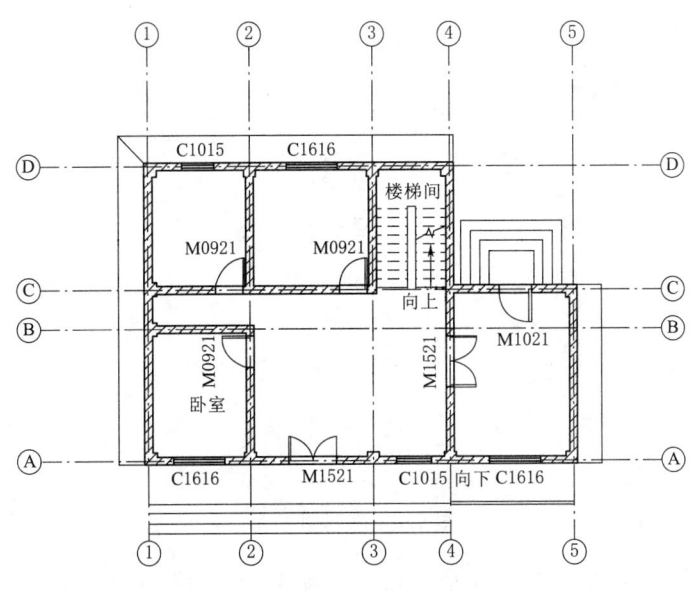

图 6.6　创建房间

6.2.2　创建门窗明细表

Revit 中可利用"明细表"工具统计数量、材质、视图、图纸等信息。这里重点讲解统计数量,以创建"窗明细表"为例,其他明细表操作类似。

打开 6.1 节"场地设计"项目文件,切换至三维视图,这里任意一个视图都能创建明细表。

(1) 单击"视图"—"明细表",在下拉菜单中选择"明细表/数量",如图 6.7 所示。

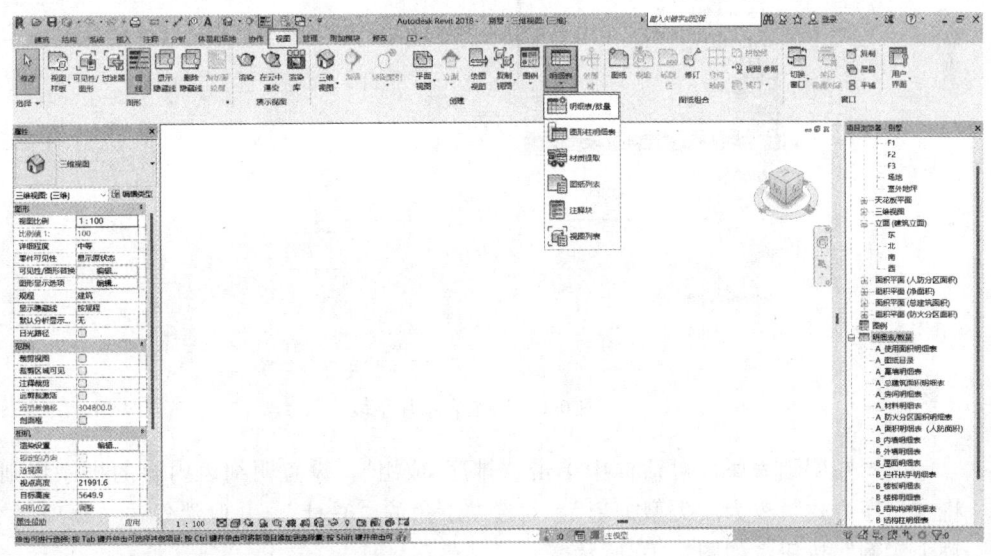

图 6.7　创建明细表按键

(2) 在弹出的对话框中依次设置:在"类别"中选择"窗",然后在右侧"名称"中修改明细表名称为"窗明细表",勾选"建筑构件明细表",单击"确定"按钮,如图 6.8 所示。

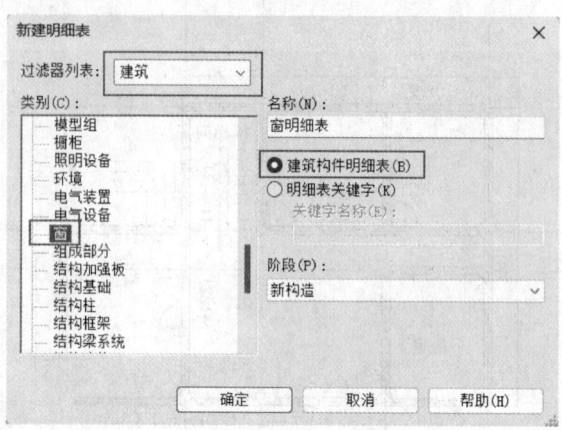

图 6.8 新建明细表

(3) 在弹出的明细表属性对话框中先添加字段,包括类型标记、宽度、高度、底高度、合计等字段,添加的时候,可选中对应的字段,单击中间的"→"添加按钮进行添加,还可利用"向上/向下"按钮调整字段顺序,如图 6.9 所示。

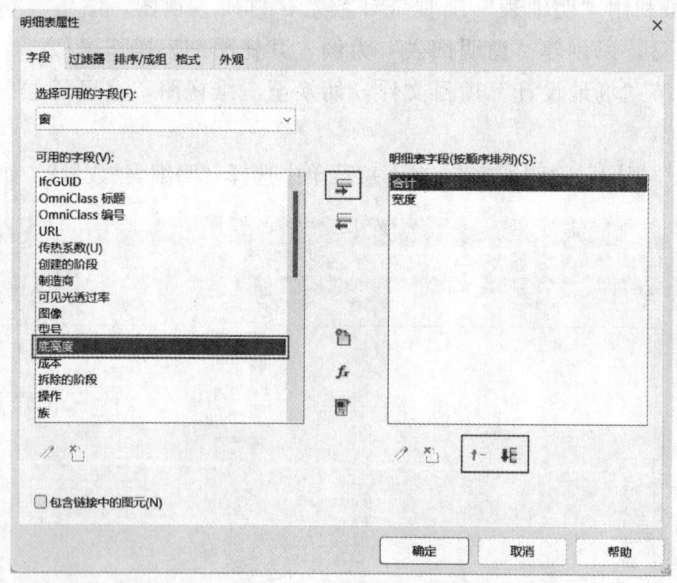

图 6.9 明细表添加字段

(4) 在明细表属性对话框中单击"排序/成组",设置明细表内容的排序规则,将"排序方式"改为"类型标记",勾选左下角的"总计",并取消勾选"逐项列举每个实例"按钮,如图 6.10 所示。

(5) 单击"格式",单击"字段"里的"合计",修改左下角"无计算"为"计算总数",如图 6.11 所示。

(6) 单击"确定"按钮,就可以看到创建好的窗明细表,如图 6.12 所示。也

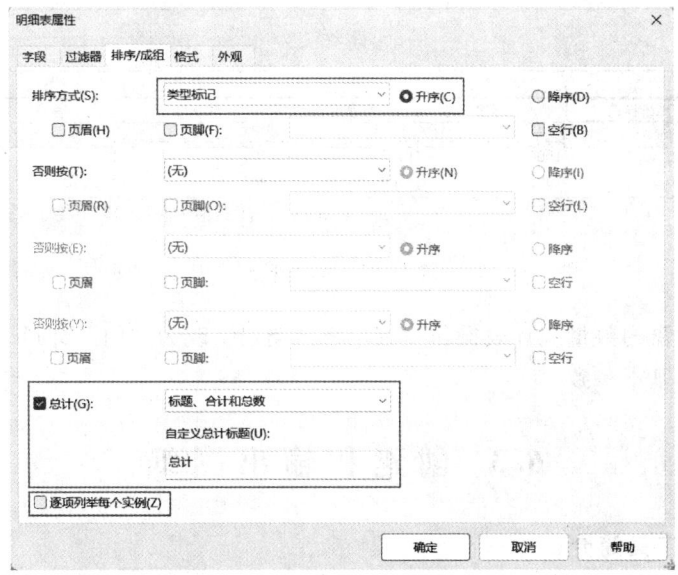

图 6.10　明细表排序方式设置

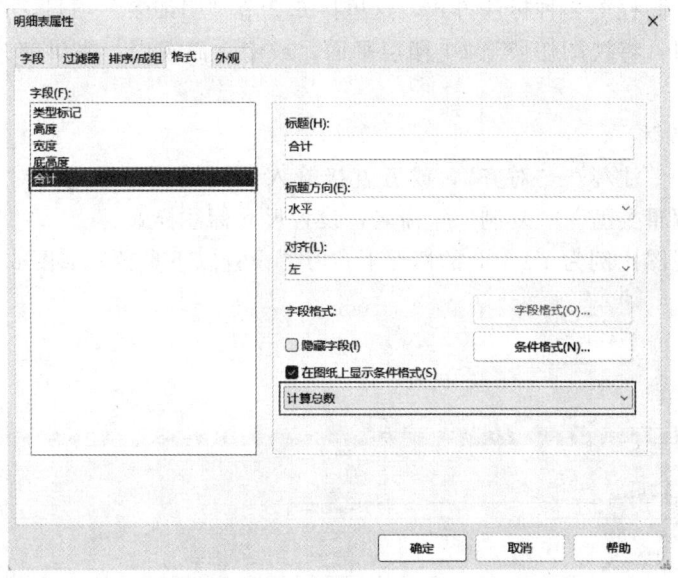

图 6.11　明细表格式设置

可以在项目浏览器中单击"明细表"—"窗明细表"打开创建好的明细表。

（7）还可单击"文件"—"导出"—"报告"—"明细表"—"导出明细表"—"明细表外观"—"输出选项"—"确定"，导出后为 TXT 格式文件，可用于 Office 等软件进行编辑。

（8）但应当注意当前视图为明细表视图才可导出，单击"项目浏览器"—"明细表"—"窗明细表"就可显示出来。

第 6 章 模型后处理

〈窗明细表〉				
A	B	C	D	E
类型标记	高度	宽度	底高度	合计
C1015	1500	1000	900	4
C1616	1600	1600	900	8
总计：12				12

图 6.12　窗明细表

（9）门和窗的数量统计表操作一致，将"类别"改为"门"即可。其他构件数量统计表操作基本一致。

6.3　创建和输出图纸

6.3　创建和输出图纸

6.3.1　注释工具简介

Revit 中可以创建像 CAD 一样的二维图纸，这也是这款软件的优势，实现了从三维到二维的正向设计。在"注释"选项卡中，提供了对齐、线性、角度、直径、半径、弧长、高程等多种标注方式，这里接 6.2 节"明细表"项目文件，另存一份进行以下练习，将视图切换至 F1 楼层平面，或南立面视图，来讲解几种常用的注释工具。

1. 对齐标注

（1）单击"注释"—"对齐"，或者直接输入快捷键"DI"进入对齐标注命令，然后单击"编辑类型"—"复制"重命名，设置尺寸标注样式。

（2）在视图比例为 1∶100 的情况下，习惯设置以下参数，如图 6.13 所示。

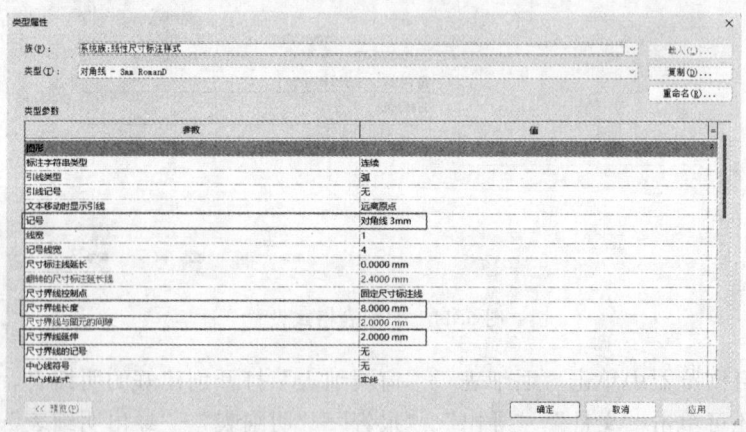

图 6.13　对齐尺寸标注样式设置

记号：确认是否为"对角线"，这里"记号"表示尺寸标注箭头类型，建筑标记为"对角线"，水利标记为"实心箭头"。

尺寸界线延伸：输入"2"（参考值），表示尺寸界线（竖向线）超出尺寸标注线（水平线）2mm（上下方向）。

尺寸标注线延长：输入"0"（参考值），表示尺寸标注线（水平线）超出尺寸界线（竖向线）0mm（左右方向）。

尺寸界线长度：输入"8"（参考值），表示从标注拾取点位置至尺寸标注线（水平线）的长度为8mm。

颜色：可根据需求修改，也可采用默认设置。

字体：可根据需求修改，也可采用默认设置。

字高：3.5mm（参考值）。

（3）设置完成后单击"确定"按钮，在状态栏修改参照为"参照核心层表面"，拾取"单个参照点"，然后就可以在需要的位置进行标注。

（4）标注时先拾取第一点，然后拾取第二点，光标向上移动就可以预览样式，在合适的位置单击放置，按两次 Esc 键结束放置。

（5）如果想进行连续标注，则依次拾取第一点、第二点、第三点……第 n 点，然后光标向上移动预览位置，单击放置即可。

技巧：在进行连续标注时，在标注附近会出现"EQ"的字样，单击一下就会高亮显示，其表示"均分"，会自动对连续标注的尺寸数值进行均分，使得每一段标注长度都一样；尺寸标注完成后，可双击已经标注的尺寸数字进入文字编辑模式，例如原来标注是"800"，双击数字"800"，进入文字编辑模式，单击"替换"可将其改为"2×400=800"的字样，单击"确定"按钮。

2. 高程点

（1）单击"注释"—"高程点"—"编辑类型"—"复制"重命名，设置高程标注样式。

（2）在视图比例为1∶100的情况下，习惯设置以下参数，如图6.14所示。

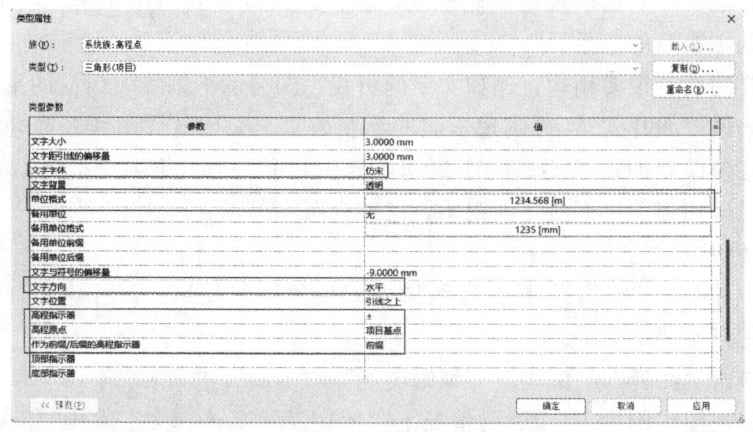

图 6.14　高程点标注样式设置

颜色：可根据需求修改，也可采用默认设置。

字体：可根据需求修改，也可采用默认设置。

文字大小：3（参考值）。

文字距引线的偏移量：3（参考值），表示文字与引线之间的间距是3mm。

文字字体：仿宋（参考值）。

单位格式：单击编辑，依次设置"使用项目设置"取消勾选、"单位"改为"米"、"舍入"改为"保留三位小数"、"符号"改为"无"，单击"确定"按钮。

文字与符号的偏移量：−9（参考值），表示三角符号与文字之间左右相对位置。

文字方向：水平。

文字位置：置于引线之上（注意建筑标注中文字和引线在标高符号三角形的上方或下方，水利标注中文字和引线在标高符号三角形的水平右侧或左侧）。

高程指示器：输入"±"（参考值），表示为高程值添加标记，这里输入"±"，那么在进行高程标注时，无论标注哪个位置，数字前面始终会出现一个"±"符号，如果想要取消该标记，则在高程指示器中删除，不输入任何内容即可。

作为前缀/后缀的高程指示器：前缀。

使用项目基点：勾选。

(3) 单击"确定"按钮完成样式设置，取消勾选引线，显示实际高程，再进行放置。

(4) 放置时参照图纸标注，在需要的位置进行放置。

3. 高程点坡度

其可用于标注坡度，单击"注释"—"高程点坡度"—"编辑类型"—"单位格式"，在这里可设置坡度标注格式，例如选择"％"，标注后会显示坡度为"3％"（假设值）。

4. 详图线

单击"注释"—"详图线"—"线样式"下拉菜单选择"宽线"，绘制方式改为"拾取线"，然后依次拾取模型外轮廓线，在快速访问工具栏中单击"线宽"按钮，就可以看到加粗后的效果。

当然详图线有很多用途，例如文字的引线、图名的下划线、门窗的平面样式线等，通过修改"线样式"，可实现不同的绘制效果。采用"详图线"命令绘制的线条和实体建模绘制的线条不是一个概念，详图线是一种注释线条，不参与实体建模，而且只应用当前平面或立面视图，三维视图不可见。

5. 添加注释文字

单击"注释"—"文字"是二维图形中添加的注释文字，而"建筑"—"模型文字"指的是三维装饰文字。

(1) 单击"注释"—"文字"—"编辑类型"—"复制"重命名。

(2) 在视图比例为1∶100的情况下，依次设置字体、文字大小"3.5"（参考值）、颜色、高宽比（建议采用默认值），单击"确定"按钮。

(3) 在上下文选项卡中设置引线样式为"两段引线"（引线指的是注释文字的指向线，引线指向哪个位置，注释文字内容就是哪个位置的说明，可根据需要选择合适的引线样式），文字对齐方式"左对齐"（参考值）。

(4) 在需要添加注释文字的位置，先绘制引线形状（两段引线组成），绘制好后就进入文字编辑模式，输入注释文字内容，后在空白处单击一下，按两次 Esc 键结束命令，即可完成注释文字的添加。

(5) 注释文字写好后，可通过拖拽文字输入框的大小，调整文字的长度，也可移动文字到合适的位置。

6.3.2 剖面工具简介

Revit 软件提供了一个剖面工具，可用于创建剖面图，对模型进行剖切，表达和观察某型某一截面信息，可在快速访问工具栏中单击"剖面"工具，也可单击"视图"—"剖面"命令。这里注意区分"剖面"和"剖面框"两个工具，"剖面"工具用于创建建筑物二维剖面图纸，只能用于平面或立面视图中，"剖面框"用于裁剪三维视图，便于查看模型内部情况，只能用于三维视图中。这里接 6.2 节"明细表"项目文件，另存一份进行以下练习，将视图切换至 F1 楼层平面，以创建楼梯间剖面为例。

1. 绘制剖切符号

单击"视图"—"剖面"进入绘制界面，在楼梯间位置像画直线一样绘制剖切面，绘制好后会看到上下各出现一个剖切符号，如图 6.15 所示。

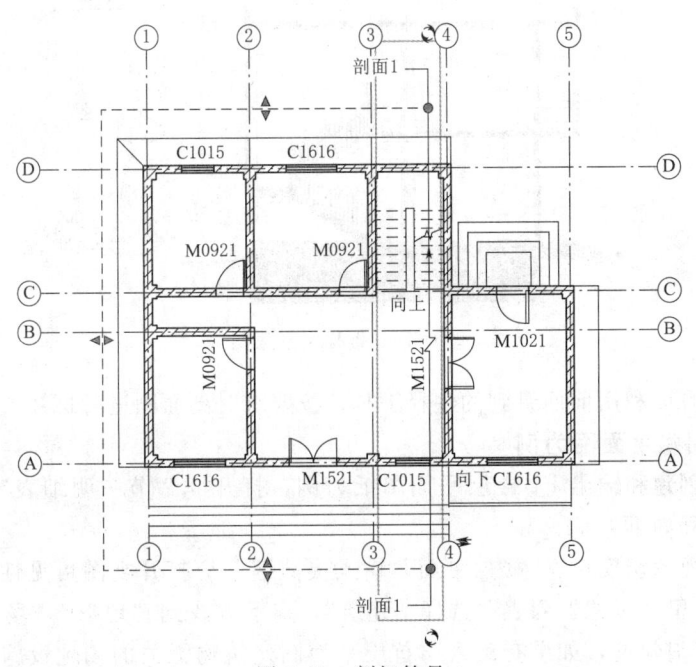

图 6.15 剖切符号

技巧：在使用"剖面"工具时，无法使用 Shift 键锁定正交方向，可在绘制剖面前，利用"参照平面"工具，绘制一条参照线，再沿着参照线方向绘制剖面。

2. 打开剖面图的方法

打开剖面视图有以下三种方式。

方法一：绘制好剖面后，在项目浏览器立面视图中会出现一个剖面视图，双击即可打开剖面视图。

方法二：双击已经绘制好的剖切符号，即可进入剖面视图。

方法三：单击选中剖切符号，右击后单击"转到视图"即可进入剖面视图。同时在右键菜单中可以单击"翻转"按钮，单击后即可改变剖切投影方向。

3. 编辑剖面图

（1）进入剖面视图后，会看到视图周围有一个裁剪框，可以拖拽操纵柄，调整剖切投影范围。

（2）按照建筑剖面图制图规范要求，在1∶100比例尺情况下，剖面图中墙体、楼板、楼梯、屋顶、梁等结构应该以黑色显示（实体填充），如果在设置这些结构的类型属性时，"粗略填充样式"设置为"实体填充"，那么这里将显示精度改为"粗略"即可看到这些结构以黑色显示。

（3）如果之前没有设置，可框选所有的图元，右击，在菜单中选择"替换视图当中的图形"—"按图元"，在弹出的对话框中将粗略填充样式改为"实体填充"即可，如图6.16所示。

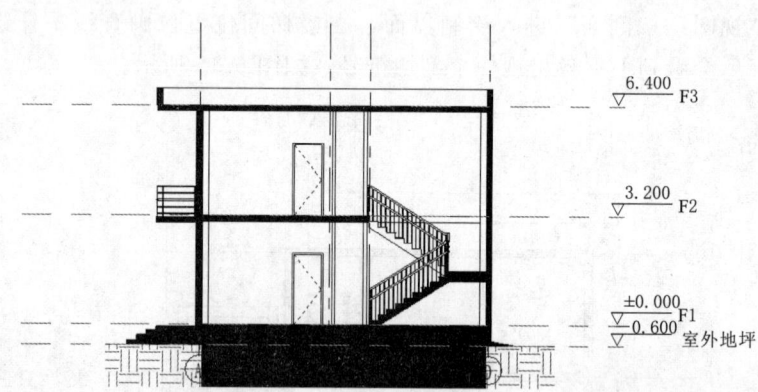

图6.16 楼梯间剖面图

（4）还可以利用前面讲到的注释工具，按要求对剖面图进行标注。

6.3.3 以创建平面图为例

下面以创建和输出F1楼层平面图纸为例，打开6.2节"明细表"项目文件，具体操作过程如下。

（1）将视图切换至F1楼层平面，输入快捷键VV打开视图可见性管理器，在"模型类别"里"过滤器列表"选择"建筑"，在下方找到"地形""场地""植物""环境"等取消勾选，如果有载入与首层平面图建筑物无关的场地设施都要取消勾选，以免出现在视图中，如图6.17所示。

（2）在"注释类别"里"过滤器列表"选择"建筑"，在下方找到"立面"，取消勾选，如图6.18所示。

（3）视图可见性管理器修改完成后，单击"确定"按钮，F1楼层平面视图只留下与图纸一致的构件，如图6.19所示。

（4）在F1楼层平面视图实例属性面板里打开视图范围管理器，将视图深度调

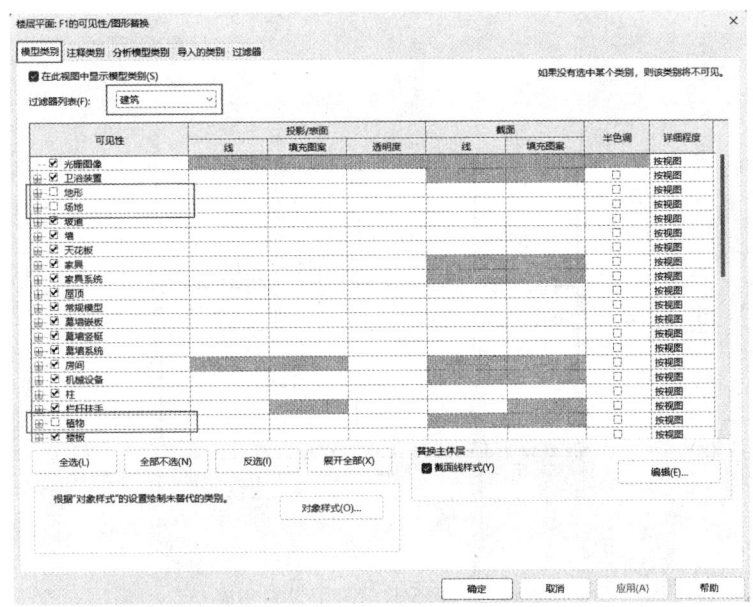

图 6.17 可见性管理器模型类别

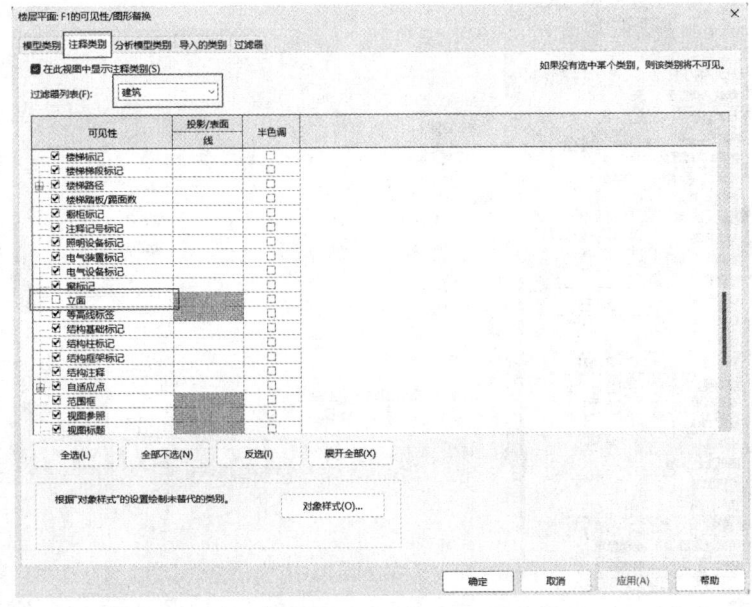

图 6.18 可见性管理器注释类别

整到偏移－600，如图 6.20 所示。将在 F1 楼层平面中未出现的台阶与坡道显示出来，如图 6.21 所示。

（5）调整好视图后，利用"注释"选项卡中的"对齐""高程点""文字"等工具，对首层平面图进行标注，标注的内容与 CAD 图纸一致，如图 6.22 所示。

（6）单击"视图"—"图纸"，在弹出的对话框中选择"A3 公制"图纸，如果没

第6章 模型后处理

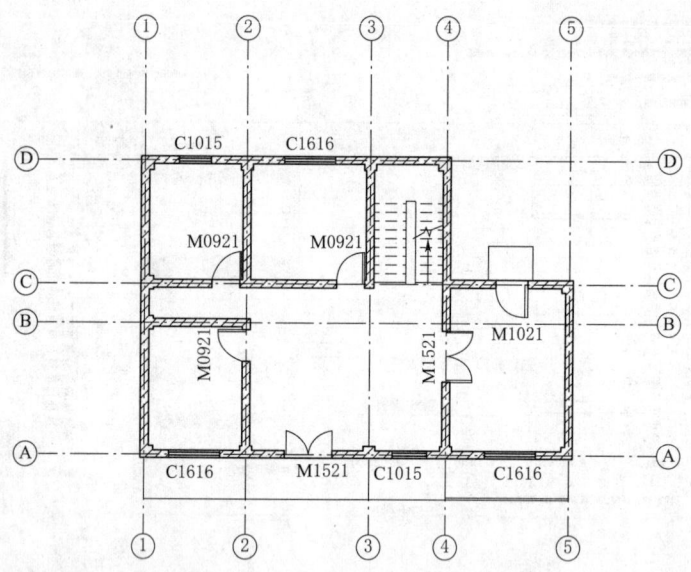

图 6.19 可见性管理器设置完成

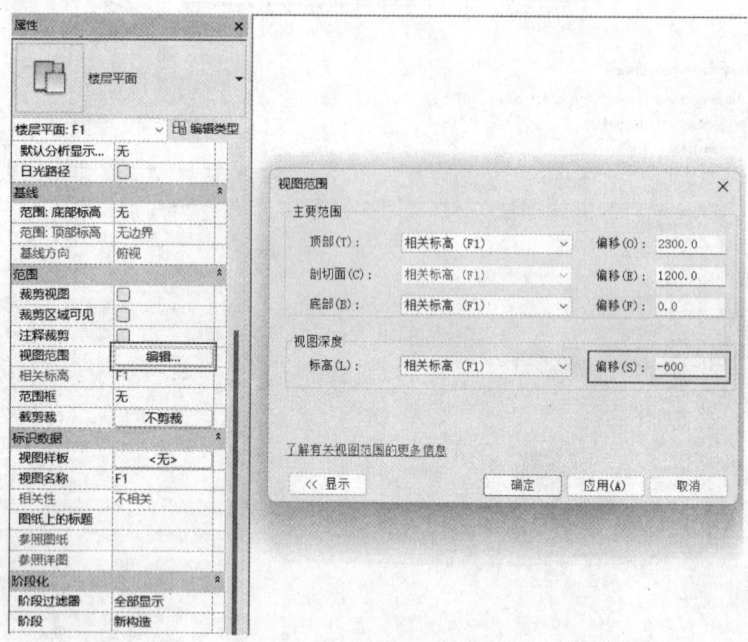

图 6.20 视图范围管理器

有可单击"载入"按钮,在"标题栏"文件夹中选择"A3 公制.rfa"载入即可,选择"A3 公制"后单击"确定"按钮,这时视图中就会出现一张 A3 图纸。

(7) 在上下文选项卡中"图纸"按钮的下方有个"视图"按钮,单击后在弹出的对话框中选择"楼层平面 F1",然后单击"在图纸中添加视图"按钮,将光标放在图纸内合适的位置,单击放置视图。

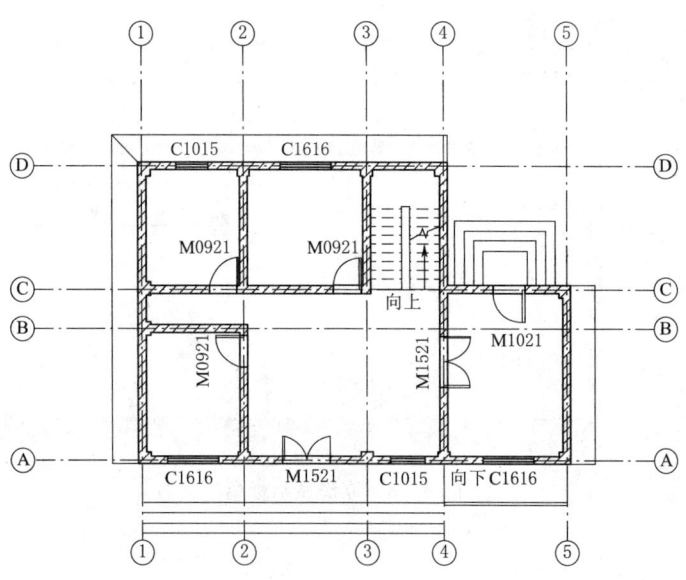

图 6.21 显示台阶与坡道

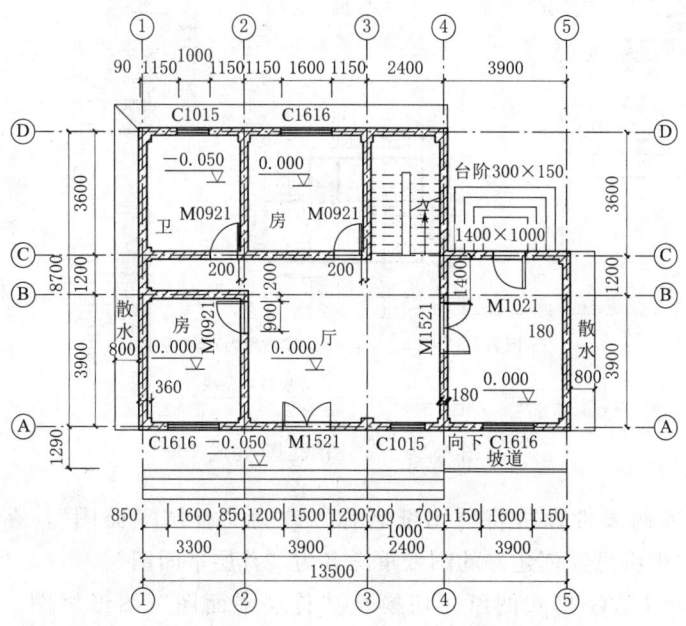

图 6.22 标注后的 F1 楼层平面视图

（8）如位置不合适，可选中刚放置的视图进行移动调整。因为其默认的视图标题与图纸的标题样式不一致，需要在属性面板中单击"编辑类型"，在弹出的类型属性对话框中将"类型参数"里的"显示标题"改为"否"，不使用其默认的视图标题，如图 6.23 所示。

（9）利用"注释"选项卡中的"文字"（TX）和"详图线"（DL）工具，绘制标题文字下方宽线，填写标题名称和比例尺等内容，最终创建完成的 A3 图纸如

第6章 模型后处理

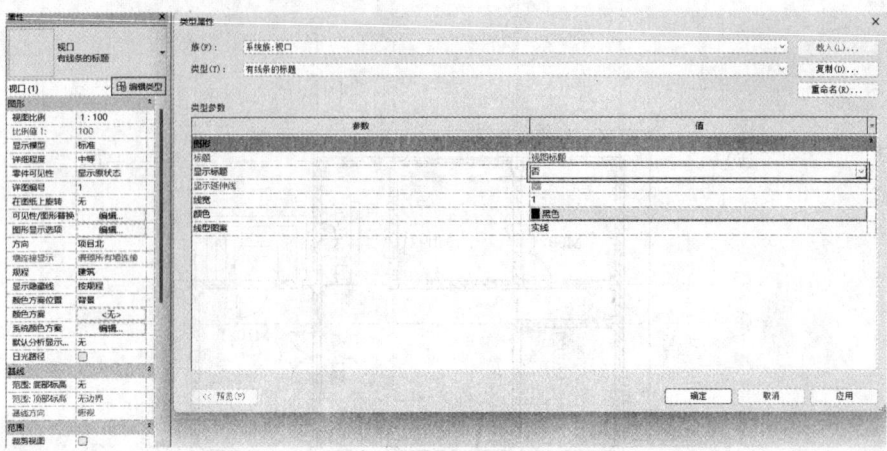

图6.23 取消显示标题

图6.24所示。

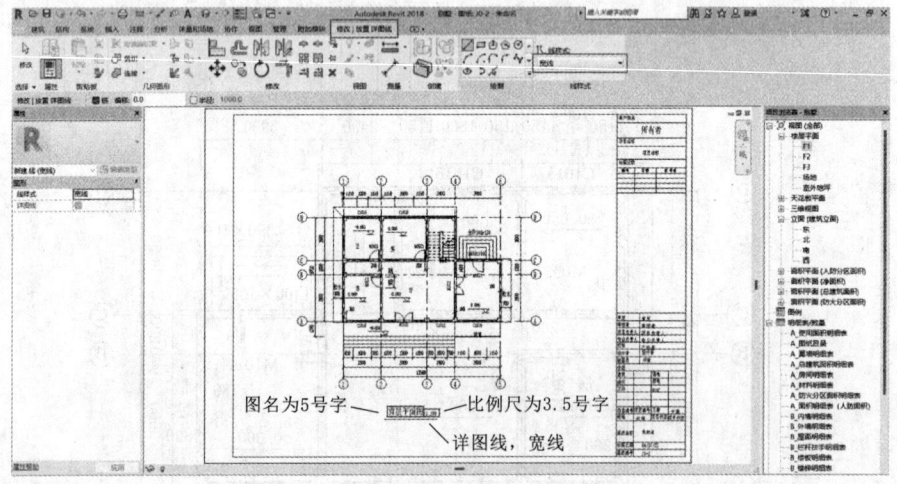

图6.24 A3图纸创建完成

（10）在实例属性面板将"图纸名称"改为"首层平面图"，在"项目浏览器"—"图纸"中将已经创建好的图纸重命名为"首层平面图"。

（11）导出DWG格式图纸，切换至"首层平面图"图纸视图，单击左上角"文件"—"导出"—"CAD格式"—"DWG"，如图6.25所示。

（12）在弹出的对话框中选择"导出"—"仅当前视图/图纸"，确认只有需要导出的"首层平面图"图纸后，单击"确定"按钮，如图6.26所示。

（13）选择保存的路径，编辑导出文件名称，选择文件类型，文件类型有多种版本的CAD文件可选，并在对话框下方找到"将图纸上的视图和链接作为外部参照导出"取消勾选，如图6.27所示，再单击"确定"按钮即可生成DWG文件。

图 6.25 导出 DWG 按钮

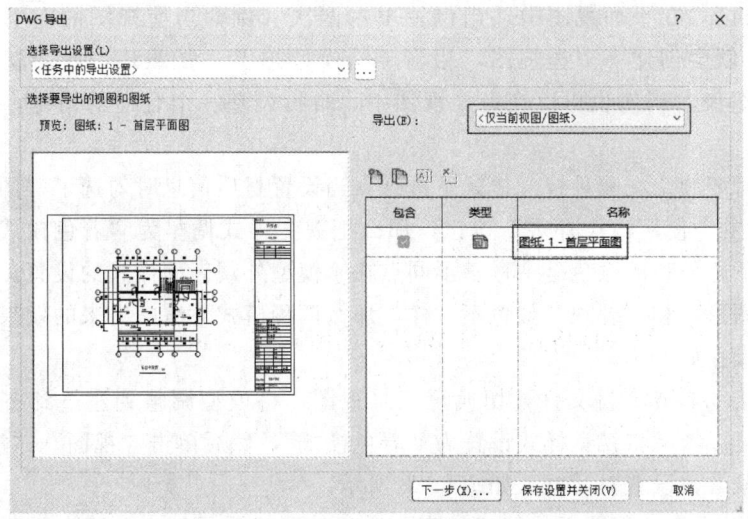

图 6.26 选择导出设置对话框

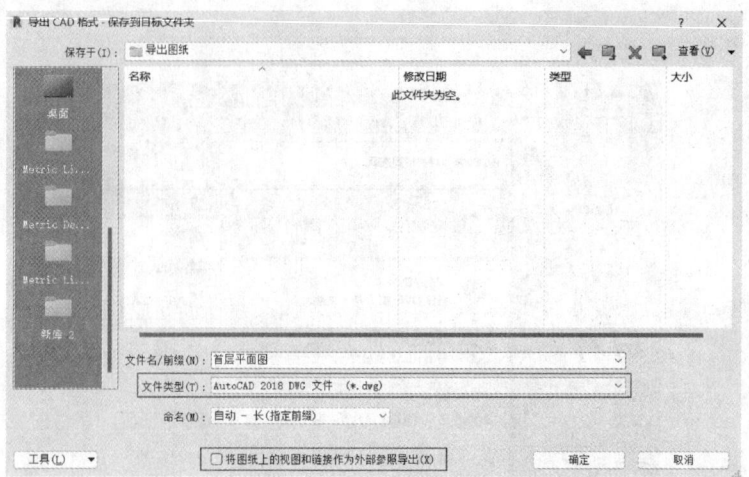

图 6.27　保存 DWG 文件设置

6.4　渲　染

6.4.1　渲染设置

6.4　渲染

在 Revit 软件中单击"视图"选项卡，会在"演示视图"面板中看到有"渲染""在云中渲染""渲染库"三种渲染方式，"渲染"可以在单机中进行，而"在云中渲染"和"渲染库"则需要联网，常用的是"渲染"功能，最终渲染完成后输出的文件格式为"JPG"，保存为一张图片。

渲染之前，可以将视图切换至"F1"楼层平面，单击"视图"—"三维视图"—"相机"，在平面视图中适当位置单击两次（例如当前视图的左下方至右上方），这样就会创建一个透视图，相当于给模型拍了一张照片，后面就是对这张照片进行渲染，当然也可以在三维视图中，自行调整一个合适的角度，直接进行渲染模型。

渲染时要确定在哪种视觉样式下进行，当设置材质信息时勾选了"图形"面板"颜色"中的"使用渲染外观"按钮，那么把视觉样式调整为"着色模式"和"真实模式"下，外观的颜色是一样，不同点在于模型外观表面样式的设置。如果设置材质的"图形"和"外观"颜色不一样，那么两种模式下渲染出来的效果是不一样的，具体操作如下。

（1）接 6.3 节项目文件，切换至三维视图，将模型调整到左下到右上这个角度，这里可以考虑将视觉样式设置为"着色模式"，然后单击"视图"—"渲染"，就弹出了渲染参数设置对话框，如图 6.28 所示。

"质量"设置这里选择的等级越高，渲染的图片质量越好，渲染需要的时间越长，这里可以设置为"中等"；"输出设置"这里用于设置图片的分辨率，分辨率设置得越高，图片越清晰，需要的时长越长，一般选择"打印机"设置为"150 DPI"

或"300 DPI"即可。

"照明"中"方案"可根据需要设置,例如默认"室外:仅日光","日光设置"中可选择日光来源的方向,例如默认"来自右上角的日光";"背景"这里可以选择背景样式,例如默认"天空:少云"样式,还可设置一种与模型搭配的颜色,作为一个背景。

(2)根据需求调整好模型渲染角度,设置好渲染参数,就可以单击"渲染(R)"按钮开始渲染,这里需要一些时间,时长与计算机性能有一定关系。

(3)渲染结束后单击"保存到项目中"—"确定",也可以单击"输出"按钮,可以保存一张"JPG"格式的图片,可查看最终渲染的质量和效果,如图 6.29 所示。

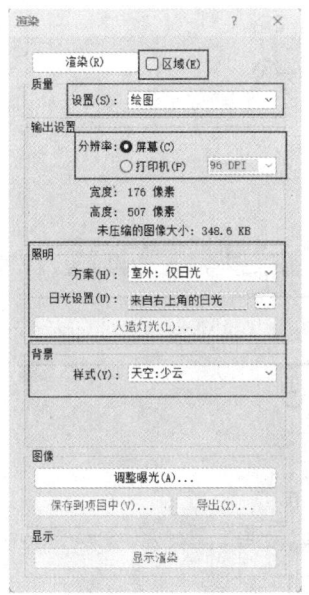

图 6.28 渲染参数设置面板

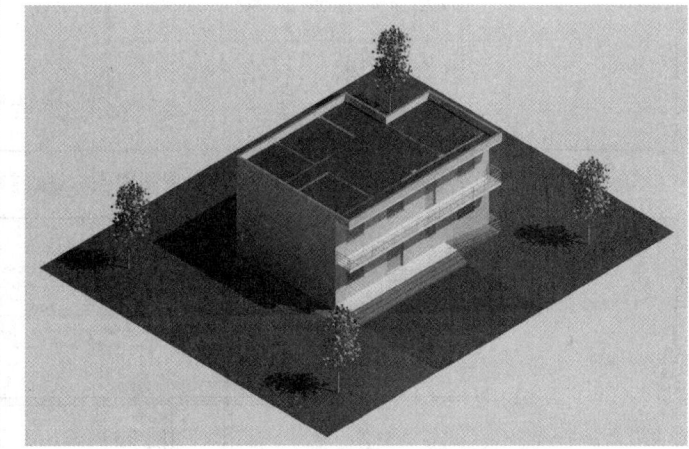

图 6.29 别墅渲染效果

课 后 练 习

6.5 课后练习

根据图 6.30~图 6.34 所示和如下要求,创建"别墅"模型。

1. BIM 建模环境设置。

设置项目信息:①项目发布日期:2023 年 6 月 20 日;②项目名称:别墅;③项目地址:广东省广州市。

2. BIM 参数化建模。

(1)根据给出的图纸创建标高、轴网、柱、墙、门、窗、楼板、屋顶、台阶、散水、楼梯等,栏杆尺寸及类型自定。门窗需按门窗表尺寸完成,窗台底高度见立面图,未标明尺寸不做要求。

第6章 模型后处理

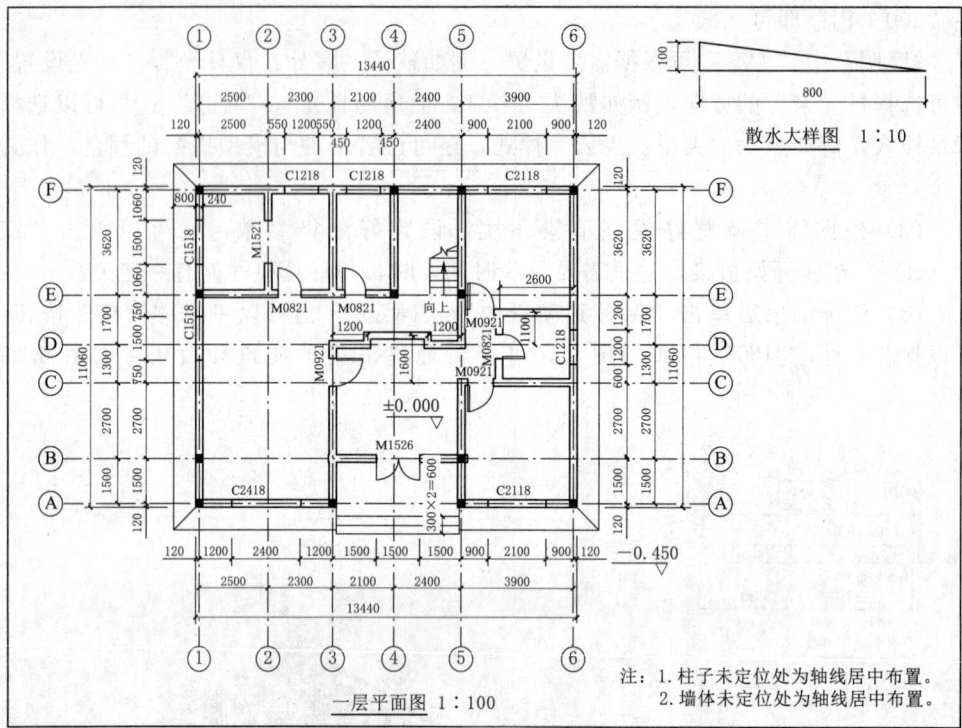

图 6.30 一层平面图

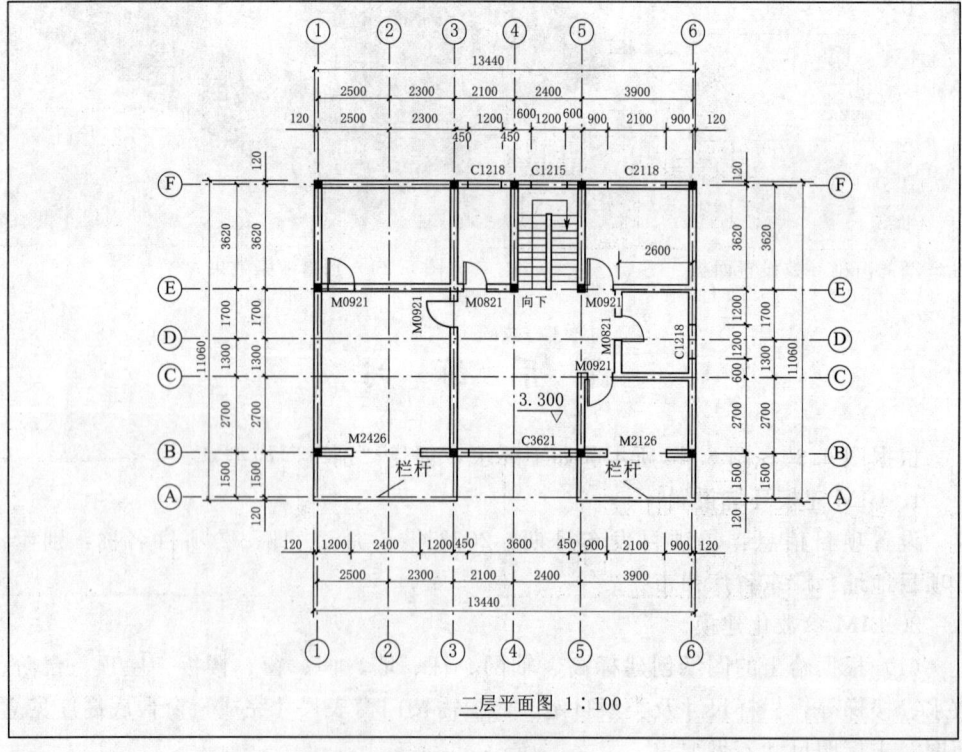

图 6.31 二层平面图

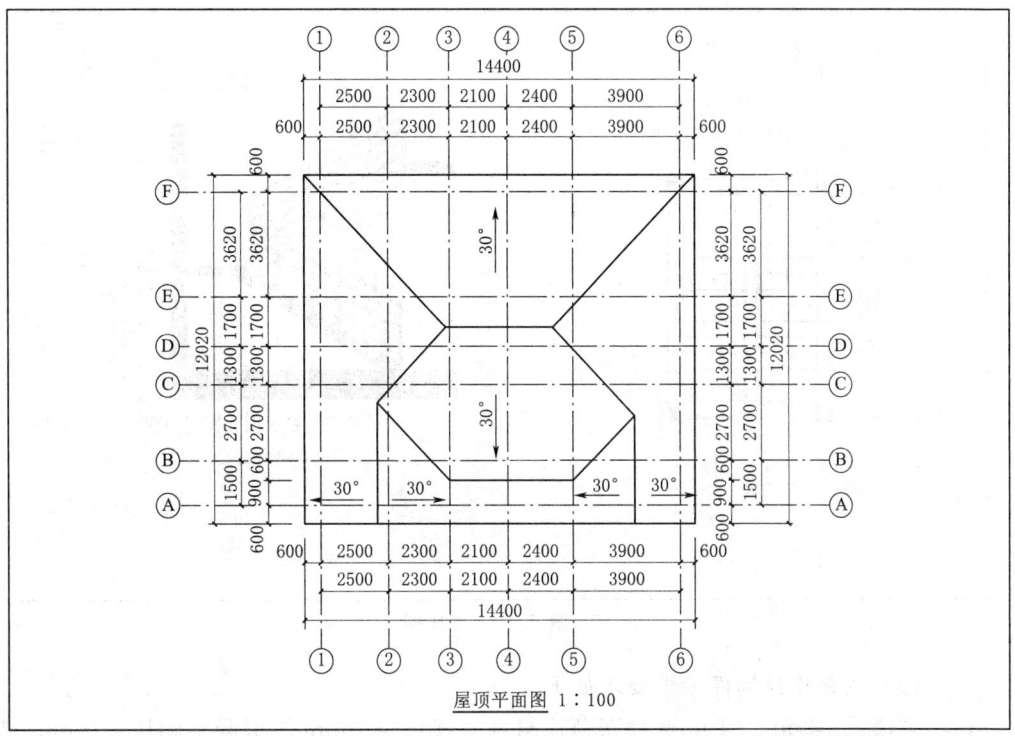

图 6.32 屋顶平面图

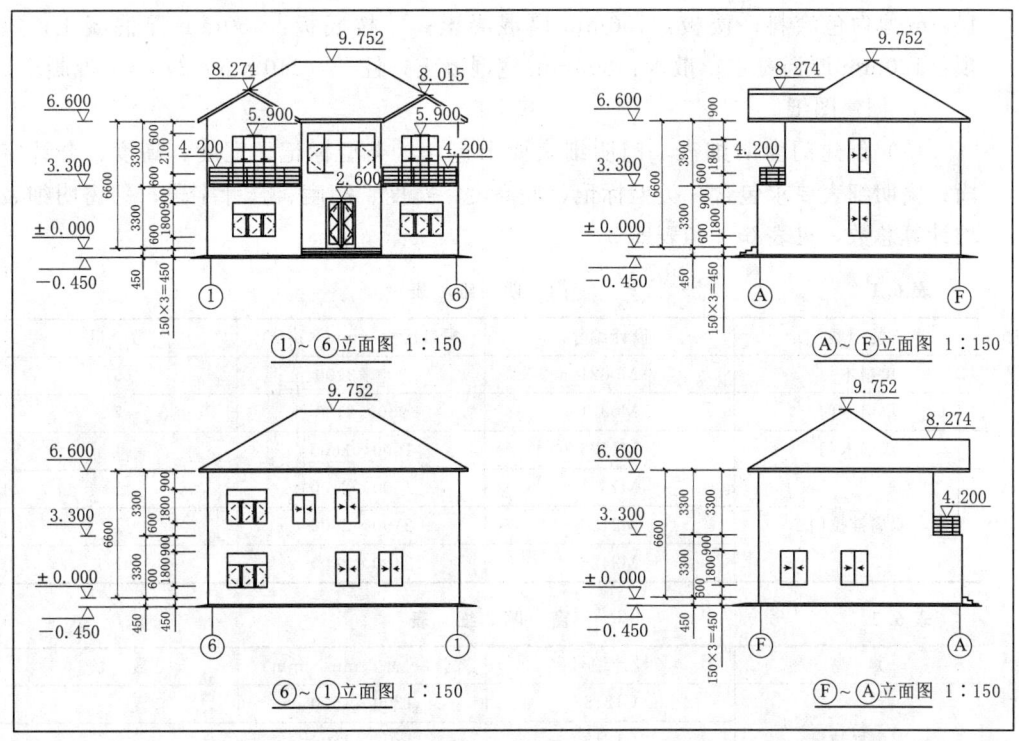

图 6.33 立面图

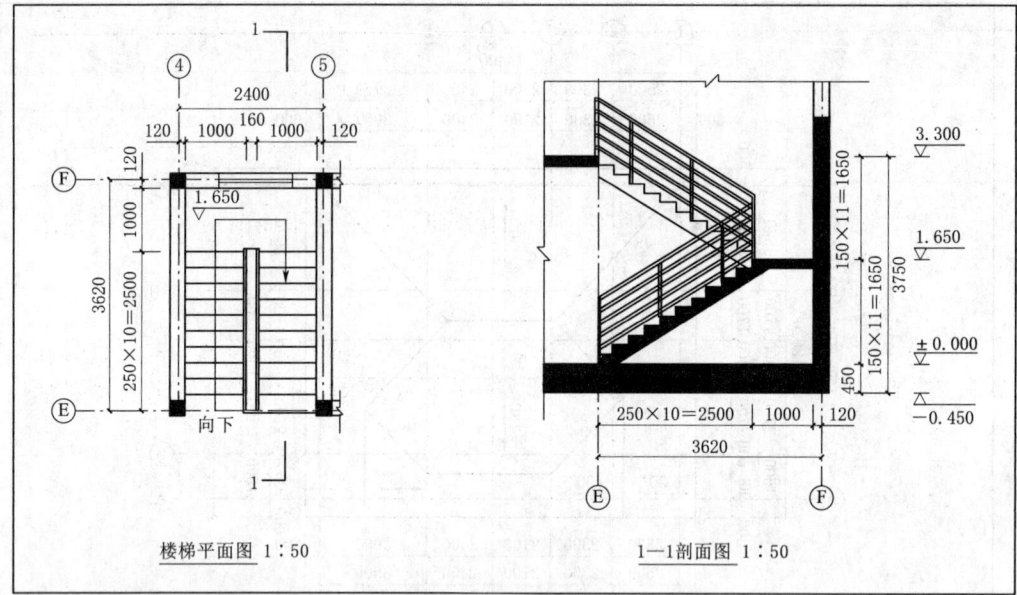

图6.34 大样图

(2) 主要建筑构件参数要求如下。

外墙：240mm，10mm厚灰色涂料（外部）、220mm厚混凝土砌块、10mm厚白色涂料（内部）；内墙：240mm，10mm厚白色涂料、220mm厚混凝土砌块、10mm厚白色涂料；楼板：150mm厚混凝土；一楼底板：450mm厚混凝土；屋顶：100mm厚混凝土；散水：800mm宽混凝土；柱子：240mm×240mm混凝土。

3. 创建图纸。

(1) 创建门窗明细表，门明细表要求包含：类型标记、宽度、高度、合计字段；窗明细表要求包含：类型标记、底高度、宽度、高度、合计字段；门窗明细表均计算总数，见表6.1和表6.2。

表6.1　　　　　　　　　　门　明　细　表

类　型	设计编号	洞口尺寸/(mm×mm)	数　量
单扇木门	M0821	800×2100	5
单扇木门	M0921	900×2100	7
双扇木门	M1526	1500×2600	1
双扇推拉门	M1521	1500×2100	1
双扇推拉门	M2126	2100×2600	1
双扇推拉门	M2426	2400×2600	1

表6.2　　　　　　　　　　窗　明　细　表

类　型	设计编号	洞口尺寸/(mm×mm)	数　量
双扇推拉窗	C1215	1200×1500	1
双扇推拉窗	C1218	1200×1800	5
双扇推拉窗	C1518	1500×1800	2

续表

类　型	设计编号	洞口尺寸/(mm×mm)	数　量
平开窗	C2118	2100×1800	3
	C2418	2400×1800	1
	C3621	3600×2100	1

（2）创建项目一层平面图，创建 A3 公制图纸，将一层平面图插入，并将视图比例调整为 1∶100。

4．模型渲染。

对建筑的三维模型进行渲染，质量设置：中，背景为"天空：少云"，照明方案为"室外：日光和人造光"，其他未标明选项不做要求，并将渲染结果以"别墅渲染．JPG"为文件名保存至本题文件夹中。

第 3 篇　水闸 BIM 参数化建模

第 7 章

水闸 BIM 常规建模

7.1 认识水闸设计图纸

7.1 水闸
基本知识

7.1.1 水闸基本知识

水闸是调节水位、控制流量的低水头水工建筑物（一般水头不超过 30m），主要依靠闸门控制水流，具有挡水和泄（引）水的双重功能，在防洪、治涝、灌溉、供水、航运、发电等方面应用十分广泛。水闸主要由上游连接段（将上游来水平顺地引进闸室，防止冲刷）、闸室段（起挡水和调节流量的作用）、下游连接段（改善出闸水流条件，提高消能防冲效果）组成，其中上游连接段包括上游翼墙、铺盖、护坡、护底、上游防冲槽等结构，闸室段包括底板、闸墩、闸门、启闭机、工作桥、交通桥等结构，下游连接段包括消力池、海漫、下游防冲槽、下游翼墙及护坡等结构。

7.1.2 分析水闸设计图纸

本节以某水闸工程为例，来讲述水闸 BIM 常规建模方法，创建水闸三维模型，图纸如图 7.1 所示。

7.2 分析
水闸设计
图纸

分析图纸尺寸单位为 mm，高程单位为 m，上游连接段包括上游翼墙、铺盖、护坡、护底，闸室段包括底板、闸墩，下游连接段包括消力池、海漫、下游翼墙（扭面）及护坡。结合 C—C 剖面图可了解边墩、翼墙的断面形状及尺寸，在建模时，图纸中上、下游护坡各向上、下游延伸 3000mm。

7.1.3 水闸 BIM 常规建模思路

方法一：族编辑器建模，先分析水闸 CAD 图纸，按照上游连接段、闸室段、下游连接段将整个结构划分为三大部分，然后分析各部分结构需要用到的命令，例如护坡用拉伸命令创建、扭面用放样融合命令等；遇到异形不规则结构，需要用空心拉伸、空心放样等命令裁剪实体模型，例如闸墩中的门槽、底板的空腔、翼墙等。最后按照先上游再闸室后下游的顺序依次创建各部分族，直至完成整个水闸模型建立。该方法建立的模型文件格式为.rfa 族文件，优点是操作简单，方便快速建模，缺点在于不便对模型进行后处理。

方法二：采用内建模型的方式，先分析图纸，拆分结构，分析所用到的命令，最后按照先上游再闸室后下游的建模顺序。该方法建立的模型格式为.rvt 项目文

117

第7章 水闸BIM常规建模

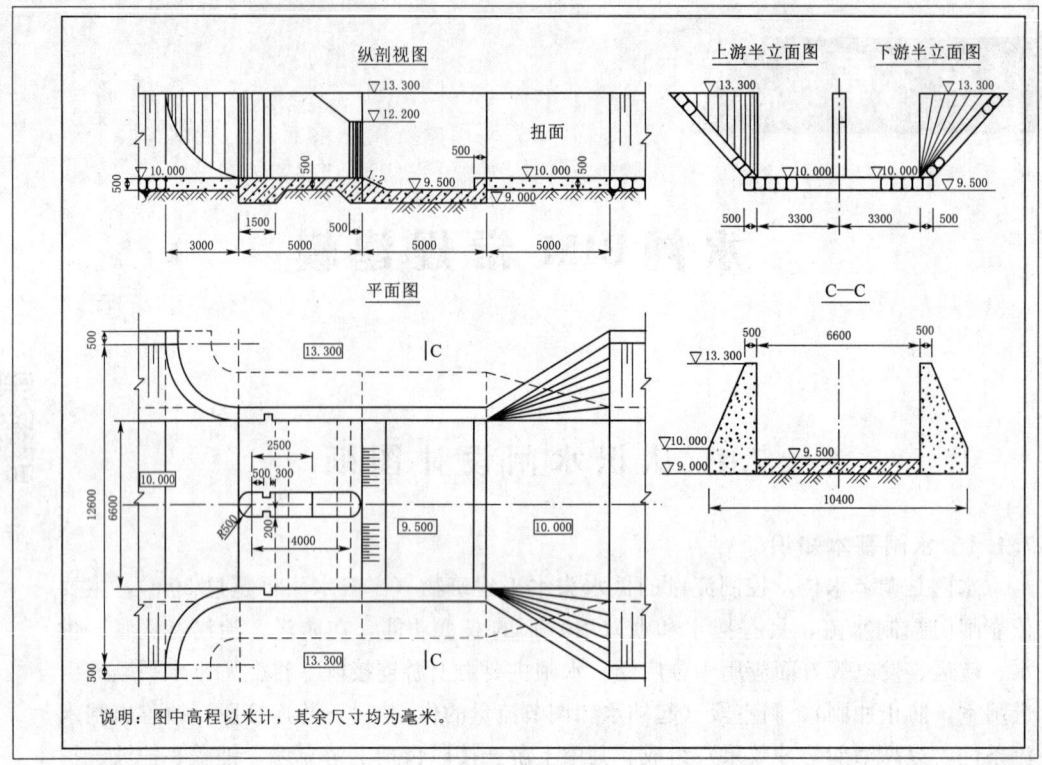

图 7.1 某水闸设计图

件格式,优点是空心建模操作方便,能够用到项目样板中的基本设置和部分建筑、结构模块命令,便于出图,创建明细表、渲染等,但相较于族编辑器实体建模来说,操作复杂。

7.2 创建水闸三维模型

本节采用内建模型的方法,对上述水闸案例进行三维建模,不考虑添加材质、功能、作用、尺寸等,上游至下游对应软件中从西向东方向。

7.2.1 上游连接段

7.3 上游连接段

打开Revit软件,单击"新建"或"建筑样板"—"建筑"—"构件"—"内建模型"—"常规模型",命名为"水闸",进入内建族编辑器。

1. 上游底板和护坡

本节把上游护底、铺盖看作一个整体上游底板,对护底、铺盖、护坡进行整体建模。

(1)将视图切换到"楼层平面"—"场地",单击"放样"—"绘制路径",沿着视图中的项目基点,向上游画一条6000mm的水平直线,作为放样路径,单击"√"按钮完成路径绘制。

（2）单击"编辑轮廓"，选择"西立面"，进入立面后以放样路径参照点作为护坡和底板断面的中点，往左绘制 3300mm，再往左上方绘制一条斜线（$x=3000$mm，$y=3300$mm），再往左绘制 500mm，以刚绘制的斜线以上端点为基点复制一份到 500mm 水平线的另一端点，再以复制出的斜线下端点往下绘制 500mm，再沿着路径参照点往下绘制 500mm，再往左绘制水平直线，将轮廓封闭。

（3）选中护坡部分斜线、水平线条及竖直 500mm 线段，输入拾取轴镜像命令快捷键 MM，拾取路径参照点处的竖直线，将其镜像一份，再删除该竖直线，将两条水平线的端点拖拽拉伸到右边轮廓的端点，使得整个轮廓闭合不交叉，如图 7.2 所示，单击两次"√"按钮完成护坡和底板部分的创建，如图 7.3 所示。

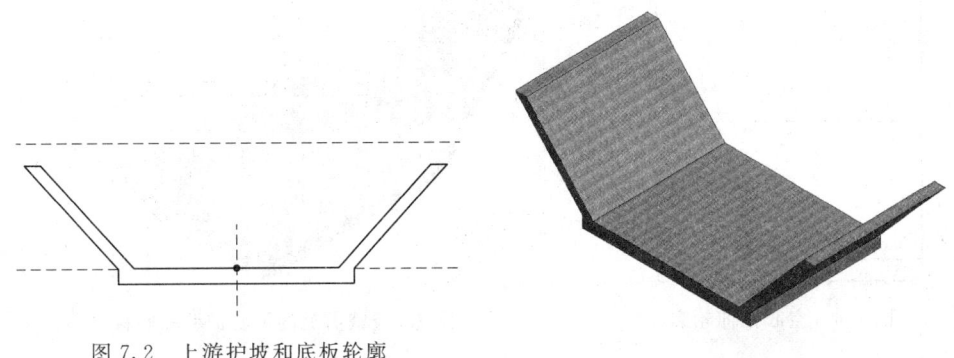

图 7.2 上游护坡和底板轮廓

图 7.3 上游护坡和底板

2. 翼墙

（1）将视图切换至"场地"，利用参照平面（RP）工具在底板中间绘制一条水平线，作为底板的中心线。

（2）单击"空心拉伸"命令，利用直线、起点终点弧命令，在护坡右端绘制一段半径为 3000mm 的 1/4 圆弧，沿着圆弧的左端点向上画 500mm 直线，再向右画 3000mm 水平直线，再向下连到圆弧端点，使得图形闭合不交叉，然后选中该轮廓，拾取中心线进行镜像（MM），单击"√"按钮完成空心拉伸，如图 7.4 所示。

（3）将视图切换至西立面，选中空心拉伸形体，向上、下拖拽该形体，使其完全裁剪到护坡，如图 7.5 所示。

（4）将视图切换至"场地"，单击"放样"—"绘制路径"，利用直线、起点终点弧命令，在护坡右端绘制一段半径为 3000mm 的 1/4 圆弧，沿着圆弧的左端点向上画 500mm 直线，单击"√"按钮完成路径绘制，如图 7.6 所示。

（5）单击"编辑轮廓"，选择"南立面"，从放样路径参照点往上绘制 3300mm，往右绘制 500mm，往右下方绘制一条斜线（$x=1400$mm，$y=3300$mm），往下绘制 500mm，往左绘制 1900mm，再将 3300mm 的竖直线下端点拖拽到该点，使得图形闭合不交叉，如图 7.7 所示，单击两次"√"按钮完成翼墙的创建。

（6）再选中翼墙将其镜像到另一侧，上游连接段即可创建完成，如图 7.8 所示。

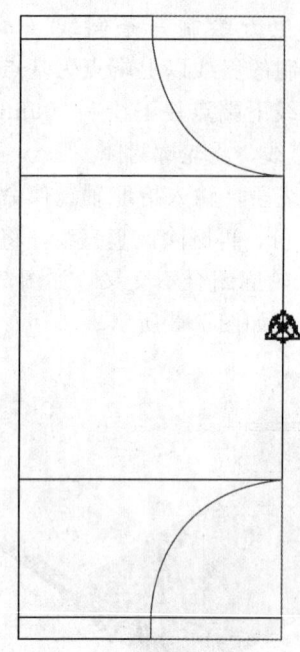
图 7.4　空心拉伸轮廓

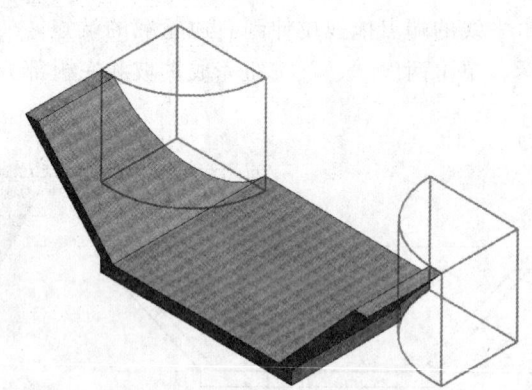
图 7.5　裁剪后的上游护坡和底板

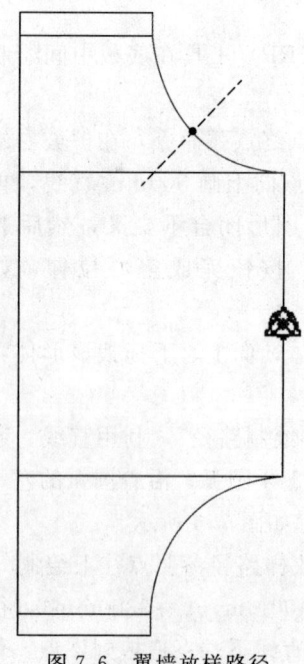
图 7.6　翼墙放样路径

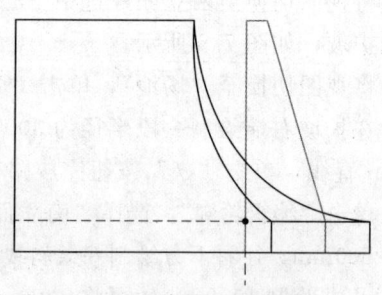
图 7.7　翼墙放样轮廓

7.2.2 闸室段

1. 闸室底板

(1) 视图切换至"场地",单击"放样"—"绘制路径",在上游底板与闸室底板交界处,绘制一条与上游底板同宽的竖直线6600mm,单击"√"按钮完成路径绘制。

(2) 单击"编辑轮廓",选择"南立面"。以放样路径参照点作为闸室底板前端的一个角点,往右绘制 5000mm,往下绘制

7.4 闸室段

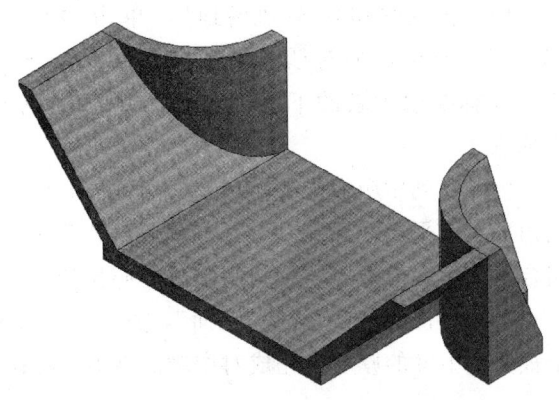

图 7.8 上游连接段

1000mm,往左绘制 500mm,往左上角绘制坡度为 1∶1 的一段 45°线 ($x=-500$mm,$y=500$mm),再往左绘制一段 2000mm,往左下角绘制坡度为 1∶1 的一段 45°线 ($x=y=-500$mm),往左绘制一段 1500mm,往上绘制一段 1000mm,使得轮廓闭合不交叉,如图 7.9 所示,单击两次"√"按钮完成闸室底板的创建,如图 7.10 所示。

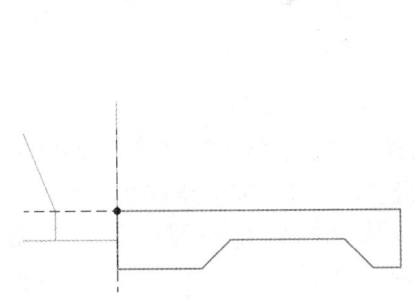

图 7.9 闸室底板放样轮廓

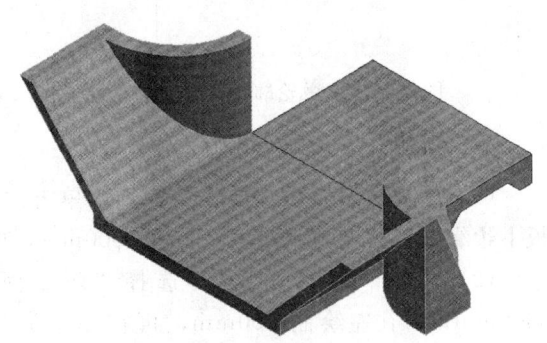

图 7.10 闸室底板

2. 中墩

(1) 将视图切换至"场地",单击"拉伸",找到闸室底板前端中点绘制一个半径为500mm的圆,并移动圆,把圆的左象限点移动到与闸室底板前端中心点重合,再从圆的上象限点往右绘制一段 500mm,往下绘制 200mm,往右绘制 300mm,往上绘制 200mm,再往右绘制 3200mm,复制左边的圆,将圆的右象限点与闸底板后端中心点重合。然后将绘制好的中墩的一半以闸底板中轴线为中心线镜像(MM),再用修剪(TR)和拆分图元(SL)命令将绘制的中墩两个圆修剪为需要的半圆,使得整个轮廓闭合不交叉,如图 7.11 所示。

(2) 在左边的属性面板修改约束,将拉伸起点设置为 0,拉伸终点设置为 3300,单击"√"按钮完成中墩的创建(此处轮廓的绘制方法不唯一)。

(3) 将视图切换至"场地",单击"空心拉伸",在上下文选项卡中单击"设置",在弹出的对话框中选择"拾取一个工作平面"按钮,单击"确定"按钮,光标拾取中墩的下侧线(表示中墩的侧面),在弹出的对话框中选择"南立面"。

(4) 找到中墩右上角顶点,向下画1100mm,再向左画500mm,然后再从右上角顶点水平向左画2000mm,然后再连到下面500mm水平线的端点,使得轮廓闭合不交叉,单击"√"按钮完成空心拉伸。

(5) 将视图切换至"东立面",选中空心拉伸形体,将其向左、右拖拽拉伸完全裁剪到中墩的厚度,完成对中墩的裁剪,如图7.12所示。

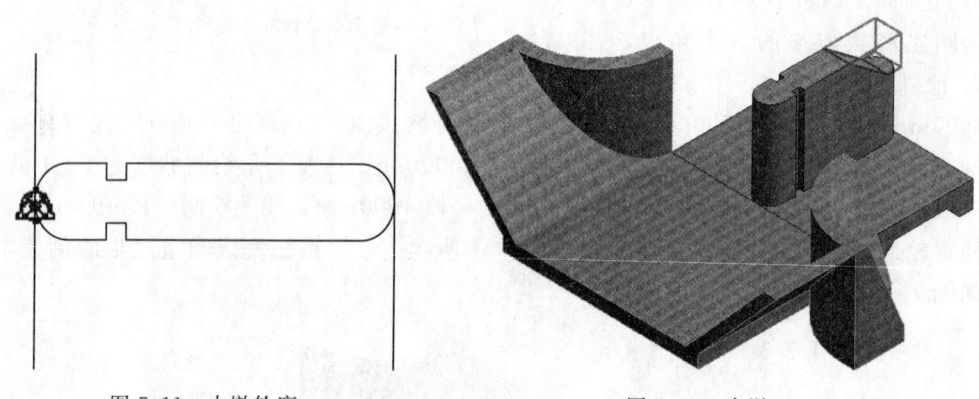

图 7.11 中墩轮廓　　　　　图 7.12 中墩

3. 边墩

(1) 将视图切换至"场地"视图,单击"放样"—"绘制路径",路径取闸室底板上边缘线,长度为闸室底板长度5000mm,单击"√"按钮完成路径绘制。

(2) 单击"编辑轮廓",选择"西立面",从放样路径参照点往上绘制3300mm,再往左绘制500mm,再往左下方绘制一条斜线($x=1400$mm,$y=3300$mm),再往下绘制1000mm,再往右绘制1900mm,再将3300mm的竖直线下端点拖拽到该点,使得图形闭合不交叉,如图7.13所示,单击两次"√"按钮完成左边墩的创建。

(3) 选中左边墩将其镜像到另一侧;接着将视图切换至"场地",单击"空心拉伸",在左、右边墩与中墩门槽正对的位置,绘制两个300mm×200mm的矩形,单击"√"按钮完成空心拉伸。

(4) 将视图切换至"西立面",选中空心拉伸形体,拖拽空心拉伸形体至图纸的位置,重点是空心拉伸形体

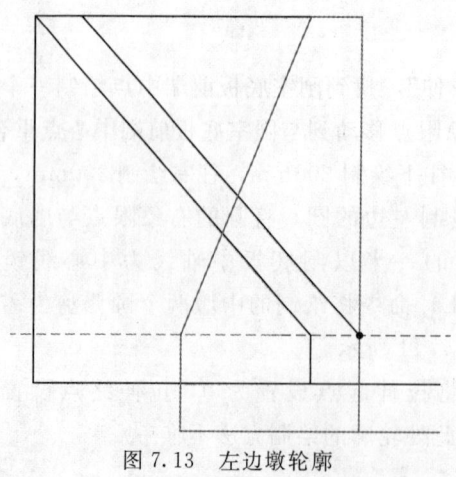

图 7.13 左边墩轮廓

下端与闸室底板顶面齐平,完成左、右边墩门槽的开设,如图 7.14 所示,至此闸室段创建完成,如图 7.15 所示。

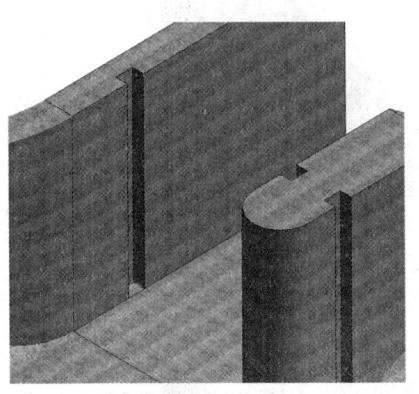

图 7.14 边墩门槽

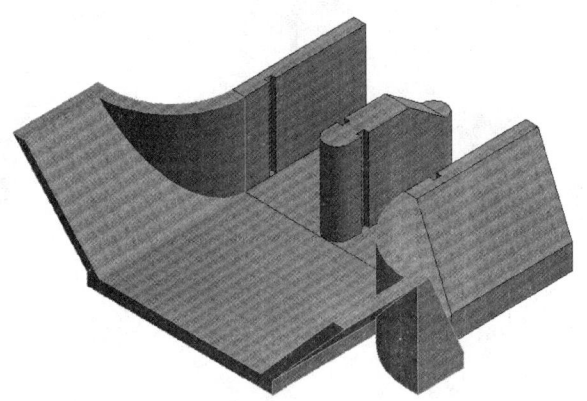

图 7.15 闸室段

7.2.3 下游连接段

1. 消力池底板

(1)将视图切换至"场地",单击"放样"—"绘制路径",在闸室底板末端,画一条与闸室底板齐宽的 6600mm 竖线,中点与闸室底板末端中点重合,作为放样路径,单击"√"按钮完成路径绘制。

(2)单击"编辑轮廓",选择"南立面",以放样路径参照点作为消力池底板前端的一个角点,往右下角绘制一条 1∶2 的线段($x=1000$mm,$y=-500$mm),往右绘制 3500mm,往上绘制 500mm,往右绘制 500mm,往下绘制 1000mm,往左绘制 5000mm,再往上绘制 1000mm,使得轮廓闭合不交叉,如图 7.16 所示,单击两次"√"按钮完成消力池底板的创建,如图 7.17 所示。

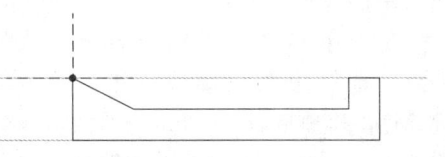

图 7.16 消力池底板轮廓

技巧: 如不考虑分段,闸室底板和消力池底板可采用"放样"命令,一次性创建完成。

2. 消力池边墩

(1)将视图切换至"场地",单击"放样"—"绘制路径",路径取消力池底板上边缘线,消力池底板长度 5000mm,单击"√"按钮完成路径绘制。

(2)单击"编辑轮廓",选择"西立面",从放样路径参照点往上绘制 3300mm,往左绘制 500mm,往左下方绘制一条斜线($x=1400$mm,$y=3300$mm),往下绘制 1000mm,往右绘制 1900mm,再将 3300mm 的竖直线下端点拖拽到该点,使得图形闭合不交叉,单击两次"√"按钮完成消力池左边墩的创建,再选中左边墩将其镜像到另一侧,如图 7.18 所示。

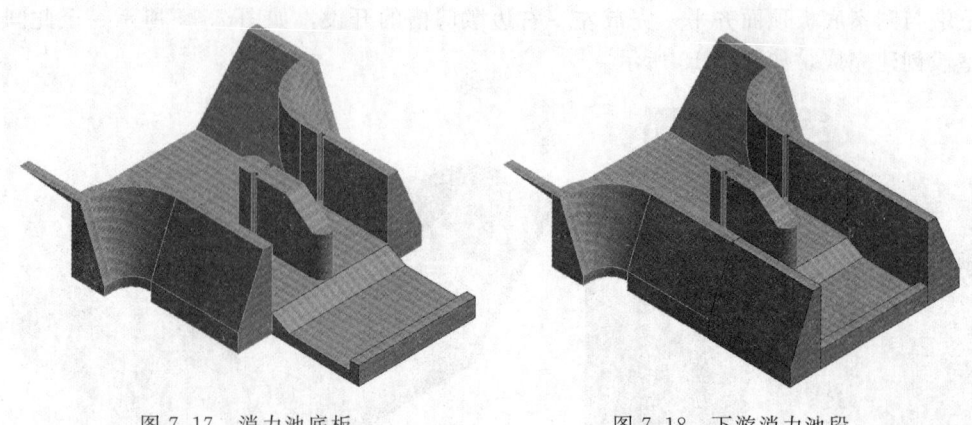

图7.17 消力池底板　　　　　　　图7.18 下游消力池段

技巧：如不考虑分段，在创建闸室左、右边墩时，绘制放样路径可直接画10000mm，一次性把闸室和消力池边墩创建出来。

3. 扭面（下游翼墙）和海漫

本节把扭面（下游翼墙）和海漫看作一个整体进行建模。

(1) 将视图切换至"场地"，单击"放样融合"—"绘制路径"，路径为消力池底板中轴线，从消力池底板末端中点处向右画长度5000mm水平直线，单击"√"按钮完成路径绘制。

(2) 单击"编辑轮廓1"，选择"西立面"，从放样路径参照点向左画3300mm，往上绘制3300mm，往左绘制500mm，往左下方绘制一条斜线（$x=1400mm$，$y=3300mm$），往下绘制500mm，从路径参照点向下画500mm，再水平连到另一端点，选择边墩轮廓线；然后拾取路径参照点处竖直500mm线条进行镜像（MM），再删除该500mm竖直线，将两条水平线端点进行拖动，拉伸到另外一侧两个端点处，使得整个图形闭合不交叉，单击"√"按钮完成轮廓1的编辑，如图7.19所示。

(3) 单击"编辑轮廓2"，在立面视图中以放样路径参照点作为轮廓2的中点，往左绘制3300mm，往左上方绘制一条斜线（$x=3000mm$，$y=3300mm$），往左绘制500mm，将刚绘制的斜线以上端点为基点复制一份到500mm水平线的另一端点，以复制出的斜线下端点往下绘制500mm，沿着路径参照点往下绘制500mm，再往左绘制水平直线，将轮廓封闭；选中护坡部分斜线、水平线条及竖直500mm线段，输入拾取轴镜像命令（快捷键MM），拾取路径参照点处的竖直线，将其镜像一份，再删除该竖直线，将两条水平线的端点拖拽拉伸到右边轮廓的端点，使得整个轮廓闭合不交叉，如图7.20所示，单击两次"√"按钮完成扭面和海漫段的创建，如图7.21所示。

4. 下游护底和护坡

(1) 下游底板和护坡形状与上游底板（护底、铺盖）和护坡一致，画法一致，采用"放样"命令，放样路径长度为3000mm，不再复述，整个水闸三维模型如图7.22所示。

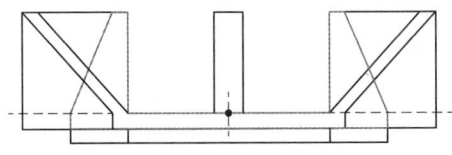
图 7.19　扭面和海漫放样轮廓 1

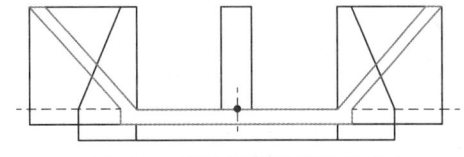
图 7.20　扭面和海漫放样轮廓 2

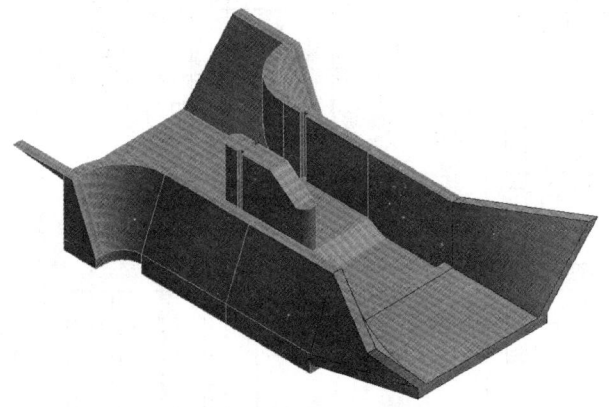
图 7.21　扭面和海漫段

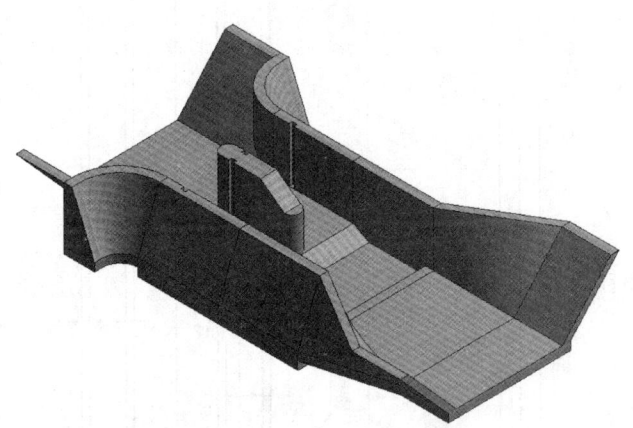
图 7.22　水闸三维模型

（2）单击上下文选项卡中的"√"按钮完成水闸内建模型的创建。

本节没有考虑添加材质信息，如果考虑每个构件的材质不同，需要按照实际图纸标注为每部分添加材质，那么上、下游底板和护坡则需要分两次创建，因为底板和护坡的材质不一样，扭面部分则也需要分两次创建。其他构件操作与上述一致。

课 后 练 习

一、根据图 7.23 所示图纸给定尺寸，创建"涵洞"三维模型。
二、根据图 7.24 所示图纸给定尺寸，创建"节制闸"三维模型。
三、根据图 7.25 所示图纸给定尺寸，创建"进水闸"三维模型。

7.6 课后练习第一题

7.7 课后练习第二题

7.8 课后练习第三题

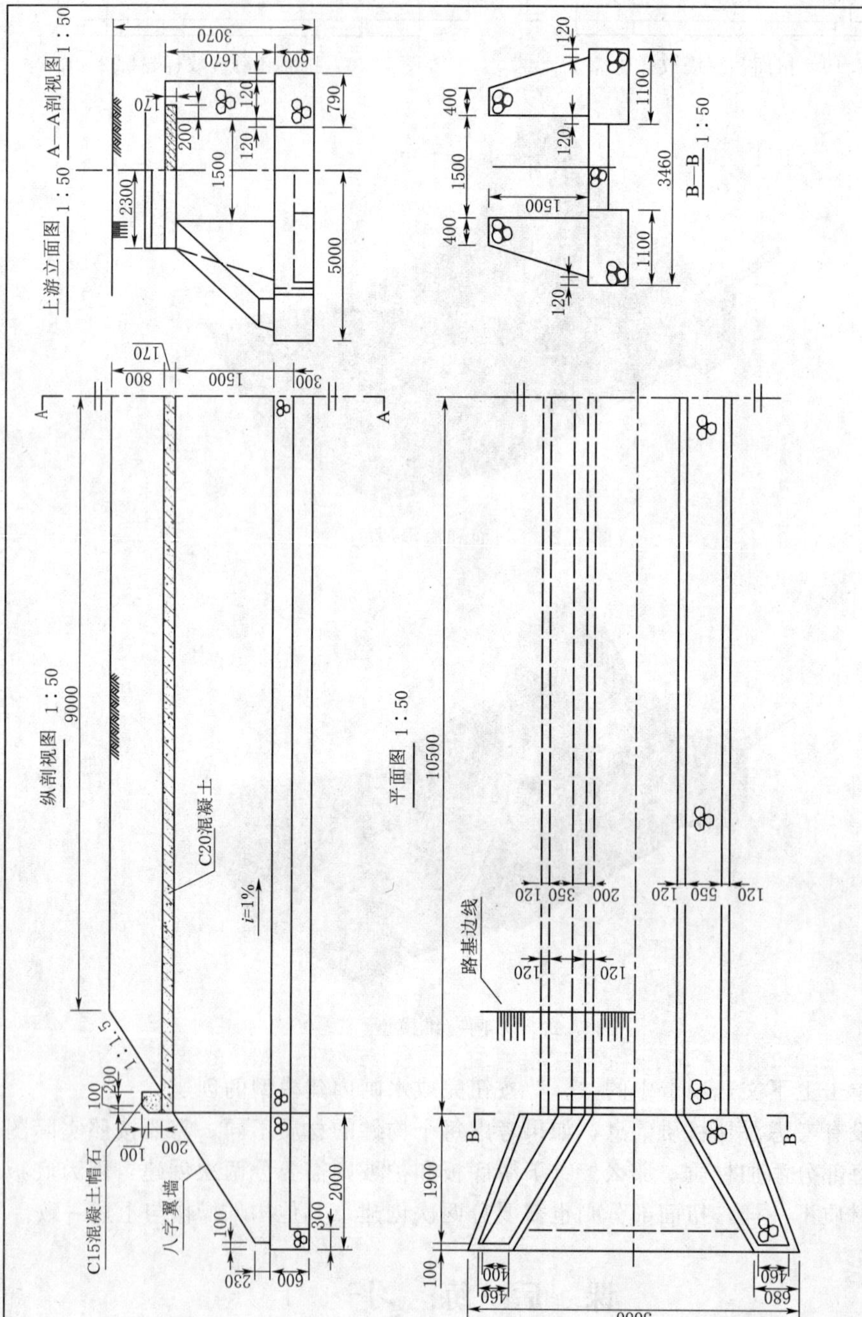

图 7.23 涵洞设计图

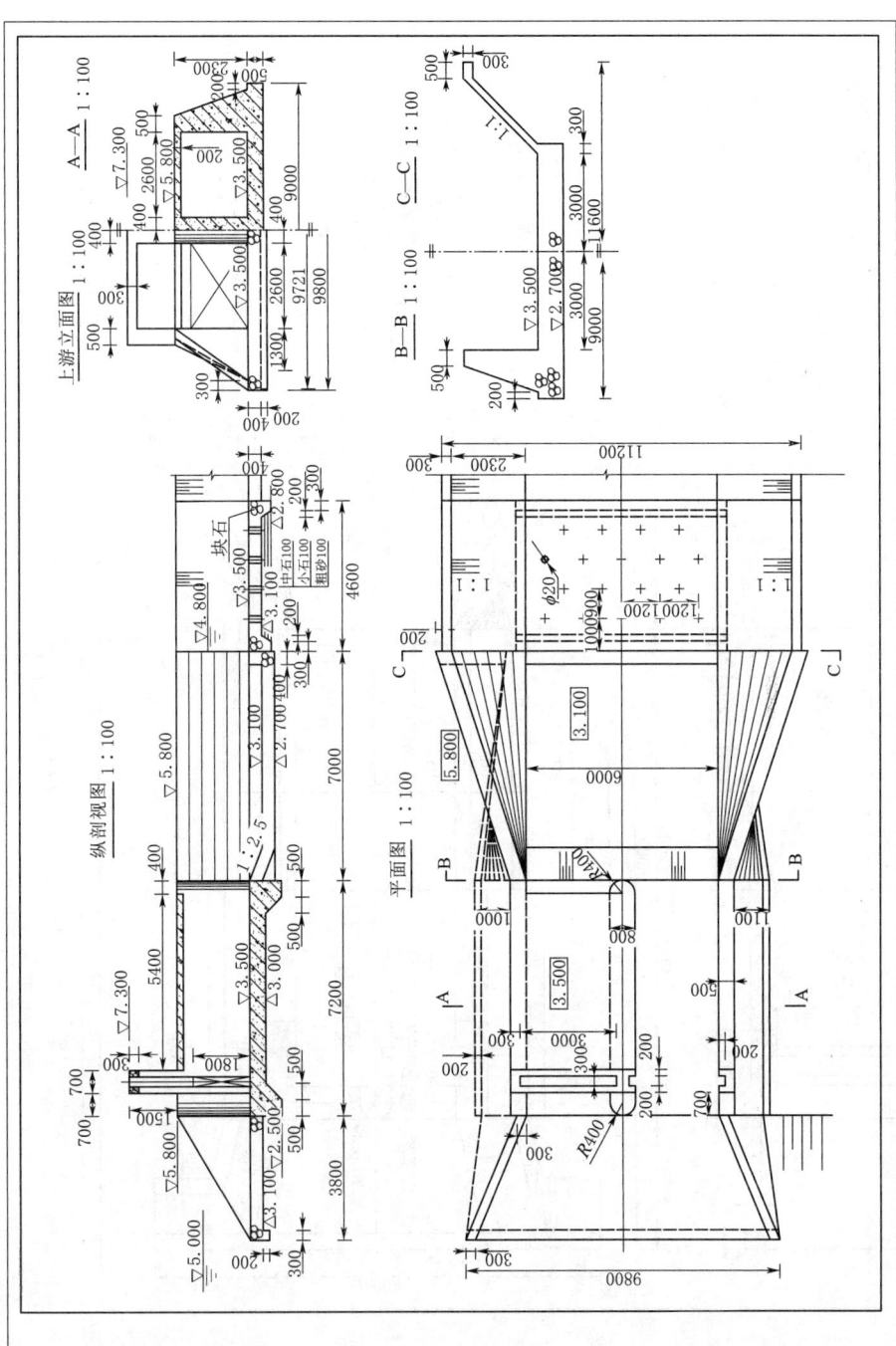

图 7.24 节制闸设计图

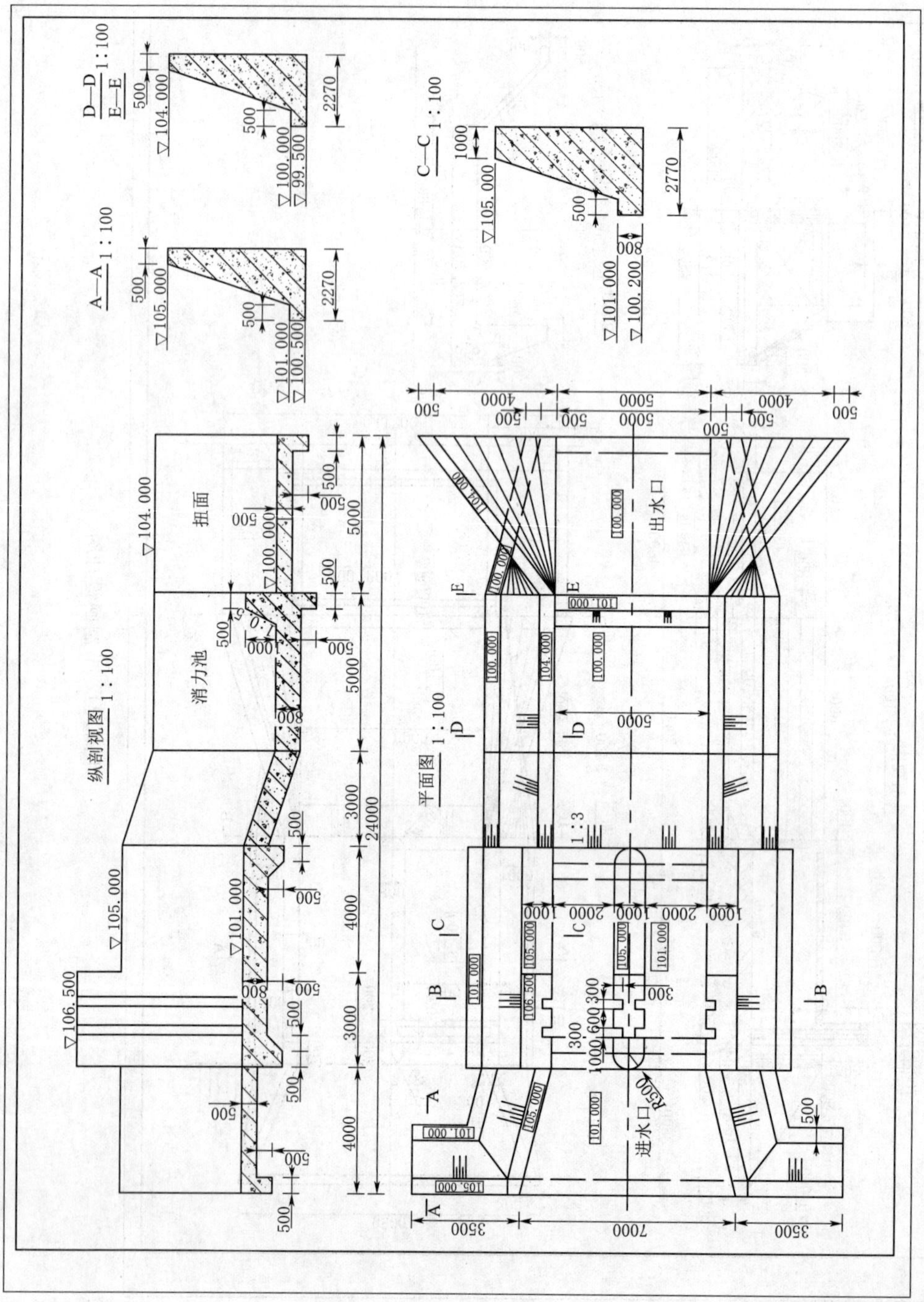

第 7 章 水闸 BIM 常规建模

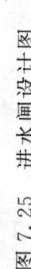

图 7.25 进水闸设计图

第 8 章

Revit 族参数化基本知识

8.1 Revit 中族的三层分类

在 Revit 中对族的分类分为三层，依次是族样板、族类别、族类型，一层比一层更加精细。

8.1.1 族样板

第一层是族样板，可在最大的范围内规定这个族的一些预设参数和行为，分为以下四大类，如图 8.1 所示。

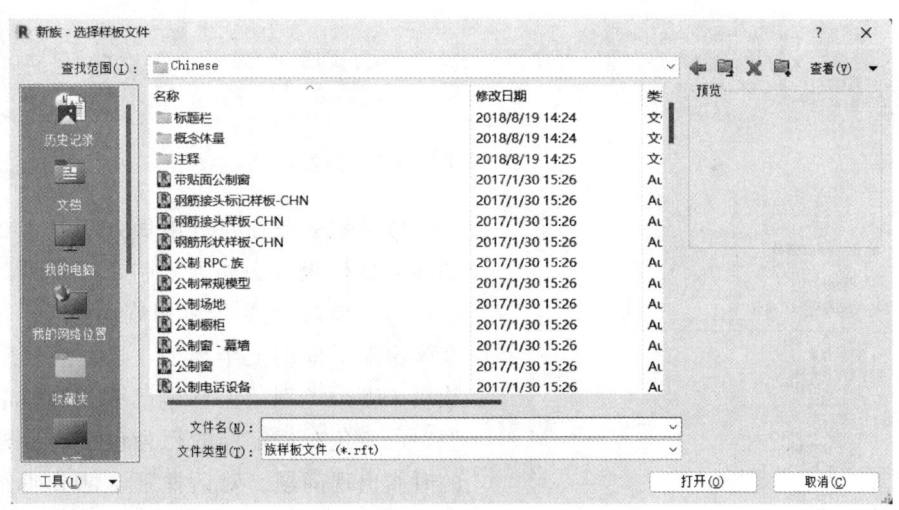

图 8.1 族样板面板

（1）第一种分类方式是基于主体的，主体有墙、天花板、楼板和屋顶。在新建族时，所有基于主体的样板文件都会有这样的名称，比如基于楼板的公制常规模型、基于天花板的电器装置、基于屋顶的公制常规模型等，这类族样板创建好的族载入项目中，只能识别对应的主体，在对应的主体结构上才能放置族，并且会和主体发生一些关系。

（2）第二类族样板是基于面的族样板，平面可以是墙的平面，天花板的平面，楼板、屋顶的平面或者是一个虚拟的参照面。它和第一类基于主体的族样板的共同点是族与平面是绑定在一起，需要识别对应的面才能放置。

（3）第三类是基于线的族样板，选择时会看到有两个族样板：一个是基于线的公制常规模型，另一个是基于线的公制结构加强板。只有做两种族的时候才会用到基于线的族：一种是画一条直线，该直线可以自定义它的长度和旋转角度，这个族就跟着这个直线进行缩放和旋转。还有一种情况就是划线阵列，例如屋顶上的瓦片，可以做一个基于线的阵列的族，在项目里可以直接单击起点、单击终点，所有的瓦片将按照用户事先设好的参数和规则，沿着这条线进行阵列。

（4）第四类是可任意放置或悬在空中放置的族样板，与主体不发生关系。选择不带有基于某族样板，形成独立的族样板。独立的族样板还包括注释、体量和标题栏。

因此，在 Revit 中创建族时，并不是一定要选择"公制常规模型.rft"族样板，选择合适的族样板，可以大大提高工作效率。

8.1.2 族类别

第二层是族类别，这一层的筛选进一步说明 Revit 要创建的这个族的内容，比如在"公制常规模型"族样板中，单击"族类别和族参数"按钮，如图 8.2 所示，在弹出的对话框中选择一个族类别，明确要创建的是门窗、家具或其他，如图 8.3 所示。

图 8.2 族类别和族参数按钮

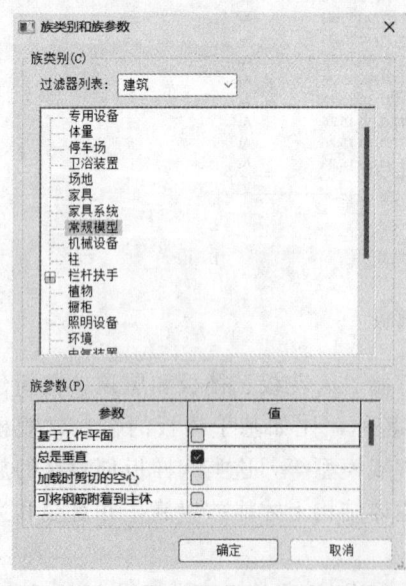

图 8.3 族类别和族参数对话框

族类别一般在建族前做好选择，在选择相应的族样板（例如"公制常规模型"族样板）后，单击"族类别和族组参数"按钮，在弹出对话框的上半部分，选择想要建立的族属于哪个类别，注意尽量不要选择常规模型，以避免在规定族的行为包括统计材料表的时候出现问题。对话框下半部分叫作族参数，会根据选择不同的族类别而有不同的选项，族参数和用于计算的族参数不太一样，可以把它理解为关于族的行为的一些选项，这里默认选择的族类别是常规模型，该模型下族参数的选项为通用，适用于所有的族。若选择了特殊的族，比如选择了结构柱，就会出现一些专门关于结构柱的选项；若选择的是管件，族参数里的选项也会出现一些专门关于管件的选项，比如它的零件类型。

8.1.3 族类型

第三层是族类型在族样板和族类别中参数都是预设好的，只能选择不能自定义，而族类型是可以完全自定义的，比如在"公制常规模型"族样板中，在左上角找到"族类型"按钮，如图8.4所示，单击后会弹出一个对话框，现在族类型是没有任何参数的，可以单击"新建"创建族类型，自定义族参数，如图8.5所示。

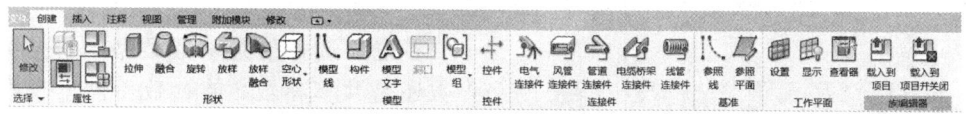

图8.4 族类型按钮

族类型对于整个参数来说非常重要，例如打开"公制常规模型"族样板，设置族类别是橱柜，然后在族类型里面可任意新建一个族类型。当选择族类别是橱柜时，会自动给出一些橱柜族类型默认的参数，比如材质、尺寸标注等，且与相应的尺寸标注未关联到，未选择橱柜族类别前参数为空。

为方便讲解参数，这里需切换到常规模型族类别，此时族类型中参数为空，新建一个参数，步骤如下。

图8.5 族类型对话框

(1) 打开 Revit 软件，在族面板中单击"新建"—"公制常规模型.rft"，进入后会看到两条正交的参照平面。

(2) 利用"参照平面"（RP）工具，任意绘制一个与已有竖向参照平面平行的新参照平面，如图8.6所示。

(3) 利用"注释"—"对齐"（DI）命令，对两个参照平面之间的距离进行标注。如图8.7所示，标注参照平面间距。

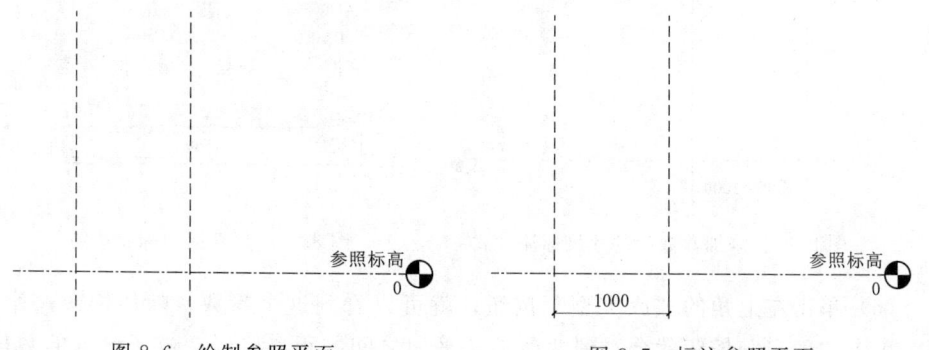

图8.6 绘制参照平面　　　　　图8.7 标注参照平面

(4)选中尺寸标注,在上下文选项卡标签尺寸标注中单击"创建参数"按钮,如图8.8所示,弹出了新建参数对话框,如图8.9所示。

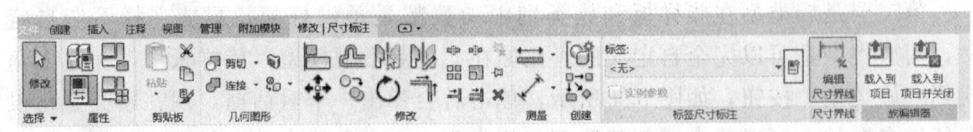

图8.8 创建参数按钮

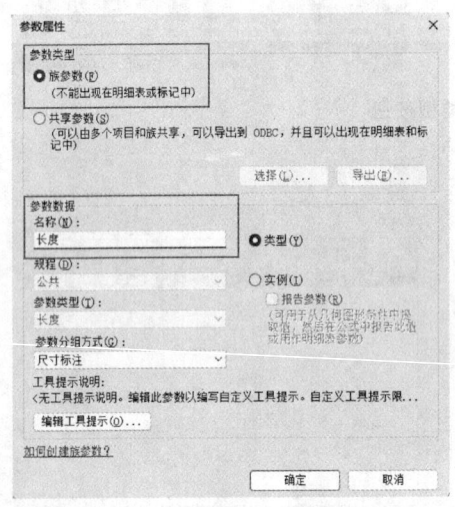

图8.9 新建参数对话框

首先要选择的是参数类型,它是族参数还是共享参数。族参数不能出现在明细表中,不能被统计;共享参数可以出现在明细表和标记里,且能被多个项目或族调用,会导出一个参数文件。

(5)选择"族参数",这里给它定义一个名称"长度",其他不变,单击"确定"按钮,现在这只是一个空的参数,并没有和任何形体发生关系,可看到尺寸标注样式已经发生了变化,如图8.10所示。

技巧:如果设置好了参数,没有与尺寸标注关联上,或者想把这个参数赋予其他尺寸标注,可选中这个尺寸标注,在属性面板中"标签"下拉菜单中,如图8.11所示,选择刚才创建的"长度"参数名称,这时尺寸标注样式会变成"长度=×××"的字样。

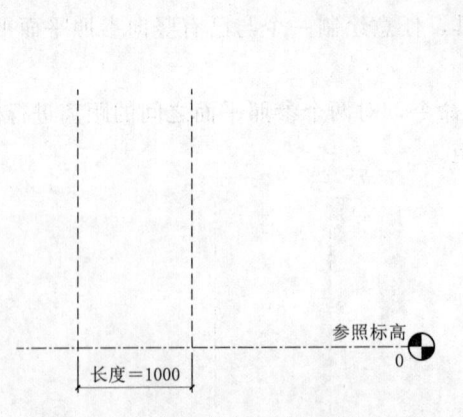

图8.10 添加参数后的寸尺标注样式

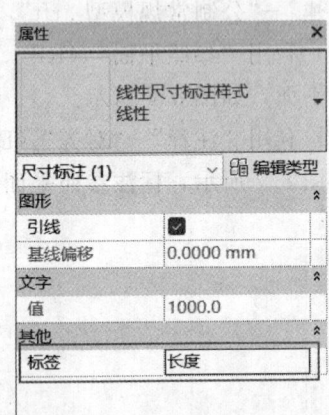

图8.11 属性面板标签按钮

(6)单击左上角的"族类型"按钮,就可以看到这个参数,随便修改一个数值,单击"确定"按钮就会看到两条参照平面之间的距离已经变成了设置的数值,参数就创建成功了。

8.1 Revit 中族的三层分类

(7) 如果选择参数类型为"共享参数",第一次需要新建一个文本,单击选择弹出的对话框,未指定共享参数文件,因为第一次还没有这个 TXT 文档,单击"是"选项,如果电脑本地已经有了一个 TXT 文档,可以直接单击"浏览"选择它,那这个 TXT 文档可以一直存在本地,可以用在这个族,也可以用在其他族里面,目前还没有,可以单击创建一个,任意命名后保存,这样这个文档就在指定的文件夹里创建好了。

(8) 双击打开这个文档,先要给这些参数建立一个参数组,目前参数组下拉菜单是空的,在下面的组选择新建一个组名称,这个组的名称可自定义。这里定义的名称是自由的,只要自己记得住以及符合项目的规范要求,这时在那个 TXT 文档里也会被自动创建一个参数组,那所有的参数都在这个参数组下新建。

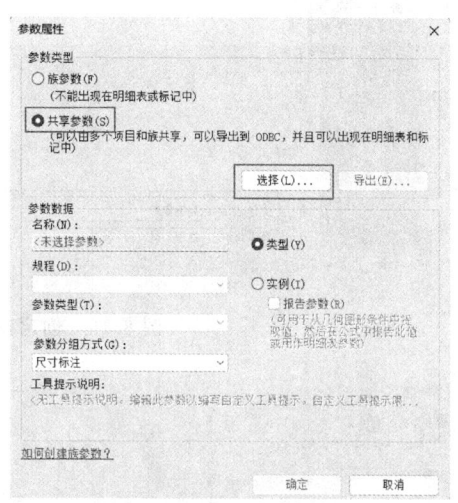

图 8.12 选择共享参数

(9) 新建一个名称为"长度"的参数,规程为"公共",参数类型为"长度"即可,依次单击"确定"按钮完成共享参数的创建,共享参数创建过程如图 8.12~图 8.18 所示。最后一次单击"确定"按钮之前如图 8.19 所示,参数名称、规程、参数类型都是灰的不可选,是因为共享参数已经在参数组里面创建好了,不需要再设置属性。

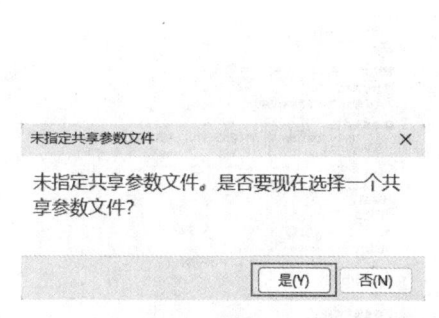

图 8.13 指定共享参数文件

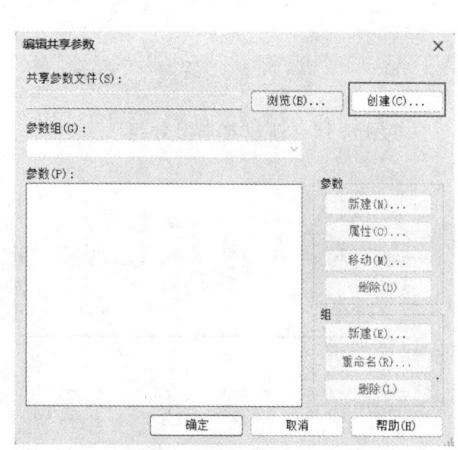

图 8.14 编辑共享参数

(10) 在"族类型"中调试参数。

这里只是创建了参数,没有创建实体族,把参数添加到实体族构件上。如果把族样板比作书架,那么族类别就是书架中的一本书,族类型就相当于书的页码,这个页码可以自定义。

133

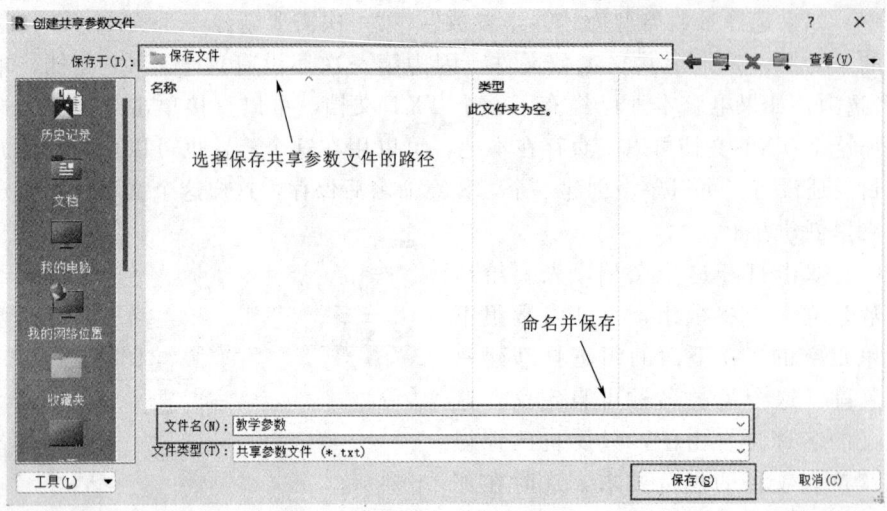

图 8.15　创建共享参数 TXT 文件

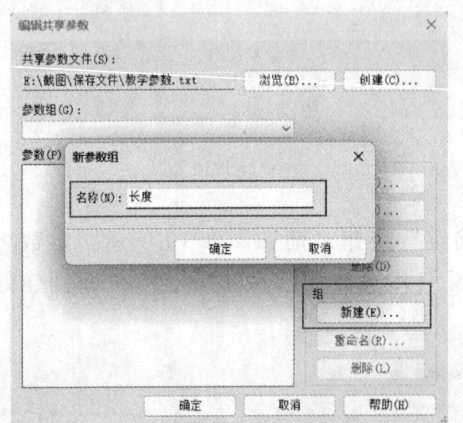

图 8.16　新建共享参数组

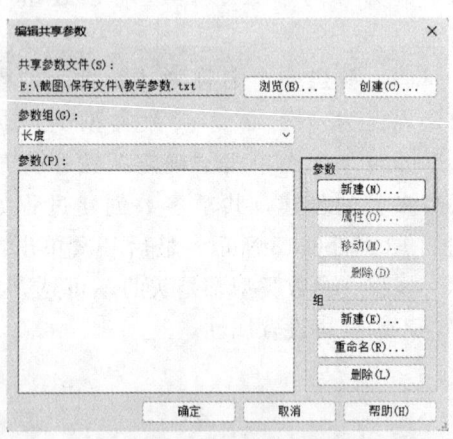

图 8.17　新建共享参数

图 8.18　完成参数属性设置

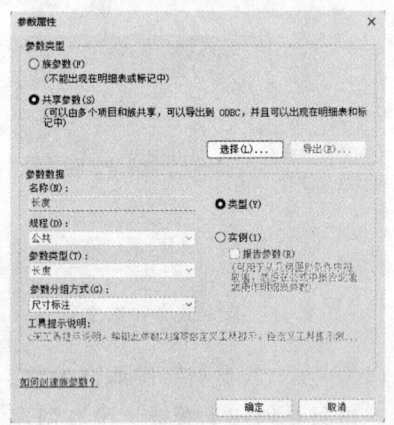

图 8.19　完成共享参数设置

8.2 族 参 数

8.2.1 类型参数和实例参数

在新建参数对话框中设置好参数名称后，需要注意的两个选项是"类型"和"实例"，如图 8.20 所示。

在前面的别墅建模中，经常会设置墙体、楼板、屋顶等各类结构的实例属性和类型属性，展示在属性面板外面的是实例属性，单击"编辑类型"后进入的对话框展示的是类型属性，实例属性属于当前选中结构的特性参数，修改后不会影响其他同类型结构，类型属性属于同类型结构的共性，修改某一结构类型属性，和它同类型的结构属性信息均会改变，在新建参数面板中看到的"类型"和"实例"两个选项就对应的是"类型属性"和"实例属性"，所以在这个面板中选择了"类型"或"实例"就定义了参数的属性。

另外，实例参数和类型参数还有一个很大的区别，如果把"长度"这个参数设置为"类型"参数，则实体族构件在二维视图中是没有拖拽柄的，需要在编辑类型里面去修改参数值；如果设置为"实例"参数，选中族的时候，它是有拖拽柄，也就是说实例参数，"长度"除了可以在这里定义，也可以通过拖拽柄来直接拉伸。

8.2.2 参数分类

前面通过为尺寸标注长度添加参数，简单介绍了新建参数的过程，在新建参数设置面板中参数名称下面有一个"规程"按钮，会发现是灰色不可更改，是因为对尺寸标注添加参数时，系统会自动识别到"尺寸标注"属于"公共"规程，已经帮选好了参数规程。

"规程"相当于是对参数进行了一个大的分类，在功能区中单击"族类型"按钮，在弹出的对话框中有个"新建参数"按钮，如图 8.21 所示。

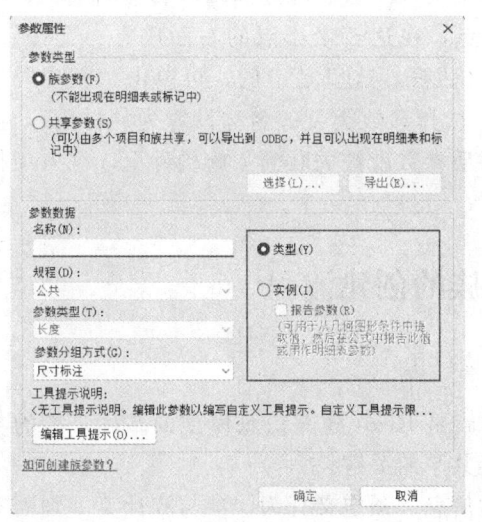
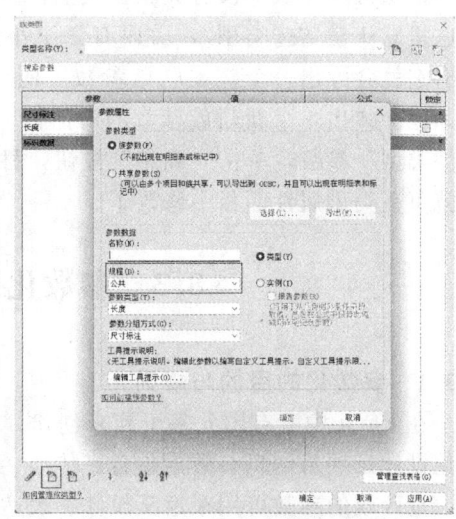

图 8.20 类型和实例按钮　　　　图 8.21 新建参数按钮

单击"新建参数"按钮后，会弹出新建参数设置对话框，这时"规程"不再是灰色显示，可自行选择设置，因为采用这样新建参数的方法，参数不会自动关联到任何数据信息上，系统也就识别不到相应的参数规程，这样新建的参数后面需要利用属性面板中的"标签"按钮，进行关联匹配。这里可以单击"规程"按钮下拉菜单查看具体分类，规程把参数在几个大的用法上进行分类。比如公共，就是说所有的族都会用到的参数类型，结构是专门给结构用的，HVAC是专门给暖通用的，电气管道是专门给电和水用的，能量是专门给能量计算用的，这是大的分类。在每一个大的分类下面，又分成很多细的参数类型，比如在公共下面分为文字、整数、数值、长度、面积、体积、角度、坡度、货币等。如果你在规程里选择了结构，那么下面的参数类型又会变成和结构力学相关的一系列的参数类型。如果你选择了管道，那下面的参数类型就和管道相关了。

先来看公共规程下参数的类型，在这里用到的主要有16个类型，第一个类型是文字，可以理解为就是写最普通的文字，它没有特殊的用途，一般也就是给这个族加一个需要的备注，比如生产的部门负责人等，下面的几个整数实数、长度、面积、体积、角度、坡度、货币质量这些都是和数字相关的。这些数据不只是可以用来测量，也是可以用来做公式计算的，从整数一直到密度这些参数，都可以直接参与公式的计算，但是能够控制形体的主要就是长度和角度，其他数值是通过公式的计算来算出来的。

这里有几个比较特殊的类型。URL是指可以在这个参数下插入一个网页链接，这个网页链接是可以单击的。材质参数本身是可以给任何形体赋予材质的，这没有问题，一般是在选择物体之后直接在属性面板里找到材质，默认是"按类型"，打开材质浏览器添加材质，但是这种设置材质的方法，仅仅是设置了族当前的材质，当把族载入项目中后，想修改材质，会发现无法修改，必须重新进入族编辑器修改，说明材质参数并没有关联在族上，需要关联参数。在族编辑器属性面板中，材质这里默认是"按类型"，后面有三个小点，在这三个小点的右面还有一个按钮，单击它就会弹出一个"关联族参数"的对话框，这里是空的，可单击"新建"按钮，就会弹出一个新建族参数的对话框，选择参数类型、名称设置为"材质"，选择"类型"参数，单击"确定"按钮，材质参数就被关联到了族构件上，载入项目后就可在类型属性面板中修改了。

8.3 参数化族的创建流程

8.3.1 参数化的目的与规则

在Revit中所有图元基于族来创建，族是Revit建立信息模型的基础，族的参数化设计是项目信息与数据整合、传递、共享的关键。

设计族的参数可用来定义尺寸、表达信息、预定义行为、参与族计算（判断）、参与统计、参与项目计算（判断）。设计族的参数时必须遵循如下原则。

（1）可输入参数、需要变化的尺寸、项目需求的信息、标准规定的信息、经验判断。

(2) 根据需要变化的尺寸，赋予参数。

(3) Revit 对所有的专业提供了 LOD100 到 LOD500 包含的信息，LOD100 只需要长度、宽度和高度；LOD200 需要加入位置和颜色；LOD300 需要加入门窗大样图和详图；LOD400 需要加入供应商、产品合格证、生产厂家、生产日期和价格；LOD500 需要包含使用年限、保修年限、维保频率和维保单位。LOD400 与 LOD500 仅为文字信息，在建族时需根据信息表手动添加，其信息不可计算。

(4) 目前，在国内 Revit 一般执行地方标准，故工程项目将以项目所在地的标准为准。

(5) 以官方 Revit 的族为标准，其常规载入族的打开方式为 C 盘→ProgramData→Autodesk→RVT2019→Libraries→China。

基于以上原则创建参数化模型，实现工程项目 BIM 生命全周期管理，以及数据传递和共享。

8.3.2 创建参数化族的一般步骤

在第 3 章主要讲解了族编辑器的界面和基本操作，通过前面的学习会发现，利用"公制常规模型.rft"族样板创建的族构件（外建族）载入项目中，无法通过修改参数来改变族的尺寸、材质等信息，需要修改参数时，必须对族进行重新编辑，再载入项目中才能满足新的要求，很麻烦，这是因为没有对族进行参数化，没有将参数信息赋予到族构件上，这里以"公制常规模型.rft"族样板为例，来讲解参数化族的创建流程。

(1) 打开 Revit 软件，在主界面单击"族"—"新建"—"公制常规模型.rft"族样板，进入族编辑器。

(2) 单击"族类别和族参数"按钮，在弹出的对话框中选择一个族类别，这样就告诉了系统要创建的是什么族，这里选择默认"常规模型"族类别。

(3) 利用"参照平面"（RP）工具绘制需要的参照平面，用于定位族构件的尺寸和参数的添加，也可在建模过程中绘制参照平面。

(4) 确定创建族的方向和工作平面，可在平面视图也可在立面视图，还可重新定义工作平面，大多数的时候只需要在楼层平面和前后左右立面这几个面里进行建模操作。

(5) 利用拉伸、融合、旋转、放样、放样融合等命令创建实体族构件，例如拉伸一个圆柱，然后利用"对齐"（AL）命令或拖拽柄，将族对应的边界与开始绘制的参照平面对齐，对齐后旁边会出现一把小锁子，如图 8.22 所示，将其锁定。

(6) 建立参数，利用"注释"—"对齐"（DI）命令，对两个参照平面进行标注，这个标注它是可以被参数驱动的，选中这个尺寸标注，上下文选项卡标签尺寸标注中有一个"创建参数"按钮，单击后就会弹出定义参数的对话框，依次选择参数类型、设置名称、参数属性等，如图 8.23 所示。

(7) 建立好参数后，单击左上角"族类型"按钮，会看到已经创建好的族参数，可以修改数值，测试这个参数能否被驱动，如图 8.24 所示。

(8) 设置完所有族参数后,包括关联参数的设置,需要调试每一个参数是否都能被驱动,防止部分参数因创建顺序问题,无法被驱动。

(9) 测试完参数后,在"族类型"面板中新建族类型名称,如图8.25所示。

(10) 将族保存并载入项目文件中进行验证,测试其在项目中能否正常使用。

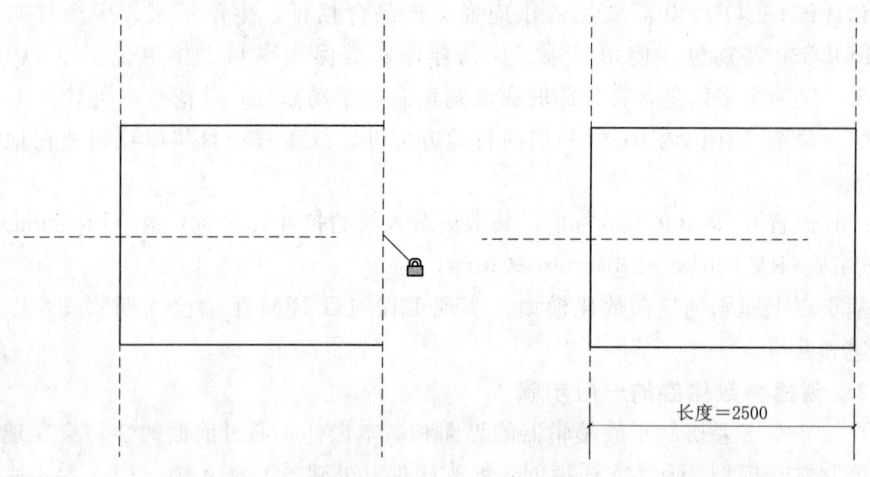

图8.22 形体与参照平面绑定锁　　　　图8.23 新建形体参数

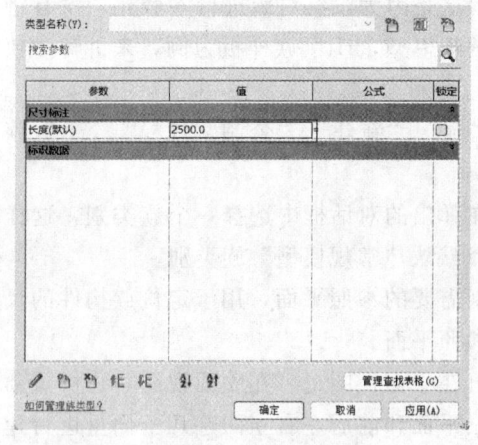 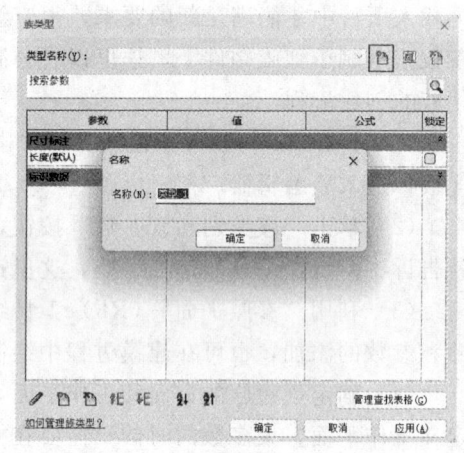

图8.24 测试参数　　　　　　　　　图8.25 设置族类型名称

8.3.3 参数化族的几点说明

在创建参数化族时,需要明确以下几个问题。

(1) 进入族编辑器后有两条默认的参照平面,在标注和驱动参数时,这两条参照平面始终是固定不动的。

(2) 两条参照平面的交点,默认是族载入项目中的基点,即光标所代表的点。

(3) 参数化过程中参数的创建和驱动顺序不是随意的,对于尺寸参数较多的模型,在添加参数时,会出现在添加最后一个参数或中间某个参数,驱动时系统会报错,无法驱动该参数,创建失败,这时需要重新调整所有参数添加和驱动的顺序,来解决这一问题。

（4）在创建参照平面、锁定参照平面与模型边界、添加参数等步骤时，有两种思路和方法。

方法一：先创建参照平面，再单击建模命令进入编辑模式绘制轮廓，将参照平面与轮廓边界进行锁定，完成编辑退出编辑模式后，对参照平面之间进行尺寸标注，创建和添加参数并进行驱动测试。

方法二：先单击建模命令进入编辑模式绘制轮廓，再利用参照平面工具在轮廓边界上绘制参照平面，并将参照平面与轮廓边界进行锁定，对参照平面之间进行尺寸标注，创建和添加参数并进行驱动测试，创建完所有参数后，完成编辑退出编辑模式。

两种思路和方法都是正确可行的，在创建某个参数化族构件时，可以选择其中一种方法，对于一些复杂的构件，在对其进行参数化时，甚至两种方法要同时使用。

（5）方法一创建和添加的特点：添加的参数，其模型边界上的参照平面、尺寸标注线、参数名称等，在族编辑器二维视图中是可见的，该方法适用于模型边界较为明确，需要定义参数的位置和数量已经明确，能够利用参照平面先勾画出模型大概轮廓的情况。

（6）方法二创建和添加的特点：添加的参数，其模型边界上的参照平面、尺寸标注线、参数名称等，在族编辑器二维视图中不可见，需要进入编辑模式才能看到，该方法适用于模型边界较为复杂，需要定义参数的位置、数量、添加顺序不太明确，且参数需要在编辑模式下才能添加和驱动的情况（例如半径参数）。

第 9 章

创建水闸参数化族库

本章仍采用第 7 章水闸案例来讲解水闸 BIM 参数化建模操作,这里参考水闸相关设计规范、水利行业大型设计院通用方法、水利行业 BIM 相关标准等进行参数化建模,在参数化过程中,综合尺寸、材质、构造、功能、作用等因素,主要对规则或较为规则的图形进行尺寸参数化,这样族的通用性较高,方便被其他项目调用,对于异形或复杂图形来说,本身的通用性就比较差,难以被其他项目调用,只适用于本项目,这种图形一般不做尺寸参数化处理或只添加关键参数。参数可在编辑模式下创建,也可在完成模型编辑后添加,视具体构件类型而定。

9.1 创建上游连接段参数化族

9.1.1 上游底板参数化族

这里把上游护底和铺盖,统称为上游底板族,这样创建一个底板族,方便各类型底板结构调用族。以上游铺盖结构为例,创建一个上游底板参数化族,分析上游铺盖形状为一个长方体,属于规则形体,参数化比较方便,创建步骤如下:

(1) 打开 Revit 软件,单击族面板中的"新建"—"公制常规模型.rft"族样板,选择默认族类别"常规模型",将视图切换到"参照标高",将视图比例修改为 1∶100,利用"参照平面"(RP)工具,在视图中的两条参照平面的右上方画两条参照平面,使其与开始的两条参照平面形成一个矩形,如图 9.1 所示。

(2) 单击"创建"—"拉伸"—"矩形"绘制方式,以参照平面的矩形轮廓绘制一个矩形。

(3) 确定参数包括底板长度(顺水流方向)、底板宽度(左右岸方向)、底板厚度、材质,利用"对齐"(AL)命令,先单击任意一个参照面,再单击该参照平面上对应的矩形轮廓线,这时会出现一个小锁,单击它,将参照平面与矩形轮廓线条绑定,采用同样的方法,将其余每条边都与参照平面锁定,单击"√"

图 9.1 创建参照平面

按钮完成轮廓绘制，如图9.2所示。

（4）对底板宽度参数化：利用"注释"—"对齐"（DI）工具，对矩形的每两条参照平面之间进行标注，选择矩形左右其中的一尺寸标准（比如左边），在上下文选项卡标签尺寸标注中单击"创建参数"按钮，在弹出的对话框中，依次选择"族参数"类型、设置参数名称"底板宽度"、选择"实例"参数，单击"确定"按钮完成创建参数，再单击选择矩形右边的尺寸标注，在属性面板的"标签"处选择"底板宽度"，为其赋予参数，如图9.3所示，在功能区中单击"族类型"，把底板宽度改为"6600"，单击"确定"按钮，进行驱动测试。

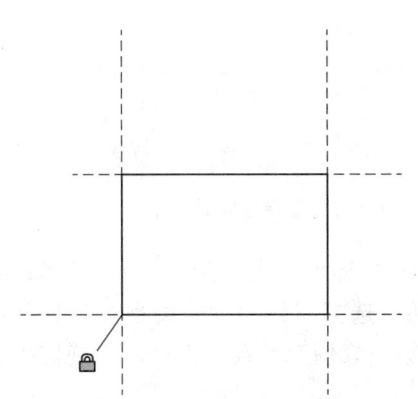

图9.2 与参照平面锁定后的轮廓

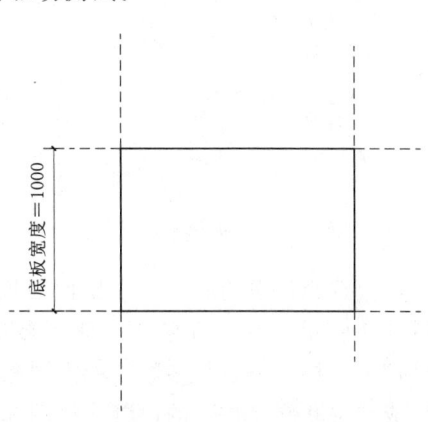

图9.3 底板宽度参数

注意：在进行尺寸标注时，一定标注的是两个参照平面之间的距离，拾取的是参照平面而不是参照平面上矩形的轮廓线。

（5）对底板长度参数化：输入快捷键"DI"，对底板长度进行标注，单击"创建参数"，选择"族参数"类型，命名为"底板长度"，选择"实例"属性，单击"确定"按钮，然后在功能区中单击"族类型"，把底板长度改为"3000"，单击"确定"按钮，进行驱动测试，测试没有问题，最终添加完上游底板轮廓参数如图9.4所示，单击"√"按钮完成拉伸。

（6）切换到三维视图，视觉样式调整为"着色模式"，选中创建的底板，在属性面板的拉伸终点处单击"关联族参数"按钮，如图9.5所示，在下方单击"新建参数"按钮，如图9.6所示，选择"族参数"类型，设置名称为"底板厚度"，选择"实例"，单击"确定"按钮完成创建参数，再单击"确定"按钮完成"关联族参数"的设置。

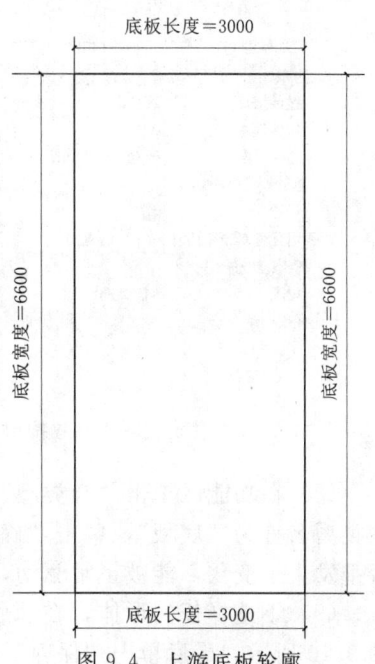

图9.4 上游底板轮廓参数添加完成

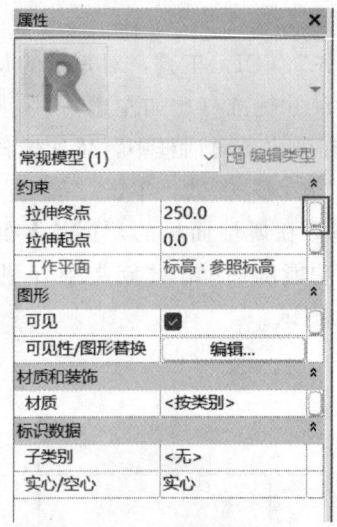
图 9.5 关联族参数按钮

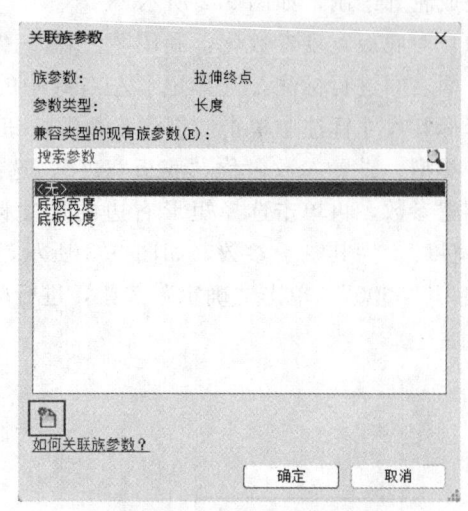
图 9.6 关联族参数对话框

（7）选择创建的底板，在属性面板的材质和装饰处单击"关联族参数"按钮，如图 9.7 所示。在下方单击"新建参数"按钮，选择"族参数"类型，设置名称"材质"，选择"类型"参数，单击"确定"按钮完成创建参数，再单击"确定"按钮完成"关联族参数"的设置，如图 9.8 所示。

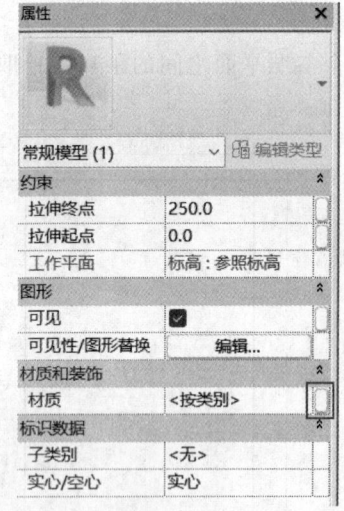
图 9.7 材质关联族参数按钮

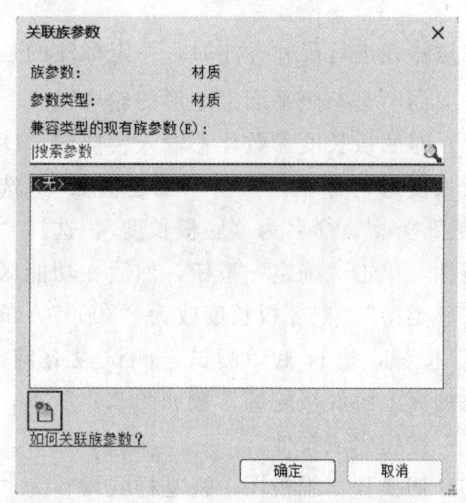
图 9.8 材质关联族参数对话框

（8）在功能区单击"族类型"修改"尺寸标注"，"底板厚度"改为"500"，设置类型名称为"底板"，单击"确定"按钮，在三维视图中观察刚才修改的参数是否都发生了变化，能被正常驱动，上游底板族类型面板参数设置如图 9.9 所示。

（9）不选择任何形体，在属性面板中勾选"可将钢筋附着到主体"选项，如图 9.10 所示，最后单击"保存"按钮，将其命名为"上游底板"，上游底板参数化族如图 9.11 所示。

9.1 创建上游连接段参数化族

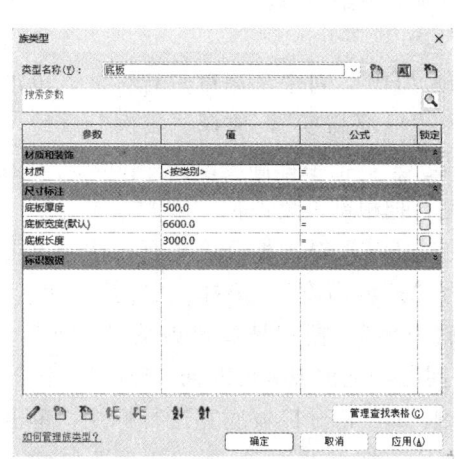
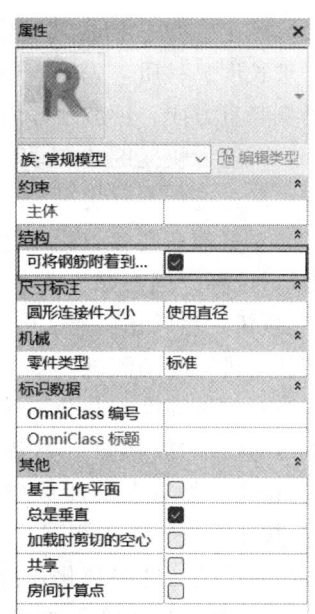

图 9.9　上游底板族类型面板参数设置　　图 9.10　可将钢筋附着到主体按钮

说明： 这里勾选"可将钢筋附着到主体"选项，有利于扩展族的应用场景，勾选了此选项才能在项目中进行配筋操作，可根据族应用的实际部位、功能、材质等因素来判断是否需要配筋。

9.1.2　上游护坡参数化族

上游护坡属于异形结构，控制尺寸变化的参数较多，同时还需要进行空心裁剪，这里做几个典型的参数来控制形体变化，参数化族创建步骤如下：

（1）打开 Revit 软件，单击族面板中的"新建"—"公制常规模型.rft"族样板，选择默认族类别"常规模型"，切换到"左立面"视图，把视图比例设置为 1∶100，单击"拉伸"—"直线"绘制方式，以标高与参照线的交点为起点，向下输入"500"，再往左输入"500"，再往上输入"500"，按两次 Esc 键退出，（以标高与参照线的交点为坐标原点 O）画一条〔（－3300，3300）（0，0）〕的斜线，单击选择斜线利用"复制"（CO）命令，向左移动光标输入"500"，将斜线向左复制 500，将两条斜线的末端连接，确保轮廓闭合不交叉，如图 9.12 所示。

9.3　上游护坡参数化族

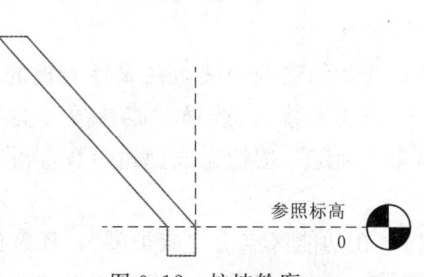

图 9.11　上游底板参数化族　　　　图 9.12　护坡轮廓

143

（2）确定参数包括根部高度、护坡高度、护坡底宽、护坡水平宽度、护坡顶宽、护坡长度、材质，先输入快捷键"RP"，分别沿着护坡底部、护坡顶部、护坡顶部外侧竖直方向、护坡顶部内侧竖直方向、护坡底部外侧竖直方向各创建一个参照平面，再输入快捷键"AL"，拾取参照线，再拾取参照线上的边，进行锁定，全部锁定之后再进行参数化。

（3）对根部高度参数化：输入快捷键"DI"，对根部高度进行标注，单击"创建参数"，选择"族参数"类型，命名为"根部高度"，选择"实例"属性，单击"确定"按钮，然后在功能区中单击"族类型"，把根部高度改为"600"，单击"确定"按钮，进行驱动测试，测试没有问题，把根部高度改回"500"。

（4）对护坡高度参数化：输入快捷键"DI"，对护坡高度进行标注，单击"创建参数"，选择"族参数"类型，命名为"护坡高度"，选择"实例"属性，单击"确定"按钮，然后在功能区中单击"族类型"，把护坡高度改为"5000"，单击"确定"按钮，进行驱动测试，测试没有问题，把护坡高度改回"3800"。

（5）对护坡底宽参数化：输入快捷键"DI"，对护坡底宽进行标注，单击"创建参数"，选择"族参数"类型，命名为"护坡底宽"，选择"实例"属性，单击"确定"按钮，然后在功能区中单击"族类型"，把护坡底宽改为"1000"，单击"确定"按钮，进行驱动测试，测试没有问题，把护坡底宽改回"500"。

（6）对护坡水平宽度参数化：输入快捷键"DI"，对护坡水平宽度进行标注，单击"创建参数"，选择"族参数"类型，命名为"护坡水平宽度"，选择"实例"属性，单击"确定"按钮，然后在功能区中单击"族类型"，把护坡水平宽度改为"4000"，单击"确定"按钮，进行驱动测试，测试没有问题，把护坡水平宽度改回"3000"。

（7）对护坡顶宽参数化：输入快捷键"DI"，对护坡顶宽进行标注，单击"创建参数"，选择"族参数"类型，命名为"护坡顶宽"，选择"实例"属性，单击"确定"按钮，然后在功能区中单击"族类型"，把护坡顶宽改为"1000"，单击"确定"按钮，进行驱动测试，测试没有问题，把护坡顶宽改回"500"，最终添加完护坡轮廓参数如图9.13所示。

（8）单击"√"按钮完成拉伸，切换到三维视图，视觉样式调整为"着色模式"，选中创建的护坡，在属性面板的拉伸终点处单击"关联族参数"按钮，在下方单击"新建参数"按钮，选择"族参数"类型，设置名称为"护坡长度"，选择"实例"，单击"确定"按钮完成创建参数，再单击"确定"按钮完成"关联族参数"的设置。

（9）选择创建的护坡，在属性面板的材质和装饰处单击"关联族参数"，在下方单击"新建参数"按钮，选择"族参数"类型，设置名称"材质"，选择"类型"参数，单击"确定"按钮完成创建参数，再单击"确定"按钮完成"关联族参数"的设置。

（10）在功能区点击"族类型"，任意修改"尺寸标注"中参数数值，测试参数能否被驱动，测试无误后，将数值修改为原来的值，将"护坡长度"修改为6000，并设置类型名称为"护坡",单击"确定"按钮,最终护坡族类型面板参数设置如图 9.14 所示。

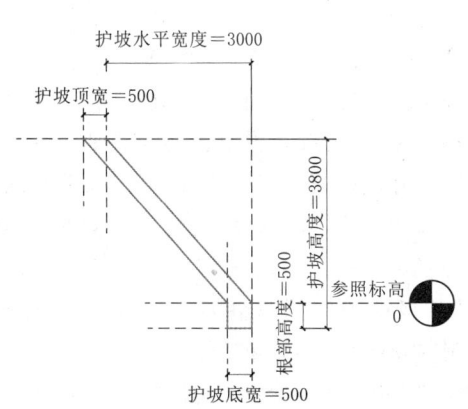
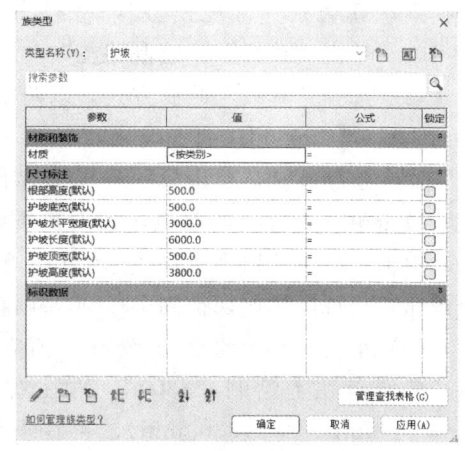

图 9.13　上游护坡轮廓参数添加完成　　　图 9.14　护坡族类型面板参数设置

(11) 不选择任何形体,在属性面板中勾选"可将钢筋附着到主体"选项,然后单击"保存"命名为"上游护坡",这时关闭 Revit 软件,将刚才保存的"上游护坡.rfa"族复制一份,重命名为"下游护坡",放在对应文件夹中,后面会用到。

(12) 再次双击打开"上游护坡.rfa"族文件,将视图切换到楼层平面的"参照标高",将视图比例改为1∶100,单击"空心形状"用直线命令,以图形的左下角为起点,向上输入"3000",再向左输入"3000"回车,向上输入"500",按两次 Esc 键退出,用"圆心-端点弧"命令绘制圆弧,单击第一条直线与第二条直线的交点,再单击第二条直线左端点,再单击第一条直线的起点,按两次 Esc 键退出,删除第二条直线,在画的第三条直线的上端向左画一条直线,按两次 Esc 键退出,输入 TR 回车,先单击第一条直线,再单击画的第四条直线,单击"√"按钮完成轮廓绘制,切换到三维视图,单击选择绘制的空心,快速双击"右立面"视图,将空心的上下端拉到超过所画的护坡。

(13) 切换到三维视图,观察模型,确认无误后单击"保存"按钮,上游护坡参数化族如图 9.15 所示。

注意:当设置的控制尺寸变化的参数数量较多时,添加参数的顺序特别重要,当添加到最后几个参数时,发现无法被驱动,或驱动后报错,那多数原因是参数添加顺序有误,参数之间的驱动逻辑关系发生错误,需要重新分析和调整参数添加顺序。

图 9.15　上游护坡参数化族

9.4　上游翼墙参数化族

9.1.3　上游翼墙参数化族

上游翼墙断面轮廓较为规整,参数化较为方便,但其断面放样路径比较复杂不适合添加参数,这里主要对翼墙轮廓添加参数,参数化族创建步骤如下。

(1) 打开 Revit 软件,单击族面板中的"新建"—"公制常规模型.rft"族样板,选择默认族类别"常规模型",将视图切换到"参照标高",把视图比例设置为1∶100,单击"放样"—"绘制路径"。

(2) 选择"直线"绘制方式,以两条参照线的交点为起点,向上输入"3000",再向左输入"3000",向上输入"500",按两次 Esc 键结束命令,用"圆心-端点弧"命令绘制圆弧,单击第一条直线与第二条直线的交点,再单击第二条直线左端点,单击第一条直线的起点,按两次 Esc 键退出,将第一条直线跟第二条直线删除,单击"√"按钮完成路径的绘制,单击"编辑轮廓",选择"前立面",单击确定按钮,将视图比例切换到1∶100,用直线绘制。

(3) 单击"编辑轮廓",选择"前立面",将视图比例调整为1∶100,从放样路径参照点往上绘制"3300",再往右绘制"500",再往右下方绘制一条斜线($x=1400mm$,$y=3300mm$),再往下绘制"500",再往左绘制"1900",再将"3300"的竖直线下端点拖拽到该点,使得图形闭合不交叉。

(4) 确定参数包括最大底宽、底部宽度、顶部宽度、根部高度、翼墙高度、材质,先输入快捷键"RP",分别沿着翼墙底部、翼墙顶部、翼墙顶部外侧竖直方向、翼墙根部外侧竖直方向各创建一个参照平面,再输入快捷键"AL",拾取参照线,再拾取参照线上的边,进行锁定,全部锁定之后进行参数化。

(5) 对最大底宽参数化:输入快捷键"DI",对翼墙轮廓最左侧竖向参照线和系统给定的竖向参照线进行标注,单击"创建参数",选择"族参数"类型,命名为"最大底宽",选择"实例"属性,单击"确定"按钮,该参数不用驱动,相当于一个限制条件,如图 9.16 所示。

(6) 对底部宽度参数化:输入快捷键"DI",对翼墙底宽进行标注,单击"创建参数",选择"族参数"类型,命名为"底部宽度",选择"实例"属性,单击"确定"按

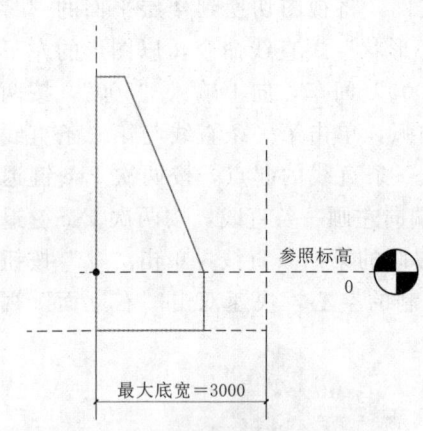

图 9.16 添加最大底宽参数

钮,然后在功能区中单击"族类型",把底部宽度改为"2500",单击"确定"按钮,进行驱动测试,测试没有问题,把底部宽度改回"1900"。

(7) 对顶部宽度参数化:输入快捷键"DI",对翼墙顶宽进行标注,单击"创建参数",选择"族参数"类型,命名为"顶部宽度",选择"实例"属性,单击"确定"按钮,然后在功能区中单击"族类型",把顶部宽度改为"1000",单击"确定"按钮,进行驱动测试,测试没有问题,把顶部宽度改回"500"。

(8) 对根部高度参数化:输入快捷键"DI",对翼墙根部进行标注,单击"创建参数",选择"族参数"类型,命名为"根部高度",选择"实例"属性,单击

"确定"按钮,然后在功能区中单击"族类型",把根部高度改为"1500",单击"确定"按钮,进行驱动测试,测试没有问题,把根部高度改回"1000"。

(9)对翼墙高度参数化:输入快捷键"DI",对翼墙高度进行标注,单击"创建参数",选择"族参数"类型,命名为"翼墙高度",选择"实例"属性,单击"确定"按钮,然后在功能区中单击"族类型",把翼墙高度改为"5000",单击"确定"按钮,进行驱动测试,测试没有问题,把翼墙高度改回"4300",最终添加完翼墙轮廓参数如图9.17所示,单击两次"√"按钮完成放样。

(10)切换至三维视图,视觉样式调整为"着色模式",选择创建的翼墙,在属性面板的材质和装饰处单击"关联族参数",

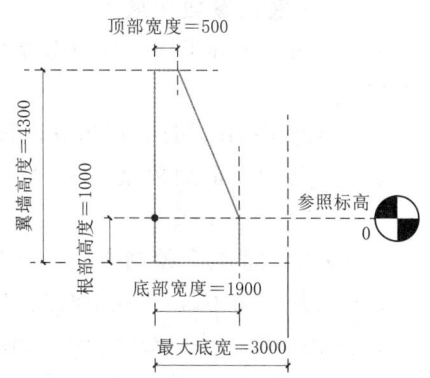

图 9.17 上游翼墙轮廓参数添加完成

在下方单击"新建参数",选择"族参数"类型,设置名称"材质",选择"类型"参数,单击"确定"按钮完成创建参数,再单击"确定"按钮完成"关联族参数"的设置。

(11)在功能区单击"族类型",除了"最大底宽"任意修改"尺寸标注"中参数数值,测试参数能否被驱动,测试无误后,将数值修改为原来的值,并设置类型名称为"翼墙",单击"确定"按钮,最终翼墙族类型面板参数设置如图9.18所示。

(12)不选择任何形体,在属性面板中勾选"可将钢筋附着到主体"选项,然后单击"保存"命名为"上游翼墙",上游翼墙参数化族如图9.19所示。

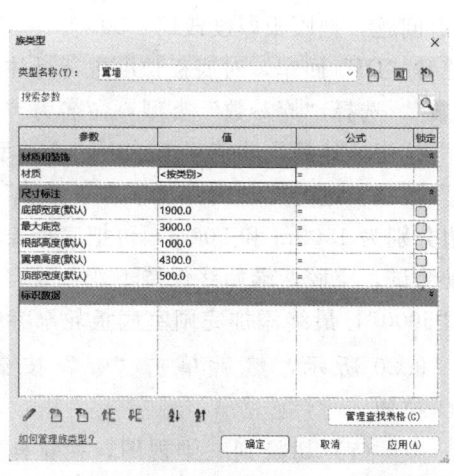

图 9.18 翼墙族类型面板参数设置

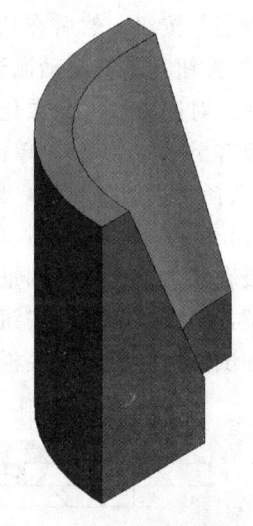

图 9.19 上游翼墙参数化族

147

9.2 创建闸室段参数化族

9.2.1 闸室底板参数化族

9.5 闸室段族库

9.6 闸室底板参数化族

闸室底板属于异形体,这里选择几个有代表性的参数进行添加,参数化族创建步骤如下。

(1) 打开 Revit 软件,单击族面板中的"新建"—"公制常规模型.rft"族样板,选择默认族类别"常规模型",将视图切换到"前立面",把视图比例设置为 1:100,单击"拉伸"命令。

(2) 采用"直线"绘制方式,以参照平面的交点作为闸室底板前端的一个角点,往右绘制"5000",再往下绘制"1000",再往左绘制"500",往左上角绘制坡度为 1:1 的一段 45°线($x=-500mm$,$y=500mm$),再往左绘制"2000",往左下角绘制坡度为 1:1 的一段 45°线($x=y=-500mm$),往左绘制"1500",往上绘制"1000",使得轮廓闭合不交叉。

(3) 确定底板参数包括底板厚度、腹板厚度、底板长度(顺水流方向)、底板宽度(左右岸方向)、材质,先输入快捷键"RP"回车,分别沿着底板底部、底板后端、腹板底部各创建一个参照平面,再输入快捷键"AL",拾取参照线,再拾取参照线上的边,进行锁定,全部锁定之后进行参数化。

(4) 对底板厚度参数化:输入快捷键"DI",对底板厚度进行标注,单击"创建参数",选择"族参数"类型,命名为"底板厚度",选择"实例"属性,单击"确定"按钮,然后在功能区中单击"族类型",把底板厚度改为"1500",单击"确定"按钮,进行驱动测试,测试没有问题,把底板厚度改回"1000"。

(5) 对腹板厚度参数化:输入快捷键"DI"回车,对腹板厚度进行标注,单击"创建参数",选择"族参数"类型,命名为"腹板厚度",选择"实例"属性,单击"确定"按钮,然后在功能区中单击"族类型",把腹板厚度改为"800",单击"确定"按钮,进行驱动测试,测试没有问题,把腹板厚度改回"500"。

(6) 对底板长度参数化:输入快捷键"DI"回车,对底板长度进行标注(从闸室底板首至末的距离),单击"创建参数",选择"族参数"类型,命名为"底板长度",选择"实例"属性,单击"确定"按钮,然后在功能区中单击"族类型",先把底板长度改为"6000",单击"确定"按钮,进行驱动测试,单击"测量"工具,对底板底部两条边进行测量,测得两边分别为 1500m 和 500m,再把底板长度改为"7000",单击"确定"按钮,进行驱动测试,空腔两端始终保持不变,只有长度改变,测试没有问题,把底板长度改回"5000",最终添加完闸室底板轮廓参数如图 9.20 所示,然后单击"√"按钮完成拉伸。

(7) 切换到三维视图,视觉样式调整为"着色模式",选中创建的闸室底板,在属性面板的拉伸终点处单击"关联族参

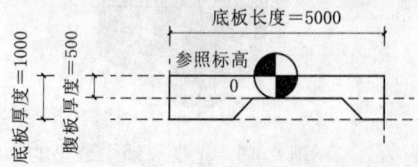

图 9.20 闸室底板轮廓参数添加完成

数",在下方单击"新建参数",选择"族参数"类型,设置名称为"底板厚度",选择"实例",单击"确定"按钮完成创建参数,再单击"确定"按钮完成"关联族参数"的设置。

(8)选择创建的闸室底板,在属性面板的材质和装饰处单击"关联族参数",在下方单击"新建参数",选择"族参数"类型,设置名称"材质",选择"类型"参数,单击"确定"按钮完成创建参数,再单击"确定"按钮完成"关联族参数"的设置。

(9)在功能区单击"族类型"修改"尺寸标注","底板厚度"改为"1000",设置类型名称为"底板",单击"确定"按钮,在三维视图中观察刚才修改的参数是否都发生了变化,能被正常驱动,闸室底板族类型面板参数设置如图9.21所示。

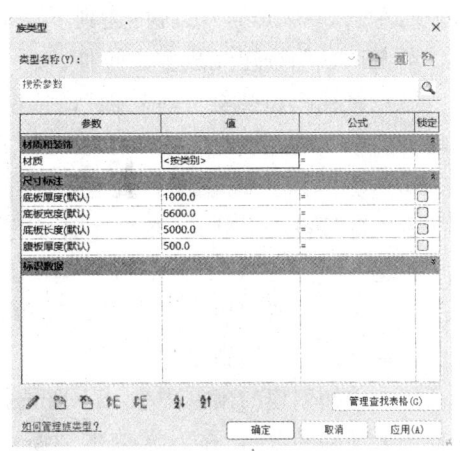

图9.21 闸室底板族类型面板参数设置

(10)不选择任何形体,在属性面板中勾选"可将钢筋附着到主体"选项,最后单击"保存"按钮,将其命名为"闸室底板",闸室底板参数化族如图9.22所示。

9.2.2 闸室中墩参数化族

闸室中墩属于异形体,既有半圆形闸墩头和尾,又包括门槽和尾部异形结构,重复利用率不高,基本就是本项目使用,这里主要添加材质参数,参数化族创建步骤如下。

9.7 闸室中墩参数化族

(1)打开Revit软件,单击族面板中的"新建"—"公制常规模型.rft"族样板,选择默认族类别"常规模型",将视图切换到"参照标高",把视图比例设置为1:100,单击"拉伸"命令。

(2)采用"直线"绘制方式,参照7.2.2小节中墩轮廓绘制方法创建轮廓(方法不唯一),中墩轮廓如图9.23所示,绘制完轮廓后,在左边的属性面板修改约束,将拉伸起点设置为0,拉伸终点设置为3300,单击"√"按钮完成拉伸。

图9.22 闸室底板参数化族

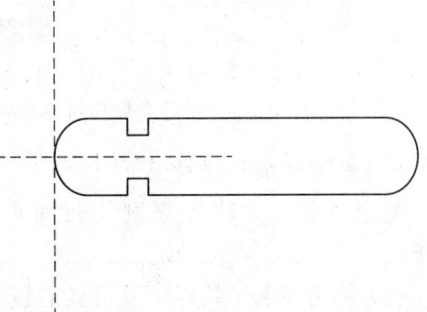

图9.23 中墩轮廓

(3) 将视图切换至"前立面",视图比例调整为 1∶100,单击"空心拉伸",找到中墩右上角顶点,向下画 1100mm,再向左画 500mm,然后再从右上角顶点水平向左画 2000mm,然后再连到下面 500mm 水平线的端点,使得轮廓闭合不交叉,单击"√"按钮完成空心拉伸。

(4) 将视图切换至"右立面",选中空心拉伸形体,将其向左、右拖拽拉伸完全裁剪到中墩的厚度,完成对中墩的裁剪。

(5) 切换到三维视图,视觉样式调整为"着色模式",选中创建的闸室中墩(不要选择空心形状),在属性面板的拉伸终点处单击"关联族参数",在下方单击"新建参数",选择"族参数"类型,设置名称为"闸墩高度",选择"实例",单击"确定"按钮完成创建参数,再单击"确定"按钮完成"关联族参数"的设置(可省略这里的参数添加)。

(6) 选择创建的闸室中墩(不要选择空心形状),在属性面板的材质和装饰处单击"关联族参数",在下方单击"新建参数",选择"族参数"类型,设置名称"材质",选择"类型"参数,单击"确定"按钮完成创建参数,再单击"确定"按钮完成"关联族参数"的设置。

(7) 在功能区单击"族类型",设置类型名称为"闸墩",单击"确定"按钮,闸室中墩族类型面板参数设置如图 9.24 所示。

(8) 不选择任何形体,在属性面板中勾选"可将钢筋附着到主体"选项,最后单击"保存"按钮,将其命名为"中墩",中墩参数化族如图 9.25 所示。

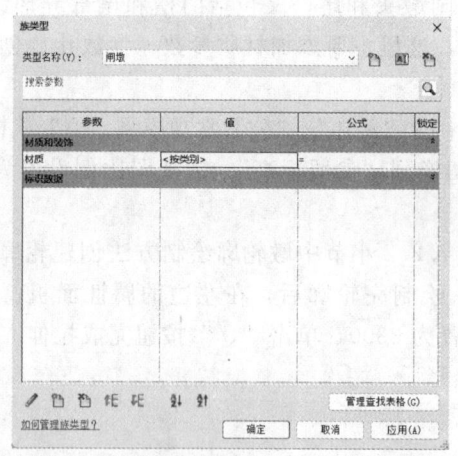

图 9.24　闸室中墩族类型面板参数设置　　图 9.25　中墩参数化族

9.8 闸室边墩参数化族

9.2.3　闸室边墩参数化族

闸室边墩形体较为规则,断面形状与上游翼墙类似,参数化族创建步骤如下。

(1) 打开 Revit 软件,单击族面板中的"新建"—"公制常规模型.rft"族样板,选择默认族类别"常规模型",将视图切换到"左立面",把视图比例设置为 1∶100,单击"拉伸"命令。

(2) 采用"直线"命令,从参照平面的交点开始,往上绘制"3300",再往左绘制"500",再往左下方绘制一条斜线($x=1400$mm,$y=3300$mm),再往下绘制"1000",再往右绘制"1900",再将"3300"的竖直线下端点拖拽到该点,使得图形闭合不交叉。

(3) 确定参数包括顶部宽度、底部宽度、根部高度、闸墩高度、闸墩长度、材质。先输入快捷键"RP",分别沿着闸墩底部、闸墩顶部、闸墩顶部外侧竖直方向、闸墩底部外侧竖直方向各创建一个参照平面,再输入快捷键"AL",拾取参照线,再拾取参照线上的边,进行锁定,全部锁定之后进行参数化。

(4) 对顶部宽度参数化。输入快捷键"DI",对顶部宽度进行标注,单击"创建参数",选择"族参数"类型,命名为"顶部宽度",选择"实例"属性,单击"确定"按钮,然后在功能区中单击"族类型",把顶部宽度改为"1000",单击"确定"按钮,进行驱动测试,测试没有问题,把顶部宽度改回"500"。

(5) 对底部宽度参数化:输入快捷键"DI",对底部宽度进行标注,单击"创建参数",选择"族参数"类型,命名为"底部宽度",选择"实例"属性,单击"确定"按钮,然后在功能区中单击"族类型",把底部宽度改为"2500",单击"确定"按钮,进行驱动测试,测试没有问题,把底部宽度改回"1900"。

(6) 对根部高度参数化:输入快捷键"DI",对根部高度进行标注,单击"创建参数",选择"族参数"类型,命名为"根部高度",选择"实例"属性,单击"确定"按钮,然后在功能区中单击"族类型",把根部高度改为"2000",单击"确定"按钮,进行驱动测试,测试没有问题,把根部高度改回"1000"。

(7) 对闸墩高度参数化:输入快捷键"DI",对闸墩高度进行标注,单击"创建参数",选择"族参数"类型,命名为"闸墩高度",选择"实例"属性,单击"确定"按钮。在功能区中单击"族类型",把闸墩高度改为"6000",单击"确定"按钮,进行驱动测试,测试没有问题,把闸墩高度改回"4300",最终添加完闸室边墩轮廓参数如图9.26所示,单击两次"√"按钮完成拉伸。

(8) 切换到三维视图,视觉样式调整为"着色模式",选中创建的闸室边墩,在属性面板的拉伸终点处单击"关联族参数",在下方单击"新建参数",选择"族参数"类型,设置名称为"闸墩长度",选择"实例",单击"确定"按钮完成创建参数,再单击"确定"按钮完成"关联族参数"的设置。

(9) 选择创建的闸室边墩,在属性面板的材质和装饰处单击"关联族参数",在下方单击"新建参数",选择"族参数"类型,设置名称为"材质",选择"类型"参数,单击"确定"按钮完成创建参数,再单击"确定"按钮完成"关联族参数"的设置。

(10) 在功能区单击"族类型",任意修改"尺寸标注"中参数数值,测试参数能否被驱动,测试无误后,将数值修改为原来的值,将"闸墩长度"修改为"5000",并设置类型名称为"闸墩",单击"确定"按钮,最终闸室边墩族类型面板参数设置如图9.27所示。

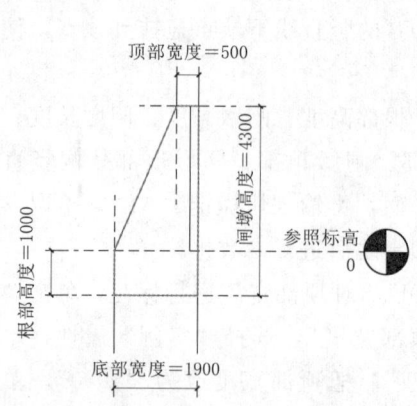

图 9.26 闸室边墩轮廓参数添加完成

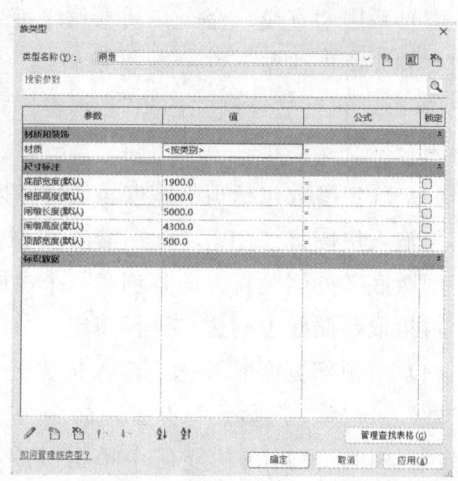

图 9.27 闸室边墩族类型面板参数设置

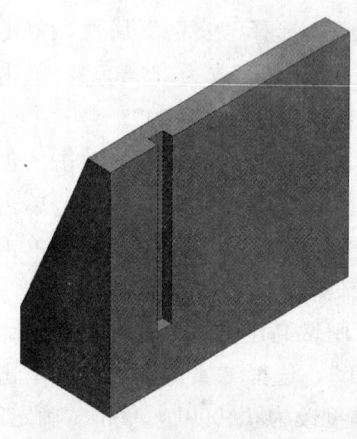

图 9.28 闸室边墩参数化族

(11) 将视图切换至"参照标高",视图比例调整为 1 : 100,单击"空心拉伸",找到左边墩左下角顶点,向右画"1000",再向上画"200",再向右画"300",再向下画"200",再向左画"300",删除多余线条,使得轮廓闭合不交叉,单击"√"按钮完成空心拉伸。

(12) 将视图切换至"左立面",选中空心拉伸形体,拖拽空心拉伸形体至图纸的位置,重点是空心拉伸形体下端与闸室底板顶面齐平,完成边墩门槽的开设。

(13) 切换至三维视图,不选择任何形体,在属性面板中勾选"可将钢筋附着到主体"选项,然后单击"保存"按钮命名为"闸室边墩",闸室边墩参数化族如图 9.28 所示。

9.3 创建下游连接段参数化族

9.9 下游连接段族库

9.3.1 消力池底板和边墩参数化族

1. 消力池底板参数化族

9.10 消力池底板和边墩参数化族

消力池底板属于不规则形体,这里添加几个关键参数,参数化族创建步骤如下。

(1) 打开 Revit 软件,单击族面板中的"新建"—"公制常规模型 .rft"族样板,选择默认族类别"常规模型",将视图切换到"前立面",把视图比例设置为 1 : 100,单击"拉伸"命令。

(2) 采用"直线"命令,从参照平面的交点开始作为消力池底板前端的一个角点，往下绘制"1000"，再往右绘制"5000"，再往上绘制"1000"，再往左绘制"500"，再往下绘制"500"，再往左绘制"3500"，往左上角绘制坡度为1∶2的一段斜线（$x=-1000mm$，$y=500mm$），使得轮廓闭合不交叉。

（3）确定消力池底板参数包括底板厚度、腹板厚度、底板长度（顺水流方向）、底板宽度（左右岸方向）、材质。先输入快捷键"RP"回车，分别沿着底板底部、底板后端、腹板底部各创建一个参照平面，再输入快捷键"AL"回车，拾取参照线，再拾取参照线上的边，进行锁定，全部锁定之后进行参数化。

（4）对底板厚度参数化：输入快捷键"DI"回车，对底板厚度进行标注，单击"创建参数"，选择"族参数"类型，命名为"底板厚度"，选择"实例"属性，单击"确定"按钮，然后在功能区中单击"族类型"，把底板厚度改为"2000"，单击"确定"按钮，进行驱动测试，测试没有问题，把底板厚度改回"1000"。

（5）对腹板厚度参数化：输入快捷键"DI"回车，对腹板厚度进行标注，单击"创建参数"，选择"族参数"类型，命名为"腹板厚度"，选择"实例"属性，单击"确定"按钮，然后在功能区中单击"族类型"，把腹板厚度改为"800"，单击"确定"按钮，进行驱动测试，测试没有问题，把腹板厚度改回"500"。

（6）对底板长度参数化：输入快捷键"DI"回车，对底板长度进行标注，单击"创建参数"，选择"族参数"类型，命名为"底板长度"，选择"实例"属性，单击"确定"按钮，然后在功能区中点击"族类型"，把底板长度改为"7000"，单击"确定"按钮，进行驱动测试，空腔两端始终保持不变，只有长度改变，测试没有问题，把底板长度改回"5000"，最终添加完消力池底板轮廓参数如图9.29所示，单击"√"按钮完成拉伸。

（7）切换到三维视图，视觉样式调整为"着色模式"，选中创建的消力池底板，在属性面板的拉伸终点处单击"关联族参数"，在下方单击"新建参数"，选择"族参数"类型，设置名称为"底板宽度"，选择"实例"，单击"确定"按钮完成创建参数，再单击"确定"按钮完成"关联族参数"的设置。

（8）选择创建的消力池底板，在属性面板的材质和装饰处单击"关联族参数"，在下方单击"新建参数"，选择"族参数"类型，设置名称"材质"，选择"类型"参数，单击"确定"按钮完成创建参数，再单击"确定"按钮完成"关联族参数"的设置。

（9）在功能区单击"族类型"，任意修改"尺寸标注"中参数数值，测试参数能否被驱动，测试无误后，将数值修改为原来的值，将"底板宽度"修改为"6600"，并设置类型名称为"底板"，单击"确定"按钮，最终消力池底板族类型面板参数设置如图9.30所示。

（10）不选择任何形体，在属性面板中勾选"可将钢筋附着到主体"选项，然后单击"保存"按钮命名为"消力池底板"，消力池底板参数化族如图9.31所示。

2. 消力池边墩参数化族

分析图纸消力池边墩和闸室边墩断面形状、材质等基本一样，但是图纸中闸室边墩和消力池有分缝，因此不能直接修改闸室边墩"闸墩长度"参数，这样无法模拟分缝。这里将"闸室边墩"族复制一份，打开后将空心拉伸的门槽删除，然后单击"保存"按钮命名为"消力池边墩"即可，如图9.32所示。

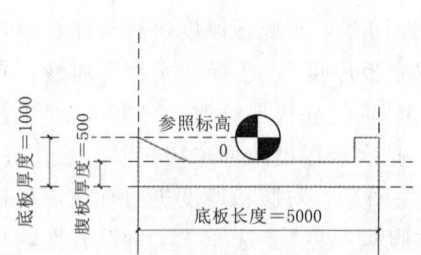

图 9.29 消力池底板轮廓参数添加完成

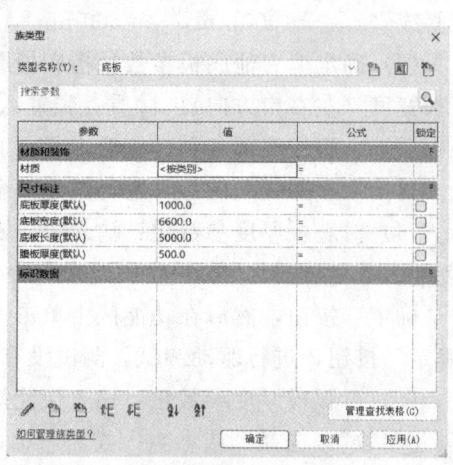

图 9.30 消力池底板族类型面板参数设置

图 9.31 消力池底板参数化族

图 9.32 消力池边墩参数化族

9.11 扭面参数化族

9.3.2 扭面参数化族

扭面属于不规则形体，这里添加几个关键参数，参数化族创建步骤如下。

（1）打开 Revit 软件，单击族面板中的"新建"—"公制常规模型.rft"族样板，选择默认族类别"常规模型"，将视图切换到"参照标高"，把视图比例设置为1∶100，单击"放样融合"命令。

（2）单击"绘制路径"，从参照平面的交点开始，向右画长度5000mm水平直线，对扭面长度进行参数化：先输入快捷键"RP"回车，沿着路径第二个端点竖直方向创建参照平面，再输入快捷键"AL"，拾取参照线，再拾取水平线，然后锁定，再输入快捷键"DI"，对扭面长度进行标注，单击"创建参数"，选择"族类型"参数，命名为"扭面长度"，选择"实例"属性，单击"确定"按钮，然后在功能区中单击"族类型",把扭面长度改为"4000",单击"确定"按钮,进行驱动测试,测试没有问题,把扭面长度改回"5000",单击"√"按钮完成路径绘制。

(3) 单击"编辑轮廓 1",选择"左立面",从放样路径参照点向上绘制"3300",再往左绘制"500",再往左下方绘制一条斜线($x=-1400$mm,$y=-300$mm),再往下绘制"500",再从路径参照点向下画"500",再水平连到另一端点,使得整个轮廓闭合不交叉。

(4) 确定参数包括挡墙顶宽、挡墙底宽、墙根厚度、挡墙高度。先输入快捷键"RP"回车,分别沿着挡墙底部、挡墙顶部、挡墙顶部外侧竖直方向、挡墙底部外侧竖直方向各创建一个参照平面,再输入快捷键"AL"回车,拾取参照线,再拾取参照线上的边,进行锁定,全部锁定之后进行参数化。

(5) 对挡墙顶宽参数化:输入快捷键"DI",对挡墙顶宽进行标注,单击"创建参数",选择"族参数"类型,命名为"挡墙顶宽",选择"实例"属性,单击"确定"按钮,然后在功能区中单击"族类型",把挡墙顶宽改为"1000",单击"确定"按钮,进行驱动测试,测试没有问题,把挡墙顶宽改回"500"。

(6) 对挡墙底宽参数化:输入快捷键"DI",对挡墙底宽进行标注,单击"创建参数",选择"族参数"类型,命名为"挡墙底宽",选择"实例"属性,单击"确定"按钮,然后在功能区中单击"族类型",把挡墙底宽改为"2500",单击"确定"按钮,进行驱动测试,测试没有问题,把挡墙底宽改回"1900"。

(7) 对墙根厚度参数化:输入快捷键"DI",对墙根厚度进行标注,单击"创建参数",选择"族参数"类型,命名为"墙根厚度",选择"实例"属性,单击"确定"按钮,然后在功能区中单击"族类型",把墙根厚度改为"1000",单击"确定"按钮,进行驱动测试,测试没有问题,把墙根厚度改回"500"。

(8) 对挡墙高度参数化:输入快捷键"DI",对挡墙高度进行标注,单击"创建参数",选择"族参数"类型,命名为"挡墙高度",选择"实例"属性,单击"确定"按钮,然后在功能区中单击"族类型",把挡墙高度改为"5000",单击"确定"按钮,进行驱动测试,测试没有问题,把挡墙高度改回"3800",最终添加完扭面轮廓 1 参数如图 9.33 所示,单击"√"按钮完成轮廓 1 的编辑。

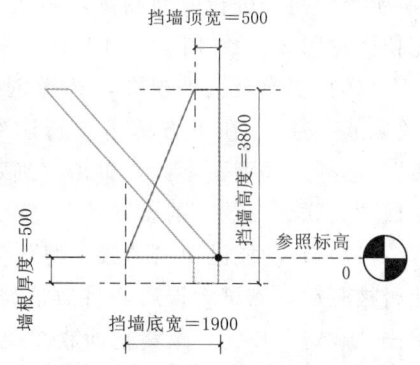

图 9.33 扭面轮廓 1 参数添加完成

(9) 单击"编辑轮廓 2",从放样路径参照点向下绘制"500",再往左绘制"500",再往上绘制"500",再往左上方绘制一条斜线($x=-3000$mm,$y=3300$mm),再往右绘制"500",将刚绘制的斜线以上端点为基点复制一份到"500"水平线的另一端点,使得整个轮廓闭合不交叉。

(10) 确定参数护坡厚度、护坡高度、护坡底宽、护坡水平宽度、护坡顶宽。先输入快捷键"RP"回车,分别沿着护坡底部、护坡顶部、护坡顶部外侧竖直方向、护坡顶部内侧竖直方向、护坡底部外侧竖直方向各创建一个参照平面，再输入快捷键"AL"回车，拾取参照线，再拾取参照线上的边，进行锁定，全部锁定之后进行参数化。

（11）对护坡厚度参数化：输入快捷键"DI"，对护坡厚度进行标注，单击"创建参数"，选择"族参数"类型，命名为"护坡厚度"，选择"实例"属性，单击"确定"按钮，然后在功能区中单击"族类型"，把护坡厚度改为"600"，单击"确定"按钮，进行驱动测试，测试没有问题，把护坡厚度改回"500"。

（12）对护坡高度参数化：输入快捷键"DI"，对护坡高度进行标注，单击"创建参数"，选择"族参数"类型，命名为"护坡高度"，选择"实例"属性，单击"确定"按钮，然后在功能区中单击"族类型"，把护坡高度改为"5000"，单击"确定"按钮，进行驱动测试，测试没有问题，把护坡高度改回"3800"。

（13）对护坡底宽参数化：输入快捷键"DI"，对护坡底宽进行标注，单击"创建参数"，选择"族参数"类型，命名为"护坡底宽"，选择"实例"属性，单击"确定"按钮，然后在功能区中单击"族类型"，把护坡底宽改为"1000"，单击"确定"按钮，进行驱动测试，测试没有问题，把护坡底宽改回"500"。

（14）对护坡水平宽度参数化：输入快捷键"DI"，对护坡水平宽度进行标注，单击"创建参数"，选择"族参数"类型，命名为"护坡水平宽度"，选择"实例"属性，单击"确定"按钮，然后在功能区中单击"族类型"，把护坡水平宽度改为"4000"，单击"确定"按钮，进行驱动测试，测试没有问题，把护坡水平宽度改回"3000"。

（15）对护坡顶宽参数化：输入快捷键"DI"，对护坡顶宽进行标注，单击"创建参数"，选择"族参数"类型，命名为"护坡顶宽"，选择"实例"属性，单击"确定"按钮，然后在功能区中单击"族类型"，把护坡顶宽改为"1000"，单击"确定"按钮，进行驱动测试，测试没有问题，把护坡顶宽改回"500"，最终添加完扭面轮廓2参数如图9.34所示，单击两次"√"按钮完成扭面的创建。

（16）切换至三维视图，选择创建的扭面，在属性面板的材质和装饰处单击"关联族参数"，在下方单击"新建参数"，选择"族参数"类型，设置名称"材质"，选择"类型"参数，单击"确定"按钮完成创建参数，再单击"确定"按钮完成"关联族参数"的设置。

（17）在功能区单击"族类型"，任意修改"尺寸标注"中参数数值，测试参数能否被驱动，测试无误后，将数值修改为原来的值，并设置类型名称为"护坡"，单击"确定"按钮，最终扭面族类型面板参数设置如图9.35所示。

（18）不选择任何形体，在属性面板中勾选"可将钢筋附着到主体"选项，然后单击"保存"按钮命名为"扭面"，扭面参数化族如图9.36所示。

9.12 下游护坡参数化族

9.3.3 下游护坡及其他结构参数化族

1. 下游护坡参数化族

在创建上游护坡参数化族的时候，已经将其复制了一份，并命名为"下游护坡"族文件，这里可以直接打开"下游护坡.rfa"文件，单击功能区"族类型"按钮，将"护坡长度"修改为"3000"，单击"确定"按钮，保存即可，因为上、下游护坡材质、断面形状等基本一致，这也体现出了参数化建族的优势，只需要调整参数，即可生成对应的模型，如图9.37所示。

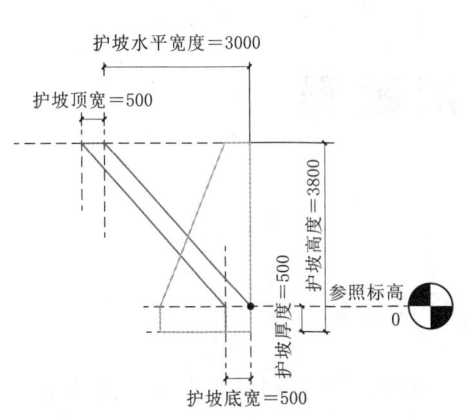

图9.34 扭面轮廓2参数添加完成

图9.35 扭面族类型面板参数设置

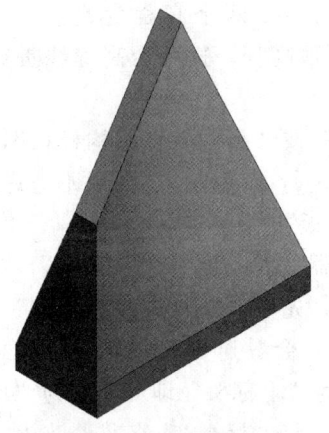

图9.36 扭面参数化族

图9.37 下游护坡参数化族

2. 下游其他结构参数化族

分析图纸下游扭面段和引渠段还包括了海漫和护底，均为长方体形状，尺寸与上游铺盖略有不同，这里可以暂不复制创建，后面在项目中装配模型时，可将前面创建好的"上游底板"族载入项目，然后再复制，修改参数快速生成对应位置的底板族。

第 10 章

在项目中装配模型

10.1 创建定位线

在建筑工程制图中定位线叫标高和轴网,但在水利工程制图中并没有这两个概念,这里为了方便在项目中装配模型,提前自定义一些高程和平面的定位线。

10.1.1 创建高程定位线

分析水闸纵剖视图,确定 10.0m 和 13.3m 两个高程为高程方向定位线,10.0m 表示闸室底板顶高程,13.3m 表示闸顶高程,这两个高程线贯穿了上游连接段、闸室段和下游连接段。

(1) 打开 Revit 软件,单击"结构样板"或"新建"—"结构样板",进入项目文件,这里选择"结构样板"方便水闸结构进行配筋操作,如果不考虑配筋操作,也可选择"建筑样板",还可以选择"构造样板"。

(2) 进入结构样板后,单击"项目浏览器"—"立面"—"南立面",会看到两条默认标高±0.00(标高 1)和 3.00(标高 2),先将±0.00 修改为"10",再将 3.00 修改为"13.3",双击鼠标中键回到视图中心,会看到"±10.00"的字样,选中这条标高线,在属性面板下拉菜单中将其修改为"上标头"即可调整为"10.00"。

(3) 将"标高 1"名称修改为"底高程",将"标高 2"名称修改为"顶高程"。

(4) 单击属性面板中的"编辑类型",依次设置颜色为"黑色"(或其他颜色)、线型改为"划线"、勾选两端标高符号,单击"确定"按钮完成编辑,最终高程定位线如图 10.1 所示。

图 10.1 高程定位线

10.1.2 创建平面定位线

分析水闸平面图,确定竖直方向的定位线,从左往右依次包括上游连接段首末端、闸室段首末端、消力池段首末端、扭面段首末端、下游护坡首末端;水平方向定位线包括闸室两个边墩内侧线（贯穿了整个水闸上游到下游）、闸室中轴线（贯穿了整个水闸上游到下游）。

（1）接10.1.1节项目文件，切换至"底高程"结构平面视图，输入快捷键"VV"打开视图可见性面板，单击"场地"—"项目基点"—"确定"，视图中心就会出现项目基点（作为项目的中心点，方便与其他项目交互时对齐位置），这里把闸室中墩前端顶点作为项目基点。

（2）单击"建筑"—"轴网"或输入快捷键"GR"，先绘制第一根竖向定位线，过项目基点绘制一条竖向轴网线条（即闸室首端），设置轴网"编辑类型"中颜色为"黑色"（或其他颜色）、轴网中断改为"连续"、取消勾选轴网编号（不显示编号）。

（3）可采用"复制"（CO）或"阵列"（AR）创建其他竖向定位线，这里采用"复制"命令，先将第一根竖向线向左复制6000mm的距离，再将第一根竖向线向右依次复制5000mm、5000mm、5000mm、3000mm的距离。

（4）输入快捷键"GR"过项目基点绘制水平中轴线，贯穿整个上、下游，然后将这条水平定位线向上、下各复制3300的距离。

（5）将整个竖向定位线和水平定位线拖拽，让其呈网状美观合理即可，框选所有线条，在上下文选项卡中单击"锁定"，平面定位线如图10.2所示。

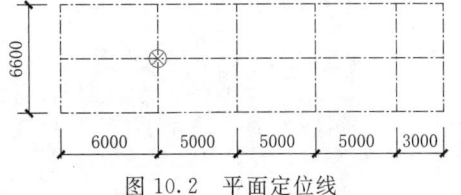

图10.2 平面定位线

10.2 装配水闸模型

10.2.1 装配上游连接段

打开10.1.2节项目文件，结合定位线和图纸，将参数化族在项目文件中进行装配。

1. 上游护底和铺盖

（1）将视图切换至"底高程"，在最左边竖向定位线处，任意画一道墙（作为后面底板的参照），再将视图切换到三维。

（2）双击鼠标滚轮，调整到视图中间，单击"插入"—"载入族"，找到水闸族放的位置，双击打开"上游底板"，在项目浏览器的族中双击"常规模型"，对准"上游底板-底板"按住左键不放，拖拽到视图墙体旁边。

10.3 装配模型

10.4 装配上游连接段

（3）将视图打开到"底高程"，单击墙将其删除，单击"底板"输入"MV"，单击底板左上角，移动到大定位线的左上角，把视图切换到"西立面"，输入"MV"，单击底板顶面的任意点向下移动到底高程标高，再将视图切换到"底高

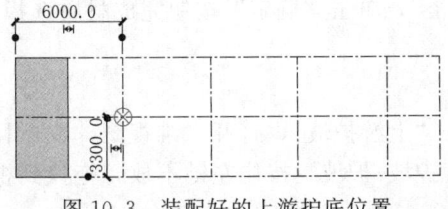

图10.3 装配好的上游护底位置

程",调整好的位置如图 10.3 所示。

(4) 选中该放置好的族,在属性面板选择"编辑类型"单击"复制"按钮,重命名为"水闸-上游浆砌石护底",单击"确定"按钮。

(5) 在材质处打开"材质浏览器",单击"新建材质"—"重命名"为"浆砌石",修改颜色为"灰色",在"图形"面板中单击"截面填充图案"—"新建"—"自定义"—"导入",导入"浆砌块石"（AutoCAD 中的材质类型),修改比例为"0.01",单击"确定"按钮完成截面填充图案的新建,单击"确定"按钮完成浆砌石材质的新建,新建浆砌石截面填充样式操作如图 10.4～图 10.7 所示。

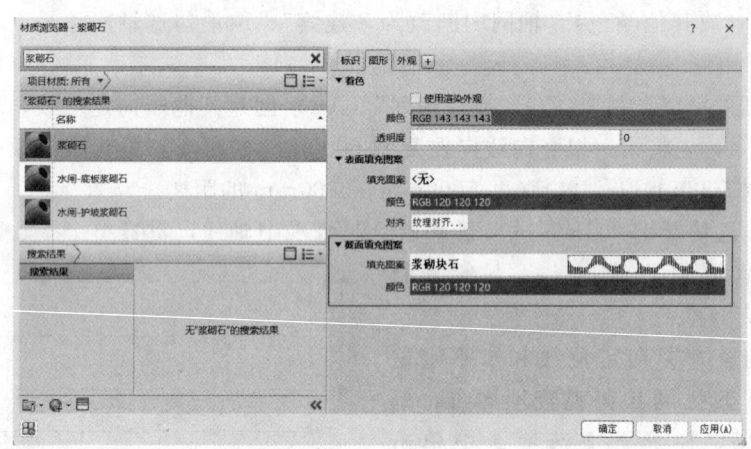

图 10.4 截面填充图案按钮

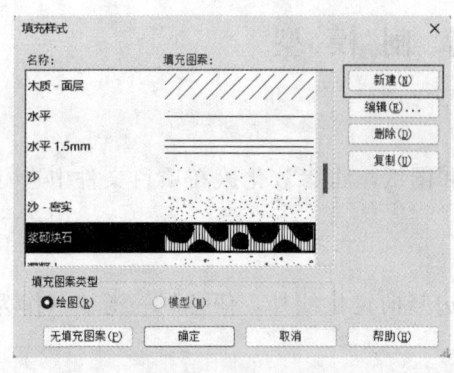

图 10.5 新建截面填充图案按钮

(6) 在新建的"浆砌石"材质上右击,单击"复制"重命名为"水闸-护底浆砌石",单击"确定"按钮完成材质选择,单击"确定"按钮完成类型属性的编辑。

(7) 继续选中上游护底,输入快捷键"CO"拾取左上角角点,光标向右移动"3000"复制到右边一份,在属性面板处单击"编辑类型"—"复制"—重命名为"水闸-上游 C20 混凝土铺盖",单击"确定"按钮,在材质处单击"材质浏览器",进去搜索"混凝土",单击选择"混凝土,现场浇筑-C20",右击,单击"复制",命名为"水闸-铺盖 C20 现场浇筑混凝土",单击"确定"按钮完成材质选择,单击"确定"按钮完成类型属性的编辑。

2. 上游护坡

(1) 单击"插入"—"载入族",双击打开"上游护坡",打开三维视图,在项目浏览器的族中双击"常规模型",对准"上游护坡-护坡"按住左键不放,拖拽到视图中,大概放置在上游底板附近。

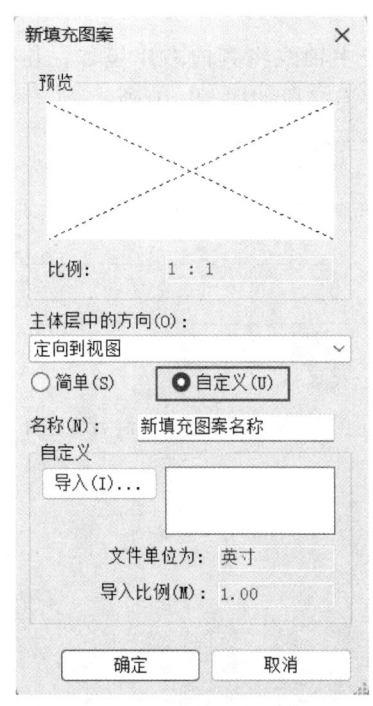 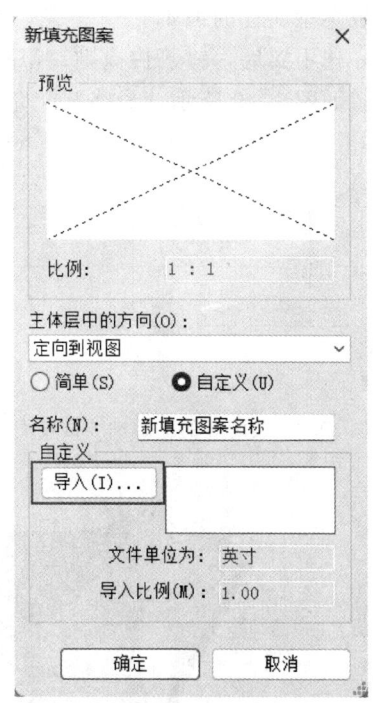

图 10.6　自定义截面填充图案按钮　　图 10.7　导入截面填充图案按钮

（2）将视图切换到"西立面"，将护坡调到合适位置，再将视图切换到"底高程"，将护坡移动到图纸中的位置。

（3）选中上游护坡，在属性面板单击"编辑类型"—"复制"—重命名为"水闸-上游浆砌石护坡"，单击"确定"按钮。

（4）在材质处打开"材质浏览器"，选择"浆砌石"，右击，单击"复制"重命名为"水闸-护坡浆砌石"，单击"确定"按钮完成材质选择，单击"确定"按钮完成类型属性的编辑。

（5）选中护坡，输入快捷键"MM"，单击中轴线，将护坡向右岸镜像一份，调整好的位置如图 10.8 所示。

3. 上游翼墙

（1）单击"插入"—"载入族"，双击打开"上游翼墙"，打开三维视图，在项目浏览器的族中双击"常规模型"，对准"上游翼墙-翼墙"按住左键不放，拖拽到上游护坡附近。

（2）将视图切换至"东立面"，调整翼墙在图纸中的位置（翼墙顶部与顶高程对齐），再将视图切换至"底高程"，调整翼墙到护坡处预留的位置。

（3）选中上游翼墙，在属性面板单击"编辑类型"—"复制"—重命名为"水闸-上游 C20 混凝土翼墙"，单击"确定"按钮，在材质处打开"材质浏览器"搜索"水闸"，单击选择"水闸-铺盖 C20 现场浇筑混凝土"右击，单击"复制"，命名为"水闸-翼墙 C20 现场浇筑混凝土"，单击"确定"按钮完成材质选择，单击"确定"

按钮完成类型属性的编辑。

（4）选中翼墙，输入快捷键"MM"，单击中轴线将其向右岸镜像一份，调整好的位置如图 10.9 所示，最终装配完成的上游连接段如图 10.10 所示。

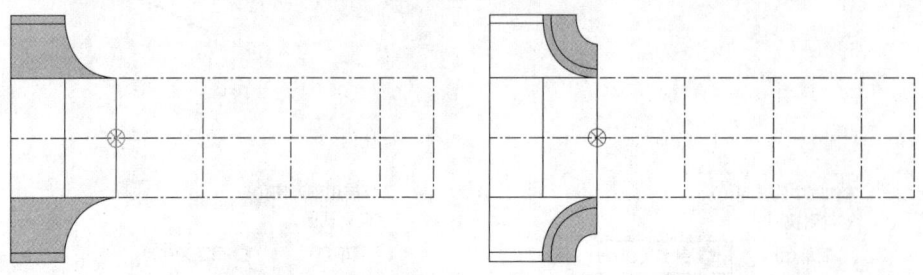

图 10.8　装配好的上游护坡位置　　　　　图 10.9　装配好的上游翼墙位置

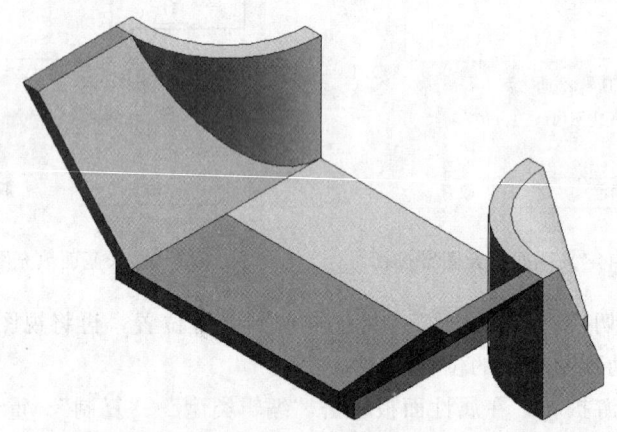

图 10.10　装配完成的上游连接段

10.2.2　装配闸室段

10.5　装配闸室段

1. 闸室底板

（1）接 10.2.1 小节项目文件，单击"建筑"—"载入族"，找到水闸族放置的位置，双击打开"闸室底板"，切换至三维视图，在项目浏览器的族中双击"常规模型"，对准"闸室底板-闸室底板"按住左键不放，拖拽到视图上游底板附近位置，紧挨着上游底板末端。

（2）将视图切换至"南立面"，调整闸室底板高程与左右位置（闸室底板顶部与底高程齐平），再将视图切换至"底高程"，调整闸室底板位置与上游底板对齐，调整好的位置如图 10.11 所示。

（3）选中闸室底板，在属性面板单击"编辑类型"—"复制"—重命名为"水闸-闸室 C30 钢筋混凝土底板"，单击"确定"按钮，在"材质"处打开"材质浏览器"，单击"新建材质"—"重命名"为"钢筋混凝土"，在"图形"面板中修改颜色为"灰色"，单击截面填充图案，在弹出的对话框中勾选"绘制"，找到"钢砼"样式，单击"确定"按钮完成"钢筋混凝土"材质的新建。

(4) 选中"钢筋混凝土"材质,右击"复制"重命名为"水闸-闸室底板 C30 钢筋混凝土",单击"确定"按钮完成材质选择,单击"确定"按钮完成类型属性的编辑。

2. 闸室中墩

(1) 单击"插入"—"载入族",双击打开"闸室中墩",切换至三维视图,在项目浏览器的族中双击"常规模型",对准"闸室中墩-闸墩"按住左键不放,拖拽到视图合适的位置,附着在闸室底板上游中点处。

(2) 将视图切换至"南立面",调整中墩的上下左右位置(中墩顶部与顶部标高齐平),再将视图切换至"底高程",将中墩调整到闸室底板中间,调整好的位置如图 10.12 所示。

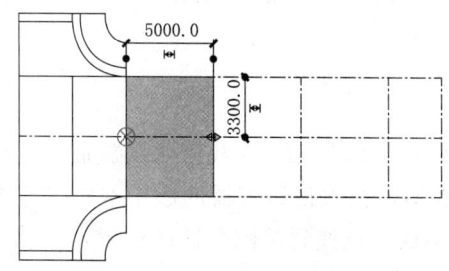
图 10.11 装配好的闸室底板位置

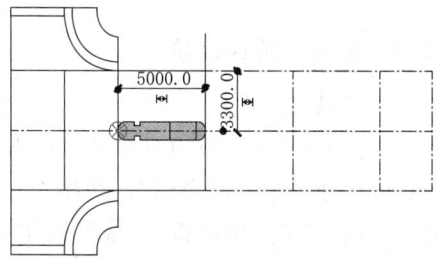
图 10.12 装配好的闸室中墩位置

(3) 选中闸室中墩,在属性面板单击"编辑类型"—"复制"—重命名为"水闸-闸室 C20 混凝土中墩",单击"确定"按钮,在"材质"处打开"材质浏览器"搜索"混凝土",单击选择"水闸-铺盖 C20 现场浇筑混凝土",右击"复制"重命名为"水闸-闸室中墩 C20 现场浇筑混凝土",单击"确定"按钮完成材质选择,单击"确定"按钮完成类型属性的编辑。

3. 闸室边墩

(1) 单击"插入"—"载入族",双击打开"闸室边墩",切换至三维视图,在项目浏览器的族中双击"常规模型",对准"闸室边墩-闸墩"按住左键不放,拖拽到视图合适的位置,附着到闸室底板左边外侧。

(2) 将视图切换至"东立面",调整边墩上下左右位置,再切换到顶高程视图调整边墩位置与上游翼墙齐平。

(3) 选中闸室边墩,在属性面板单击"编辑类型"—"复制"—重命名为"水闸-闸室 C20 混凝土边墩",单击"确定"按钮,在"材质"处打开"材质浏览器"搜索"混凝土",单击选择"水闸-闸室中墩 C20 现场浇筑混凝土",右击"复制"重命名为"水闸-闸室边墩 C20 现场浇筑混凝土",单击"确定"按钮完成材质选择,单击"确定"按钮完成类型属性的编辑。

(4) 选中闸室左边墩,输入快捷键"MM",拾取水闸中轴线,将其镜像到另一侧,调整好的位置如图 10.13 所示,最终装配完成的闸室段如图 10.14 所示。

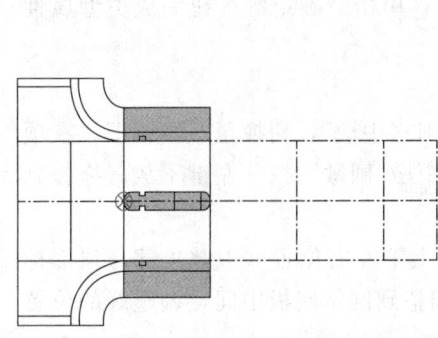

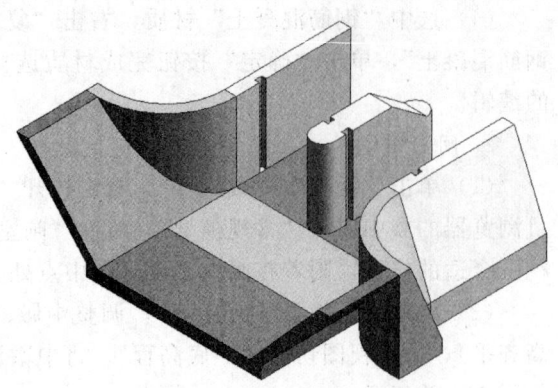

图 10.13 装配好的闸室边墩位置　　　　图 10.14 装配完成的闸室段

10.2.3 装配下游连接段

1. 消力池段

10.6 装配下游连接段

(1) 接 10.2.2 小节项目文件,单击"插入"—"载入族",找到水闸族放置的位置,双击打开"消力池底板",切换至三维视图,在项目浏览器的族中双击"常规模型",对准"消力池底板-底板"按住左键不放,拖拽到视图合适的位置,附着在闸室底板后端。

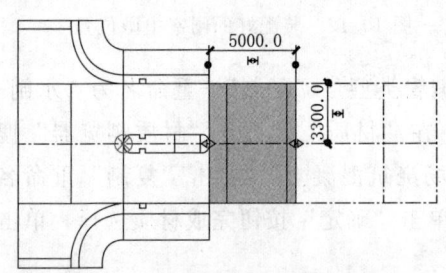

图 10.15 装配好的消力池底板位置

(2) 将视图切换至"南立面",调整高度与左右位置,再将视图切换至"底高程",调整到与闸室底板齐平,调整好的位置如图 10.15 所示。

(3) 选中消力池底板,在属性面板单击"编辑类型"—"复制"—重命名为"水闸-消力池 C30 钢筋混凝土底板",单击"确定"按钮,在"材质"处打开"材质浏览器"搜索"钢筋混凝土",右击"复制"重命名为"水闸-消力池底板 C30 钢筋混凝土",单击"确定"按钮完成材质选择,单击"确定"按钮完成类型属性的编辑。

(4) 单击"插入"—"载入族",双击打开"消力池边墩",切换至三维视图,在项目浏览器的族中双击"常规模型",对准"消力池边墩-闸墩"按住左键不放,拖拽到视图合适的位置,附着到闸室左边墩末端。

(5) 将视图切换至"东立面",调整边墩上下左右位置,再切换到顶高程视图调整边墩位置与上游翼墙齐平。

(6) 选中消力池边墩,在属性面板单击"编辑类型"—"复制"—重命名为"水闸-消力池 C20 混凝土边墩",单击"确定"按钮,在"材质"处打开"材质浏览器"搜索"混凝土",单击选择"水闸-闸室边墩 C20 现场浇筑混凝土",右击"复制"重命名为"水闸-消力池边墩 C20 现场浇筑混凝土",单击"确定"按钮完成材质选择,单击"确定"按钮完成类型属性的编辑。

(7) 选中消力池左边墩,输入快捷键"MM",拾取水闸中轴线,将其镜像到另一侧，调整好的位置如图10.16所示。

2．海漫和下游护底

（1）将视图切换至"底高程"，选中上游连接段铺盖，输入快捷键"CO"向右复制到消力池底板末端对应位置，在实例属性面板中将"底板长度"改为"5000"。

（2）选中复制好的底板族，在属性面板单击"编辑类型"—"复制"—重命名为"水闸-下游C20混凝土海漫"，打开材质浏览器将其重命名为"水闸-海漫C20现场浇筑混凝土"，单击"确定"按钮完成类型属性编辑。

（3）选中上游连接段护底，输入快捷键"CO"，向右复制到海漫末端对应位置。

（4）选中复制好的底板族，在属性面板单击"编辑类型"—"复制"—重命名为"水闸-下游浆砌石护底"，单击"确定"按钮，单击"确定"按钮完成类型属性的编辑，调整好的位置如图10.17所示。

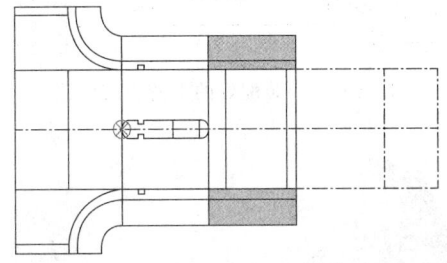 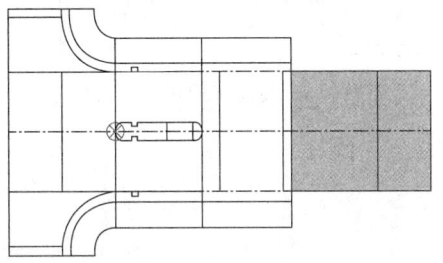

图10.16　装配好的消力池边墩位置　　图10.17　装配好的下游海漫和护底位置

3．扭面

（1）单击"插入"—"载入族"，双击打开"扭面"，切换到三维视图，在项目浏览器的族中双击"常规模型"，对准"扭面-护坡"按住左键不放，拖拽到视图合适的位置，附着到左边墩末端。

（2）将视图切换至"东立面"，调整扭面的上下左右位置（扭面顶部高程与顶标高齐平），再将视图切换至"底高程"调整扭面位置（与闸室边墩对齐）。

（3）在属性面板单击"编辑类型"—"复制"—重命名为"水闸-下游C20混凝土扭面护坡"，单击"确定"按钮，在"材质"处打开"材质浏览器"搜索"混凝土"，单击选择"水闸-铺盖C20现场浇筑混凝土"，右击"复制"并重命名为"水闸-扭面护坡C20现场浇筑混凝土"，单击"确定"按钮完成材质选择，单击"确定"按钮完成类型属性的编辑。

（4）选中扭面，输入快捷键"MM"，拾取水闸中轴线，将其镜像到另一侧，调整好的位置如图10.18所示。

4．下游护坡

（1）单击"插入"—"载入族"，双击打开"下游护坡"，切换到三维视图，在项目浏览器的族中双击"常规模型"，对准"下游护坡-护坡"按住左键不放，拖拽到视图合适的位置，附着到扭面末端。

（2）将视图切换至"东立面"，调整护坡上下左右位置（护坡顶部与顶标高齐平)。再将视图切换至"底高程",调整上下左右位置。

(3)选中下游护坡,在属性面板单击"编辑类型"—"复制"—重命名为"水闸-下游浆砌石护坡",单击"确定"按钮,在"材质"处打开"材质浏览器"搜索"浆砌石",单击选择"水闸-护坡浆砌石",单击"确定"按钮完成材质选择,单击"确定"按钮完成类型属性的编辑。

(4)选中下游护坡,输入快捷键"MM",拾取水闸中轴线,将其镜像到另一侧,调整好的位置如图10.19所示,最终装配好的水闸整体模型如图10.20所示。

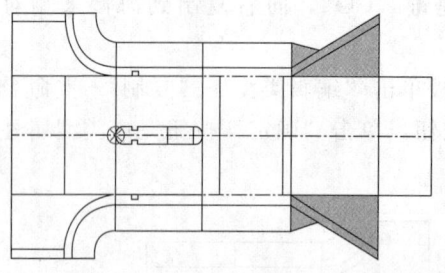
图10.18 装配好的扭面护坡位置

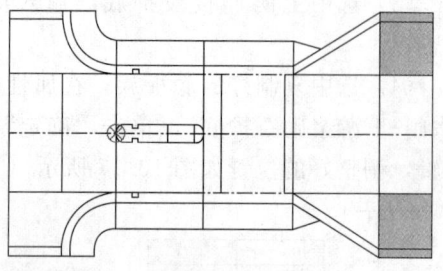
图10.19 装配好的下游护坡位置

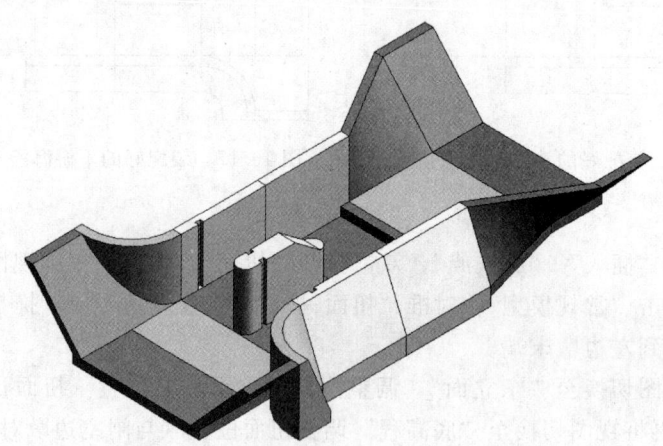
图10.20 装配好的水闸整体参数模型

第 4 篇　BIM 技术在水利工程中的应用

第 11 章

重力坝工程 BIM 应用

11.1 基于 Civil3D 的三维数字地形创建

11.1 重力坝工程 BIM 应用

11.1.1 工程概况

某水库工程由水库枢纽和输水渠道两大部分组成,为中型水库,功能以供水为主。该水库工程供水设计流量为 3.15m³/s,多年平均年供水量 $7230\times10^4\mathrm{m}^3$。

水利枢纽工程的等别为Ⅲ等工程,主要永久性建筑物为 3 级,次要建筑物为 4 级。水工建筑物的防洪标准根据其永久性建筑物级别确定。大坝设计洪水标准为 50 年一遇,校核洪水标准为 500 年一遇。经多方案比选,水库正常蓄水位取为 880m,死水位为 839m。水库未设置汛期限制水位,起调水位按正常蓄水位 880m 起调。

该工程大坝主体结构为碾压混凝土重力坝,全长约 248m,分为非溢流坝段和溢流坝段两部分。非溢流坝段包括左岸桩号为坝左 0+008.000 至桩号为坝左 0+122.446 和右岸桩号为坝右 0+008.000 至桩号为坝右 0+125.307 两段,每间隔 18m 设置一道横缝,分缝中设有止水铜片。坝内在高程 795m 处设有一条平行坝轴线的灌浆廊道,通过向坝基灌注水泥浆,使坝基岩石固结为一个整体,形成一道帷幕状的墙以防渗流,故名帷幕灌浆。在 825m 和 855m 高程处各设有一条垂直坝轴线的交通廊道,与灌浆廊道连通。在距上游坝面 5m 处设一排多孔混凝土管,用于坝身排水,渗漏水集中于灌浆廊道,然后抽排到下游河中。灌浆廊道下游侧设有直径为 150mm 的坝基排水孔以收集坝基渗水,坝基排水孔沿坝轴线方向布置一排,间距为 4m。坝基面还设有平行于坝轴线方向的坝基排水管,收集坝基渗水,降低坝基扬压力。坝体上、下游面、坝基及廊道周围为常态混凝土,坝内为碾压混凝土。

溢流坝段设在桩号为坝左 0+008.000 至桩号为坝右 0+008.000 之间。共一个溢流孔,孔口净宽 10.0m,设有厚度为 3.0m 的边闸墩两个,并将边闸墩向下游延长形成隔水墙,防止水流向两侧扩散。坝段分缝设在左右边墩的外侧。从 B—B 剖视图看,坝的过水面做成柱面的导线,由顶部幂曲线段、中间直线段和下部圆弧段连接而成,做成挑流式消能。坝段分缝中止水铜片沿上游面及溢流段弯曲布置。坝上部设有闸墩、弧形闸门、交通桥、工作桥及牛腿。坝内排水系统及廊道布置同非溢流坝。该工程特性参数如表11.1所示，初步设计图纸如图11.1～图11.8所示。

表11.1 某水利枢纽工程特性表

工程名称	某水利枢纽工程
1. 水文特征	
流域面积	2563.7km²
设计洪峰流量（$P=2\%$）	990m³/s
校核洪峰流量（$P=0.2\%$）	1790m³/s
2. 水库特征	
正常蓄水位	880m
设计洪水位（$P=2\%$）	880.27m
校核洪水位（$P=0.2\%$）	883.40m
死水位	839m
最大库容（883.4m以下）	5507万m³
死库容（839m以下）	648万m³
3. 主要建筑物	
1) 坝体	
坝型	重力坝
坝顶高程	884.62m
坝基面高程	790m
最大坝高	94.62m
2) 泄洪建筑物	

溢流坝		底孔		闸门	
堰顶高程	875.2m	孔口尺寸	3m×4m	表、底孔工作门	弧形
每孔净宽	10m	进口底部高程	832m	事故检修门	平板门
孔数	1个	孔数	1个		
最大泄量（设计）	470.24m³/s	最大泄量（设计）	317.38m³/s		
消能方式	挑流消能				

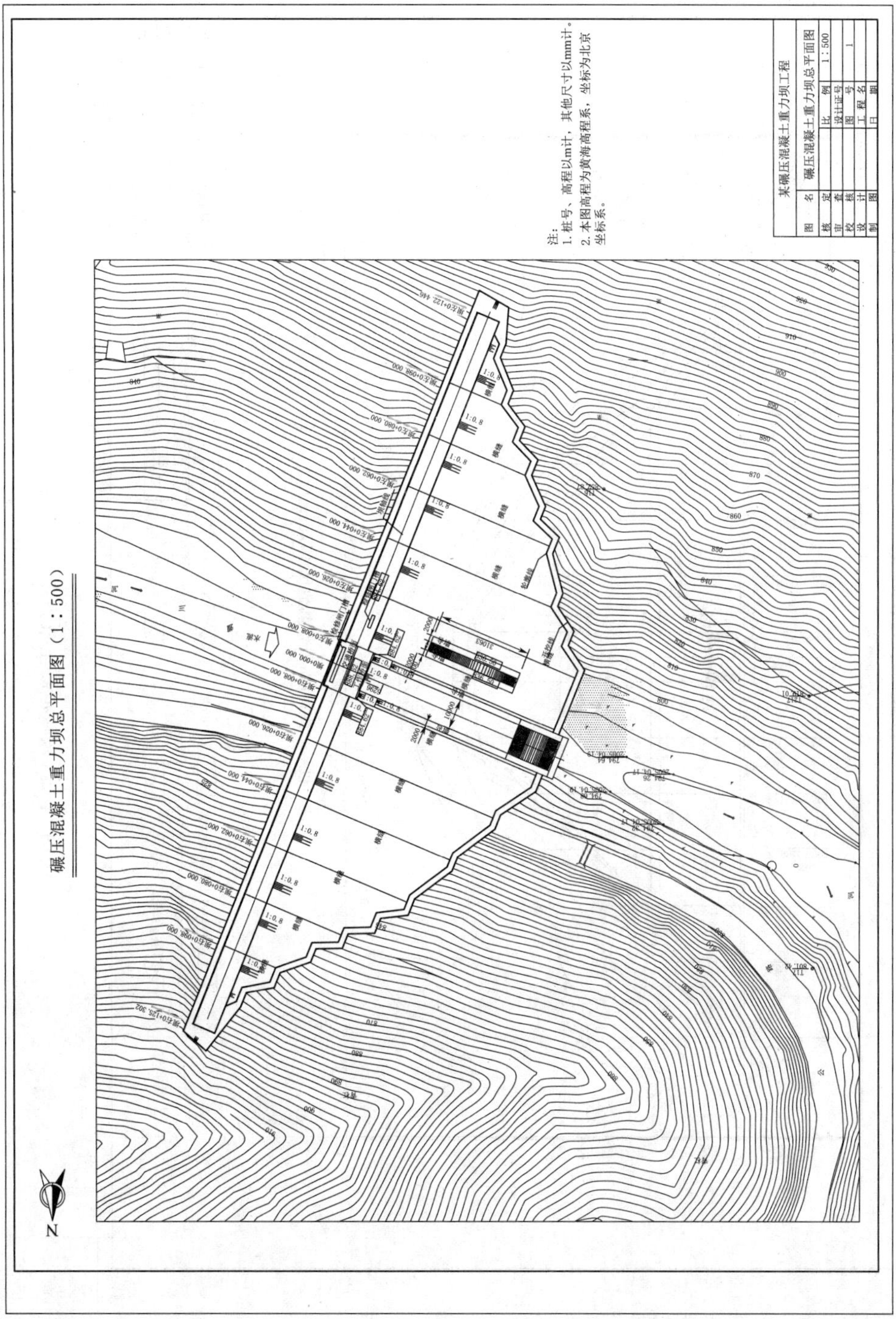

11.1 基于Civil3D的三维数字地形创建

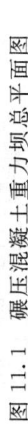

图 11.1 碾压混凝土重力坝总平面图

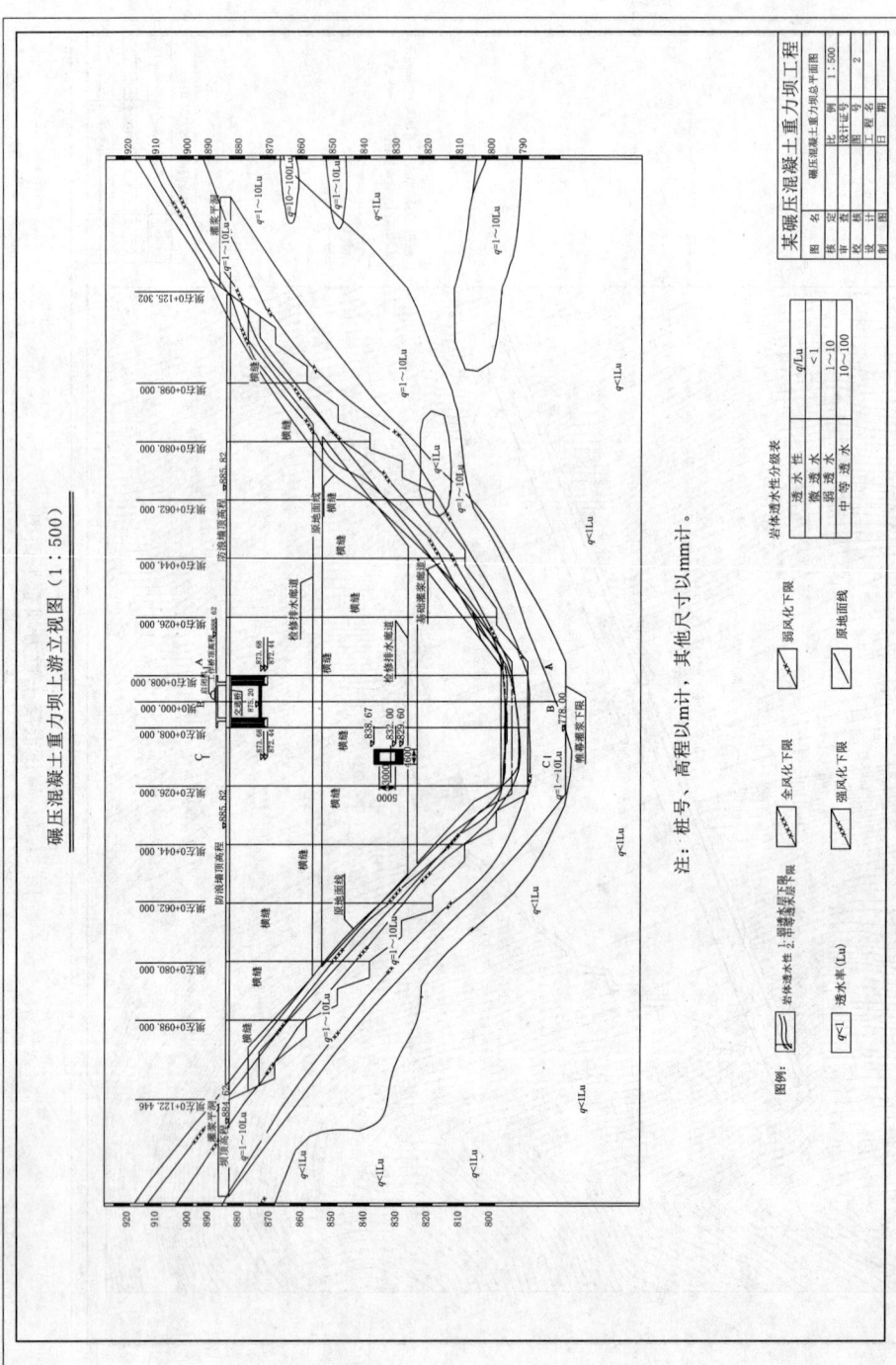

图 11.2 碾压混凝土重力坝上游立视图

11.1 基于 Civil3D 的三维数字地形创建

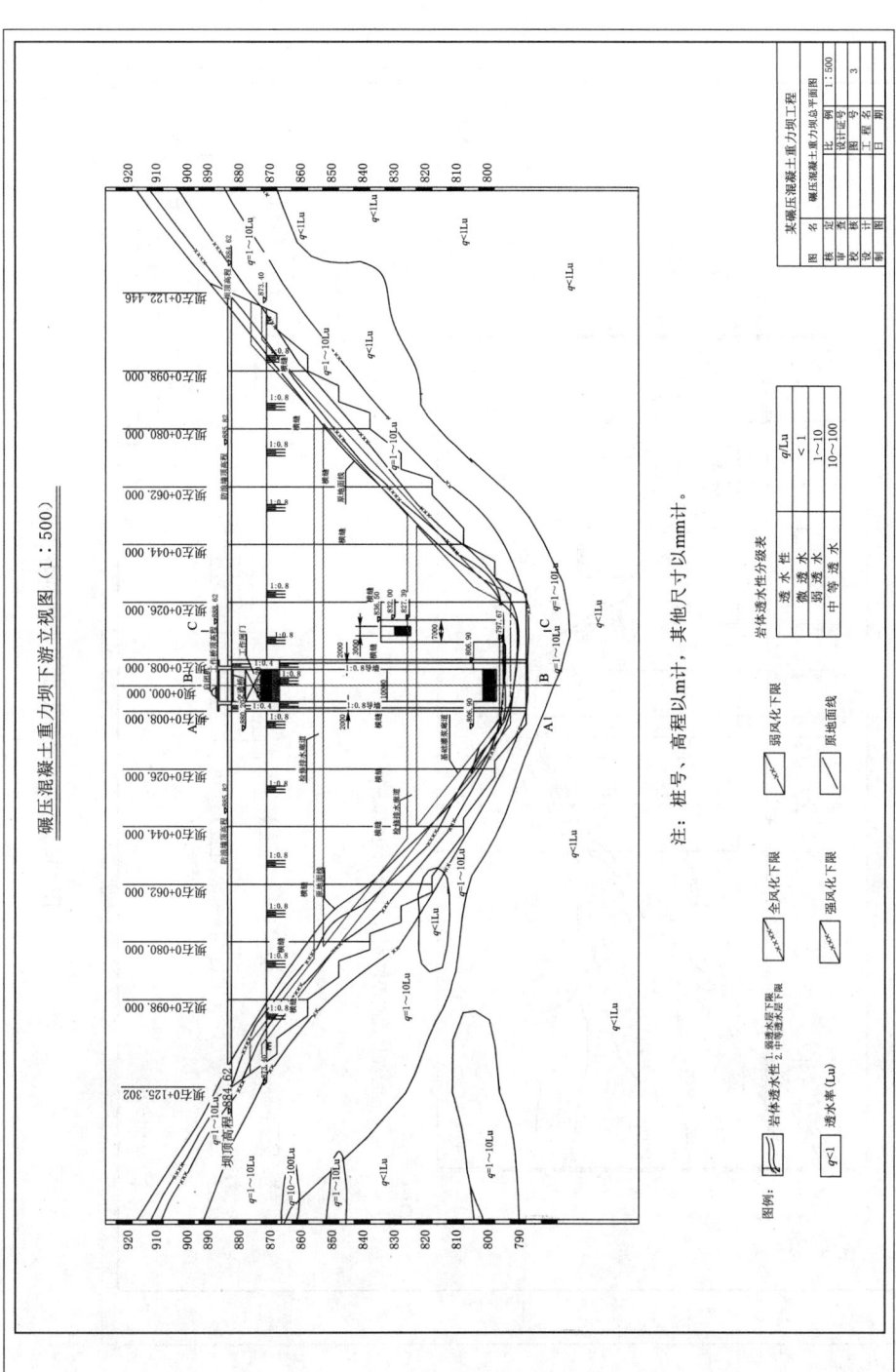

图 11.3 碾压混凝土重力坝下游立视图

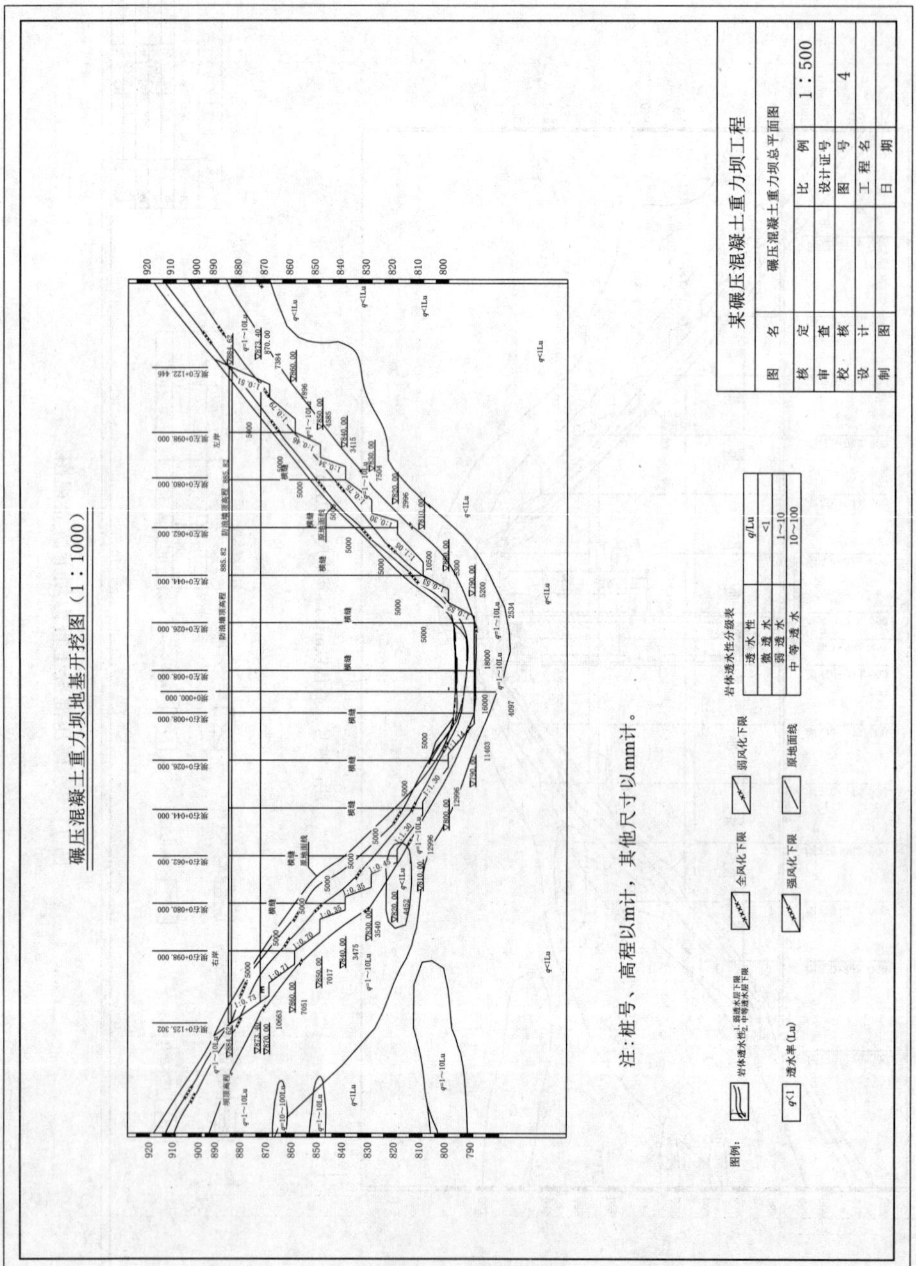

第 11 章 重力坝工程 BIM 应用

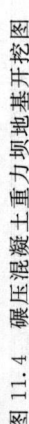

图 11.4 碾压混凝土重力坝地基开挖图

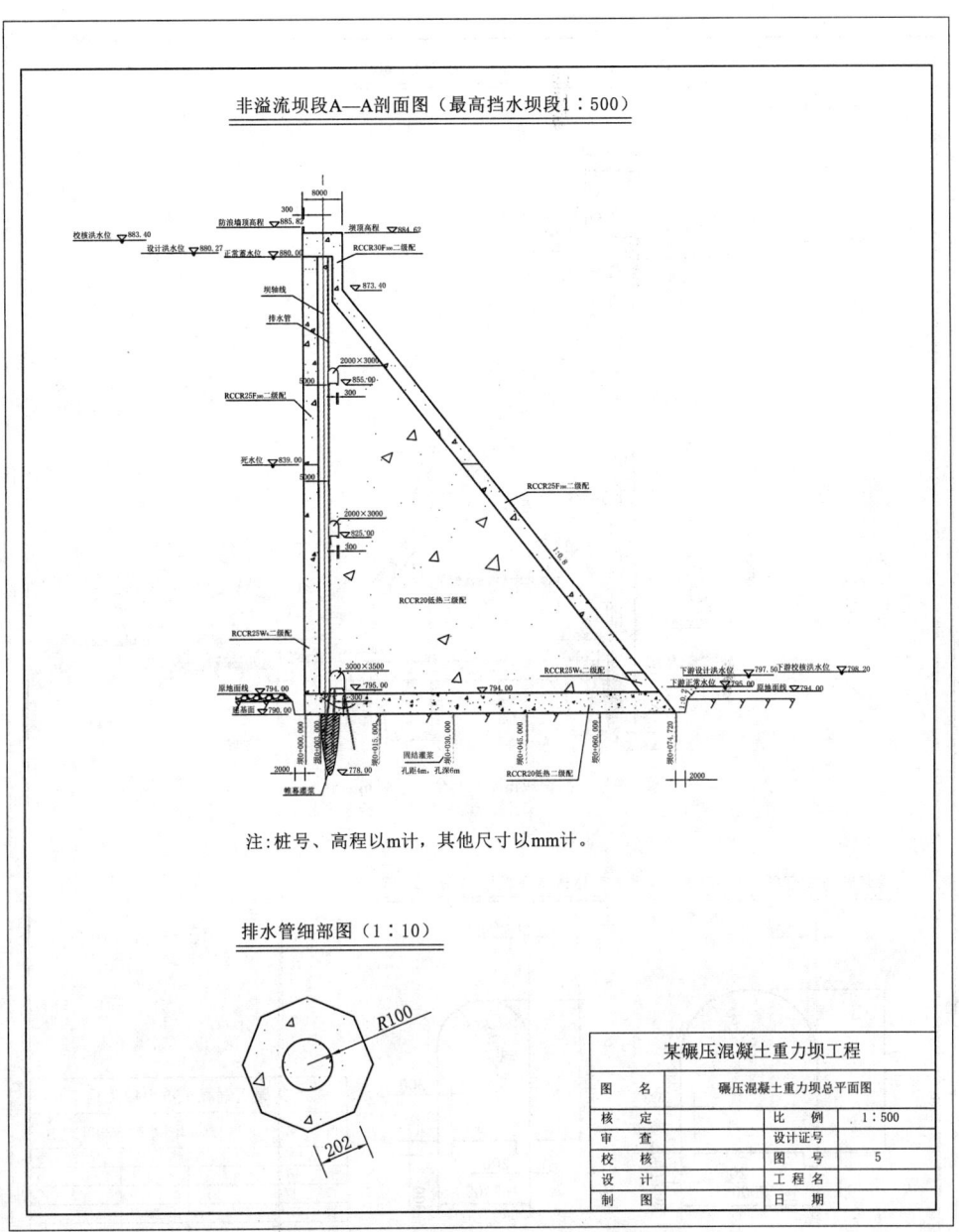

图 11.5 非溢流坝段 A—A 剖面图

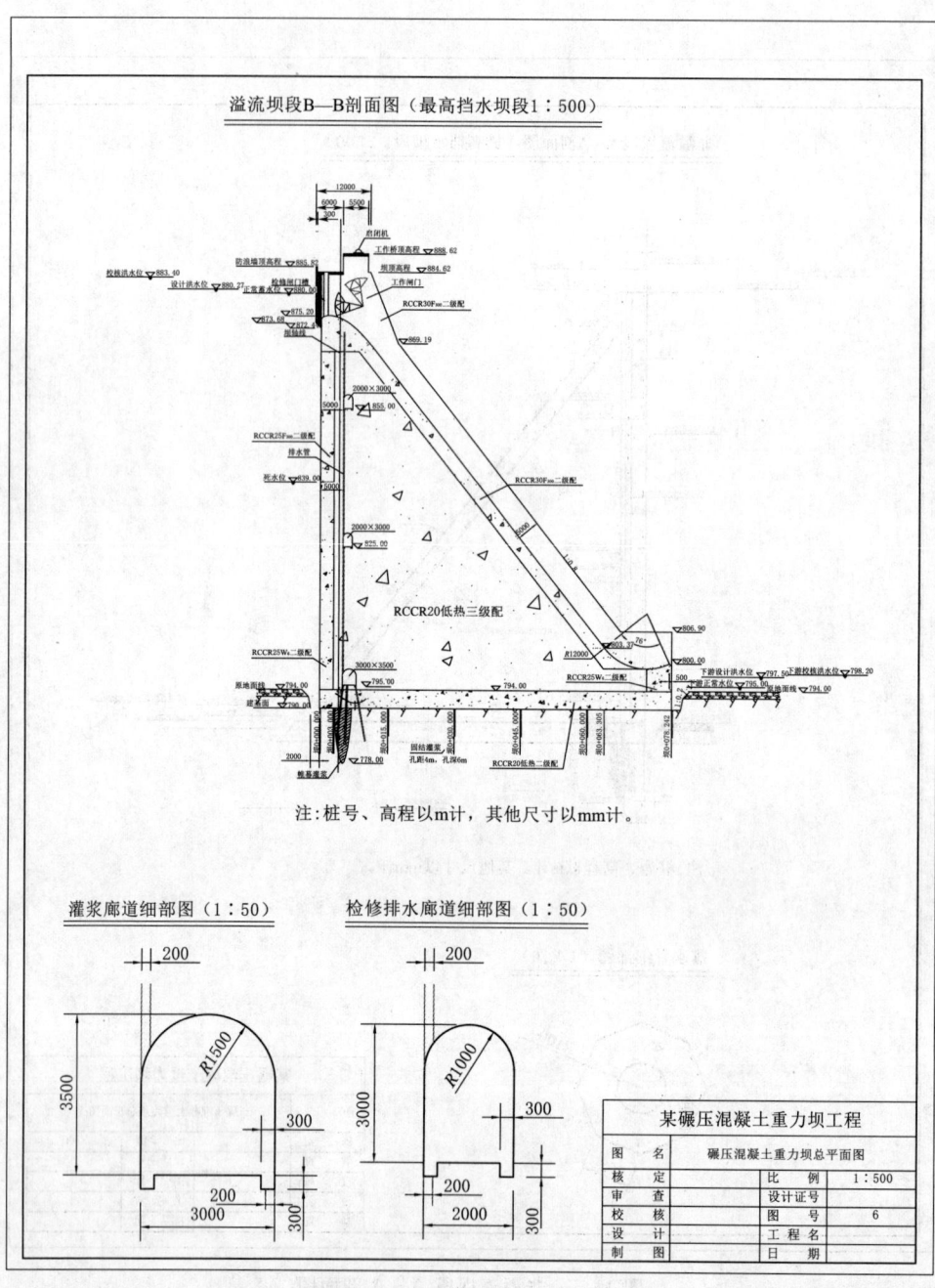

图 11.6 溢流坝段 B—B 剖面图

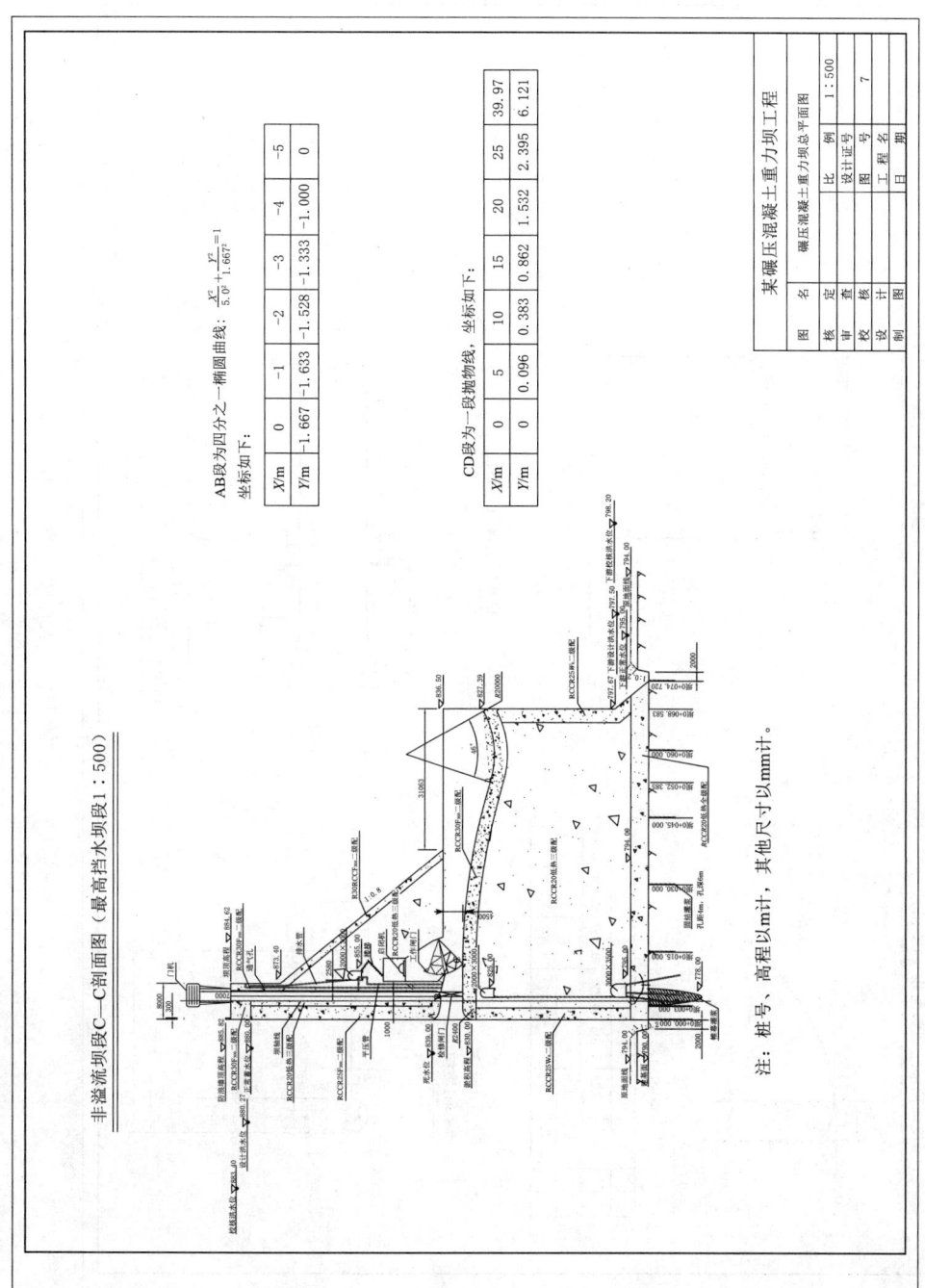

图 11.7 非溢流坝段 C—C 剖面图

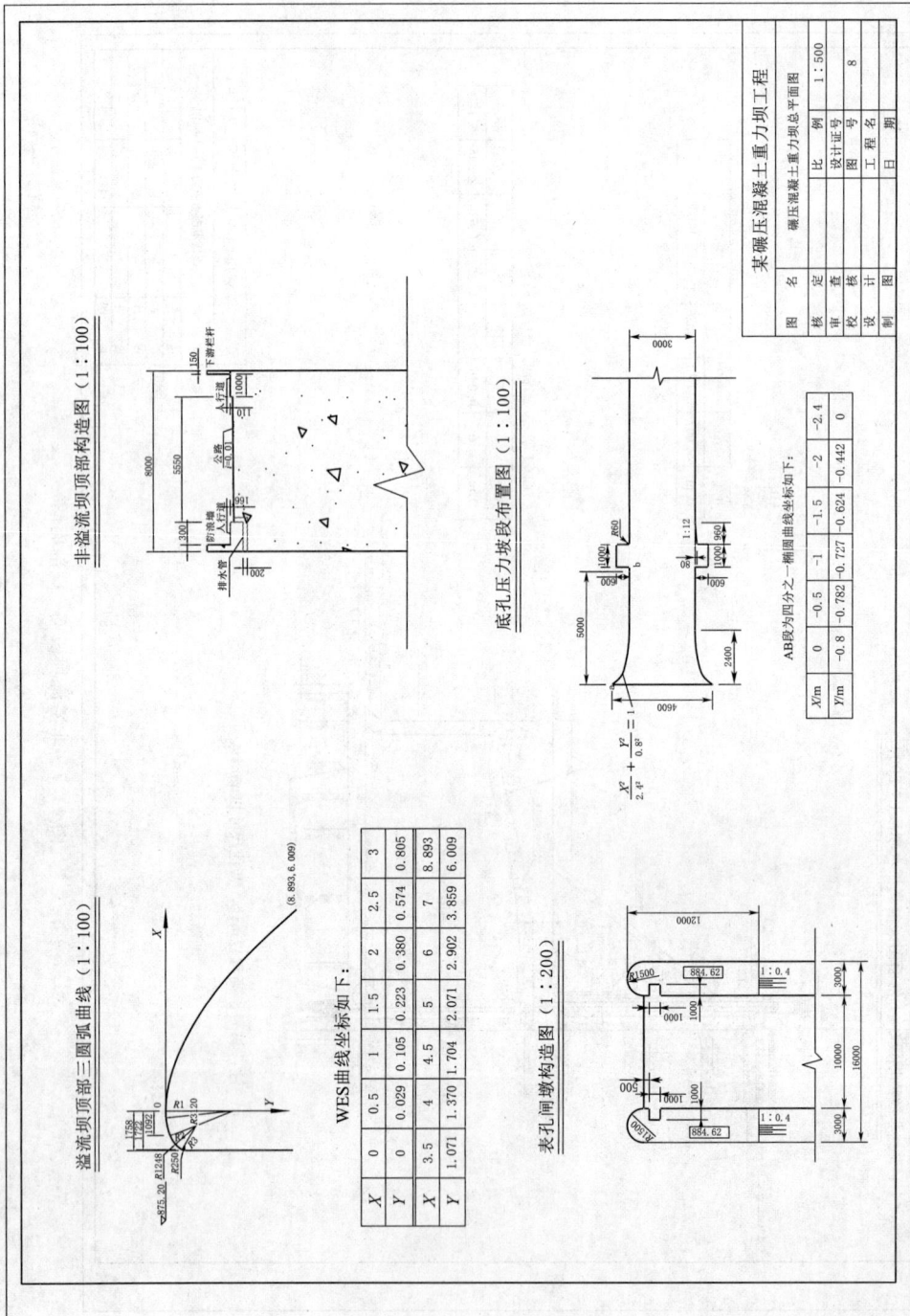

图 11.8 大样图

11.1.2 创建三维数字地形

三维数字地形模型相较于传统的二维地形，能更加直观且准确地描述一个区域的地形属性（包括高程、坐标、坡度、坡向等），是水利工程中水工建筑物布置和施工组织活动的重要场所。本节主要利用 Civil 3D 对原始二维地形进行处理，将二维地形图转换为三维地形实体，并与重力坝实体模型通过空间点的定位组合起来，以此展示水利工程 BIM 三维设计的具体实现过程及应用。

Civil 3D 既能直接读取 DWG 文件格式较为准确地导入原始地形数据，又提供强大的原始数据处理功能，如测量点数据文件、DWG 图形中的点数据、现有等高线地形图、三维特征线等，极大地提高了基础工作效率并能有效避免原始数据的丢失。

Civil 3D 建立地形曲面，首先选择曲面类型，为了能够详细地表现复杂地形高低起伏的实际情况，本书创建的曲面类型采用不规则三角形网格，用分散的地形点按一定的规则构成一系列不相交的三角形网，将三角形网格顶点高程进行内插即可定义出曲面上任一点的高程。然后创建一个曲面对象，即在工具空间的"快捷方式浏览"选项板上找到"曲面"结点，单击新建并赋予新曲面名称和描述；最后单击曲面对象的"定义"，并根据源数据的类型和质量，选择使用单一或混合多种源数据生成曲面，如边界、特征线、图像对象、点编组、等高线、点文件、DEM（数字高程模型）文件等，图 11.9 所示为 Civil 3D 创建曲面界面。不同的数据源可采用不同的原始数据处理方法，本书选择点文件和等高线创建地形曲面，图 11.10 所示为原始二维地形图，图 11.11 所示为 Civil 3D 创建的原始地形曲面。

图 11.9　Civil 3D 曲面创建界面

原始地形曲面创建后，需对部分有问题的地形信息进行适当的处理，可利用 Civil 3D 强大的曲面编辑功能（如添加三维数据点、添加三角形边界、设置高程范围等多种方式）对曲面进行调整和修改，得到准确的地形曲面，继而建立符合实际工程情况的地形曲面实体，图 11.12 所示为 Civil 3D 创建的原始地形实体模型。

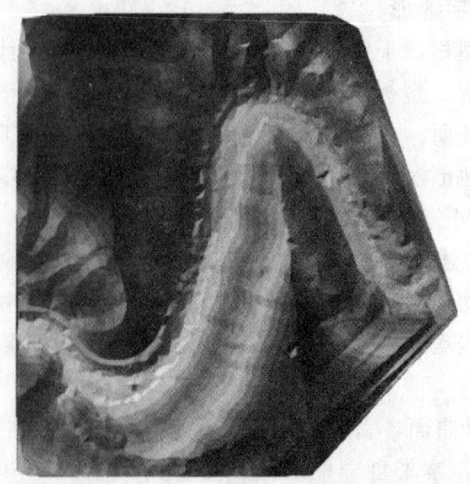

图 11.10 原始二维地形图

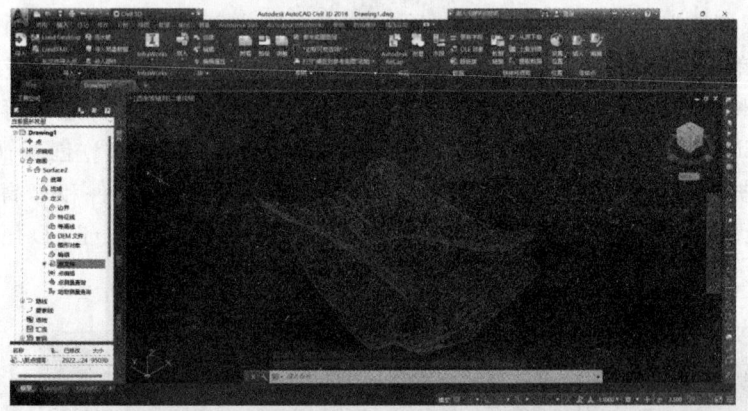

图 11.11 Civil 3D 创建的原始地形曲面

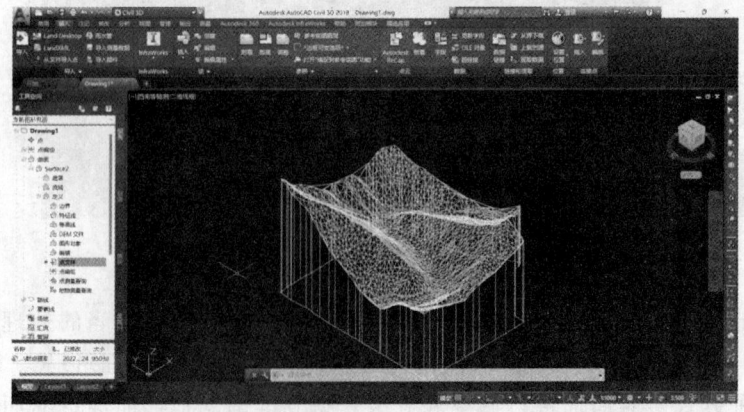

图 11.12 Civil 3D 创建的原始地形实体模型

11.2 基于 Revit 的碾压混凝土重力坝参数化建模

11.2.1 创建坝体结构参数化族库

采用 Autodesk 公司的 BIM 核心建模软件 Revit，来构建碾压混凝土重力坝参数化模型。根据大坝主体结构功能和材质的不同，可将大坝划分为溢流坝段、非溢流坝段、闸墩、闸门、交通桥、工作桥、启闭机等多个族构件。

利用 Revit 族编辑器的拉伸、放样融合、旋转等命令，建立大坝族构件实体模型。通过创建关联参数、共享参数、标签、调试驱动等进行族参数化设计，其中创建共享参数有利于参数信息在不同构件之间传递流通、重复调用，有利于后期工程量的统计。

根据以上规则和方法，结合工程特点和应用需求，依次定义和创建大坝结构主要参数化族构件。

1. 非溢流坝段

非溢流坝段的剖面是一个不规则梯形，没有曲线线条，可采用拉伸命令来创建，并利用共享参数工具添加以下参数名称和信息。

(1) 尺寸参数：坝顶宽度、坝底宽度、最大坝高、上游斜坡起点高度、上游坡比、下游斜坡起点高度、下游坡比、坝段宽度。

(2) 材质参数：材质。

(3) 力学参数：弹性模量、泊松比、重度。

(4) 施工工艺：碾压遍数、层厚。

非溢流坝段参数化族构件如图 11.13 所示。

2. 溢流坝段

溢流坝段的剖面是一个不规则图形，包含直线、圆弧、样条曲线等多种线型，考虑到 Revit 软件本身曲线功能的局限性，可在 CAD 软件中创建溢流坝段剖面，然后导入 Revit 族编辑器中，利用拉伸和拾取线命令创建模型，并利用共享参数工具添加以下参数名称和信息。

(1) 尺寸参数：坝底宽度、最大坝高、上游斜坡起点高度、上游坡比、坝段宽度，手动输入内容：圆弧半径 $R1$、$R2$、$R3$、溢流堰方程、反弧段半径 R。

(2) 材质参数：材质。

(3) 力学参数：弹性模量、泊松比、重度。

(4) 施工工艺：碾压遍数、层厚。

溢流坝段参数化族构件如图 11.14 所示。

3. 闸墩

闸墩结构在平面和立面视图中，断面形状不规则，需综合利用实心和空心等多种命令来创建闸墩族构件，并通过共享参数工具添加以下参数名称和信息。

(1) 尺寸参数：长度、宽度、高度。

(2) 材质参数：材质。

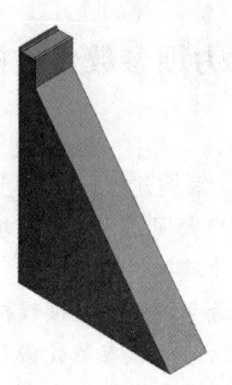 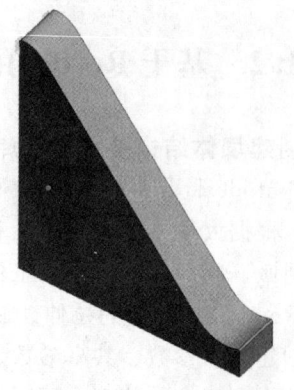

图 11.13　非溢流坝段参数化族构件　　　图 11.14　溢流坝段参数化族构件

(3) 力学参数：弹性模量、泊松比、重度。

闸墩参数化族构件如图 11.15 所示。

4. 交通桥

交通桥结构可在 Revit 项目样板中采用楼板命令来创建，设置交通桥构造、材质、层厚等参数。

5. 泄洪排沙底孔坝段

泄洪排沙底孔坝段是在非溢流坝段的基础上，采用空心拉伸、空心放样等命令来创建，在非溢流坝段相应位置，裁剪出泄洪排沙底孔洞口，再利用实体建模工具创建底孔挡墙等结构，并利用共享参数工具添加以下参数名称和信息。

(1) 尺寸参数：坝顶宽度、坝底宽度、最大坝高、上游斜坡起点高度、上游坡比、下游斜坡起点高度、下游坡比、坝段宽度。

(2) 材质参数：材质。

(3) 力学参数：弹性模量、泊松比、重度。

(4) 施工工艺：碾压遍数、层厚。

泄洪排沙底孔坝段参数化族构件如图 11.16 所示。

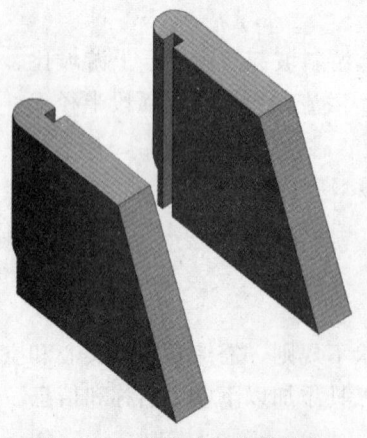 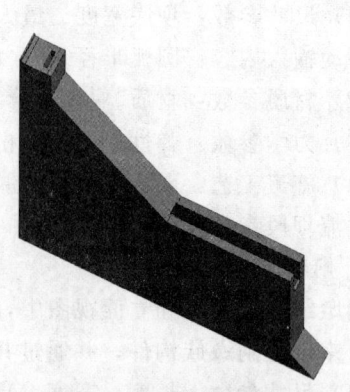

图 11.15　闸墩参数化族构件　　　图 11.16　泄洪排沙底孔坝段参数化族构件

6. 溢流坝段挡墙、底孔挡墙、启闭房

水工建筑物结构形体往往比较复杂，异形结构较多，且不同的工程中差异较大，很难制作一套标准的参数化族构件，以适应不同的工程。因此这类结构的尺寸参数标准化定义难度较大，以材质参数为主，利用族编辑器创建模型即可，如图 11.17 和图 11.18 所示。

图 11.17　溢流坝段挡墙族构件

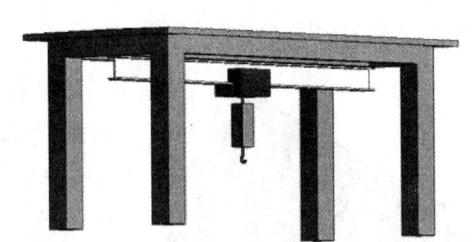
图 11.18　启闭房族构件

11.2.2　金属结构精细化建模

水利工程往往涉及的专业工作内容较多，除了大坝主体水工结构部分的设计和混凝土浇筑外，还有配套的金属结构设计、预制构件、安装等工作，这里采用 Revit 软件族功能，进行碾压混凝土重力坝工程金属结构的精细化设计，建立金属结构参数化族构件，可视化、精细化程度更高。

1. 平板闸门

该工程检修闸门的形式是平板闸门，属于钢结构，包括面板、主梁、次梁等主要结构。可利用族编辑器拉伸、放样等命令来进行精细化建模，并利用共享参数工具添加以下参数名称和信息。

（1）尺寸参数：长度、厚度、高度。
（2）材质参数：材质。
（3）力学参数：弹性模量、泊松比、重度。

平板闸门参数化族构件如图 11.19 所示。

2. 弧形闸门

该工程工作闸门的形式为弧形闸门，属于钢结构，包括面板、主梁、次梁、支撑、深梁等主要结构。可利用族编辑器拉伸、旋转、放样等命令，来进行精细化建模，考虑弧形闸门形式较为复杂，异形结构较多，本节主要考虑材质和力学参数进行信息添加，图 11.20 所示为弧形闸门族构件。

11.2.3　装配碾压混凝土重力坝 BIM 模型

创建碾压混凝土重力坝参数化族库，可以通过调用族库、调整参数、快速装配，生成对应工程所需要的大坝 BIM 模型，大幅提升了建模效率，通过调整参数控制模型，精度更高，修改模型更加便捷。

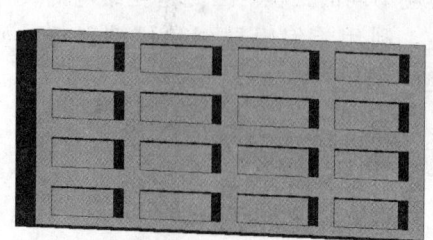 

图 11.19 平板闸门参数化族构件　　图 11.20 弧形闸门族构件

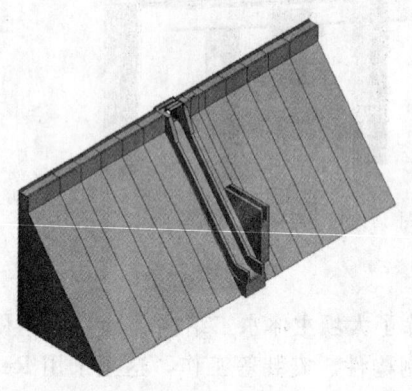

图 11.21 碾压混凝土重力坝 BIM 模型

结合该工程特点、尺寸和材质信息等，可通过调用上述族库，在结构样板中进行模型装配。首先要设置项目基点高程与实际坝底高程一致，然后设置高程平面定义高程，并根据桩号位置，创建平面定位线，保证模型的精确性。然后将已经创建好的碾压混凝土重力坝族构件依次载入项目，利用移动、复制、对齐等命令，在平面和立面视图中，将每个族构件放置在对应位置并设置相关参数，最终生成碾压混凝土重力坝 BIM 模型，如图 11.21 所示。

11.3　碾压混凝土重力坝 BIM 深化设计应用

11.3.1　多专业协同设计

水利枢纽工程建设涉及众多专业，传统工作模式和组织实施方案在协调各专业时难度大、工作量大，容易出现各专业设计方案冲突。利用 BIM 新技术参与项目建设的各个阶段，便于各专业间协同工作，为水利工程深化设计及现场实际施工中的问题冲突提供了指导性的解决方案。在实际工程中基于 BIM 模型的讨论能大大提高解决问题的效率，与传统协调方式相比，采用 BIM 协调各专业各单位之间的工作能节约 50% 的协调时间，且大幅提升了设计效率、精度及合理性。

本碾压混凝土重力坝工程建设内容较多，涉及专业众多，采用 BIM 技术进行三维数字化设计，模拟实际工程建设过程，考虑水工结构、地质、金属结构三个专业协同工作，同步设计。利用 Civil 3D 软件，根据实测的地形、地质数据，建立三维数字地质模型，来模拟施工场地实际情况及地形地质构造。还可利用剖切工具，快速切割模型，导出地形剖面图。利用 Revit 族功能创建金属结构族，如弧形闸门、平板闸门、启闭机、钢梁等结构，进行参数及材质的添加，来模拟实际闸门工作原理及布置。利用 Revit 软件创建碾压混凝土重力坝结构参数模型，最终可在 Revit 软件中将三个专业设计方案进行整合，做碰撞检查查找各专业设计问题，并给出解决方案，图 11.22 所示为多专业整合模型。

11.3.2 基于数字地形的坝基开挖

仅生成一个精确的原始地形，对于实际工程远远不够，还需将水工建筑物实体模型在地形上表示出来。在前两节中分别利用 Civil 3D 创建了数字地形和 Revit 构建了碾压混凝土重力坝模型，但并没有考虑地质模型与大坝模型的交互，未对地基进行设计和处理。传统的地基设计和开挖量计算主要以二维剖面图为基础，工作量大、效率低、操作烦琐，利用 BIM 技术进行大坝地基开挖处理，直观形象，可全方位提供实际工程现场情况，具有精度和效率高等特点，并能直接统计开挖量，快速输出开挖断面，方便校核。

采用 BIM 的多专业协同设计技术便于整合各专业的设计方案，可将碾压混凝土重力坝与地形模型进行交互，其接触部分则需根据实际地形和规范要求，利用 Revit 软件中内建模型的空心拉伸工具，对碾压混凝土重力坝模型进行裁剪，如图 11.23 所示。其中坝基建在微风化至弱风化中部基岩上，平行于坝轴线方向应尽量开挖成足够宽度的分级平台，以利于坝段的侧向稳定；坝体横缝位于平台，以不开挖成锐角为准，相邻台阶高差为 10m。

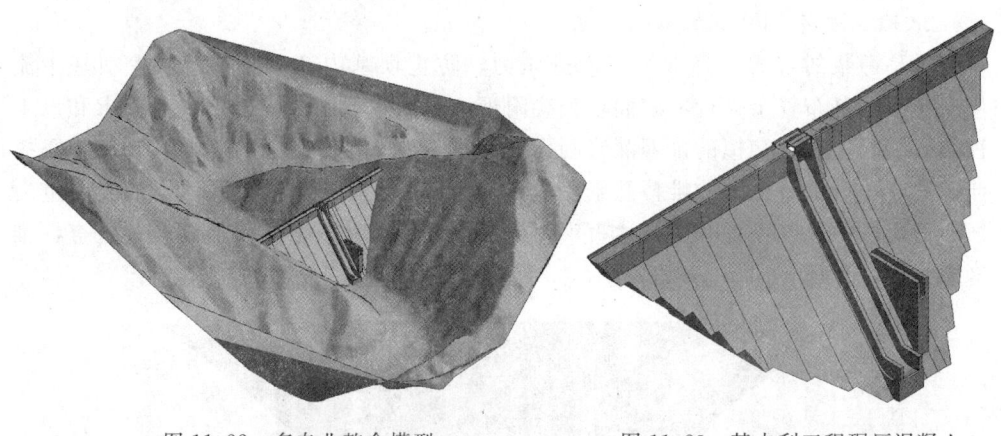

图 11.22 多专业整合模型　　图 11.23 某水利工程碾压混凝土重力坝实际三维数字模型

11.3.3 廊道系统和帷幕灌浆三维设计

1. 廊道系统 BIM 三维设计

为了满足灌浆、排水、观测、检查和交通等要求，需在坝体内设置各种不同用途的廊道，这些廊道互相连通，构成廊道系统。根据规范和该工程实际情况，设置一层灌浆廊道和两层检修排水廊道。通过 BIM 设计，能够准确地确定廊道的高程及位置，明确沿着坝轴线方向的走向和布局，能够有效避免廊道系统贯穿底孔、溢流堰顶、内部结构等不合理设计。相较于传统二维设计和表达方法，采用 BIM 三维设计廊道系统，其准确性、合理性、直观性、系统性更高，优势更加显著。

利用Revit族"空心放样"命令，沿着坝轴线方向生成廊道系统空心模型，并在属性面板中勾选"加载时剪切的空心"按钮，然后将该廊道系统族载入碾压混凝土重力坝项目文件中，调整位置，使其剪切大坝模型。经观察廊道系统设计合理，如图11.24所示。

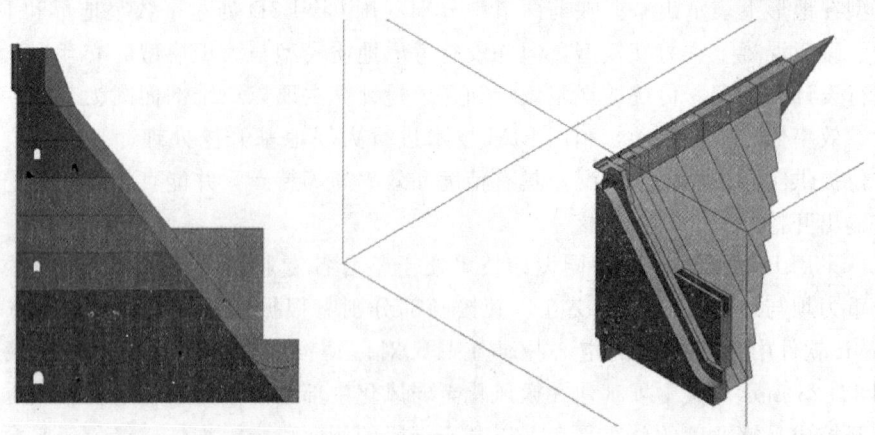

图11.24　碾压混凝土重力坝廊道系统

2. 帷幕灌浆BIM三维设计

帷幕灌浆的目的是降低坝基渗透压力，防止坝基内产生管涌，减少坝基渗流量。防渗帷幕布置于靠近上游面坝轴线附近，采用水泥灌浆。根据规范要求和该工程实际情况，结合初拟的帷幕灌浆剖面，利用Revit族功能中的放样融合、空心拉伸等命令，模拟该工程的帷幕灌浆范围和空间布局，然后将其载入碾压混凝土重力坝项目文件中，该设计方法表达直观，校核位置和尺寸等信息便捷。经过检查，帷幕灌浆设计合理，如图11.25所示。

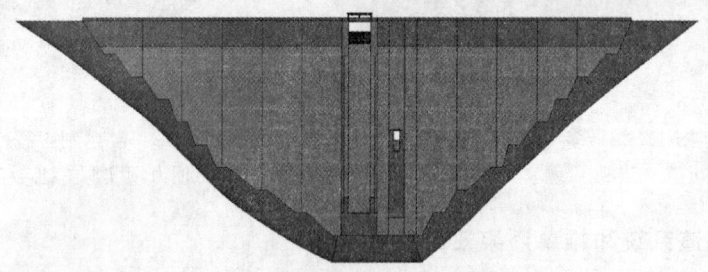

图11.25　碾压混凝土重力坝帷幕灌浆

11.3.4　工程量和施工图

1. 工程量统计

传统数据提取和整理都需要人工处理，一旦模型或者图纸修改，数据、图、表等都要随之改动，费时费力。基于共享参数创建的族参数，将参数化族构件载入项目中，参数可直接进入明细表进行相关信息的统计，而且随着模型或者参数的修改,明细表会同步更新,大大提高了工作效率。BIM 模型中整合的数据信息,可在各项目之间传递和共享,实现多方协同设计。

通过对碾压混凝土重力坝工程 BIM 模型进行地基处理、边坡开挖、廊道和帷幕灌浆等模拟,大坝主体工程基本实现数字化、信息化,实现了工程信息的集成与整合,便于后续提取和查看需要的信息。利用 Revit 软件"明细表"工具可快速统计整个大坝主体结构浇筑所需要的混凝土工程量,还可统计每个结构部位材料的力学性能,可为后续进行结构受力分析提供参考依据,图 11.26 和图 11.27 所示分别为碾压混凝土重力坝工程量统计表和坝体材料力学参数。

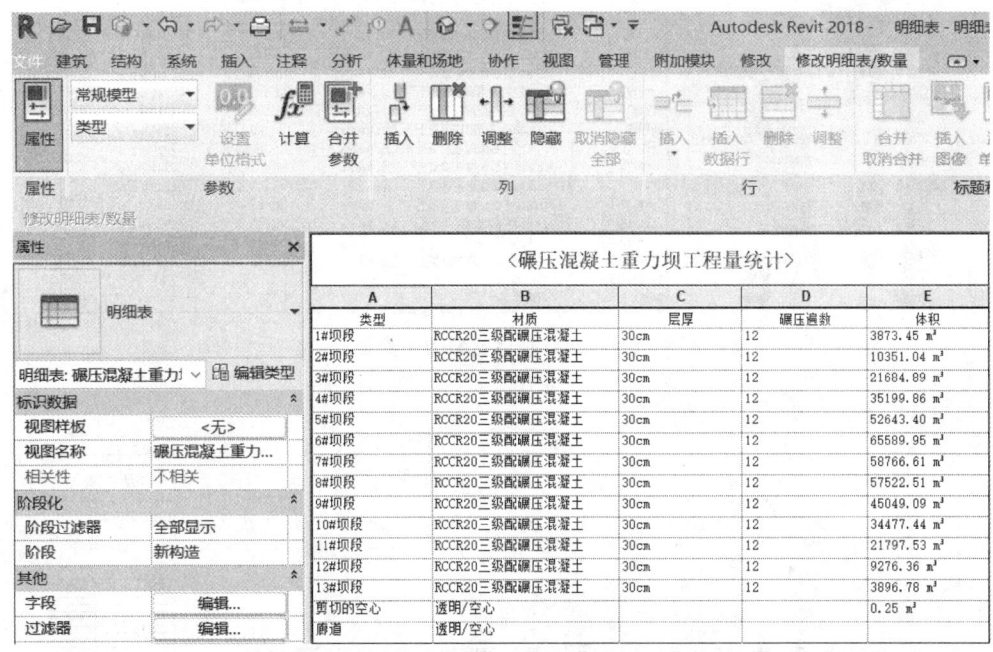

图 11.26 碾压混凝土重力坝工程量统计

2. 创建施工图

传统设计思路基本是先创建二维施工图,然后进行二次翻模,来创建三维可视化模型。BIM 技术不仅是一种三维数字化设计手段,同时也能导出二维施工图纸,实现了三维向二维的正向设计,即同时创建了二维图纸和三维数字化模型,体现出了 BIM 技术作为一种数据化工具,其强大的信息化、可视化、可出图、数据整合能力。

根据《水利水电工程制图标准 水工建筑图》规范,利用 Revit 软件管理和注释族设置好相关的线型、图幅、字体、尺寸标注样式等,再结合碾压混凝土重力坝工程 BIM 模型,利用 Revit 软件中的注释、剖面和图纸功能,可直接生成碾压混凝土重力坝工程施工图。由于 Revit 材质库里面截面填充样式与水利相关的填充符号较少,可考虑调用 AutoCAD 水利填充样式库,出图的效率和精度更高,如图 11.28 和图 11.29 所示。

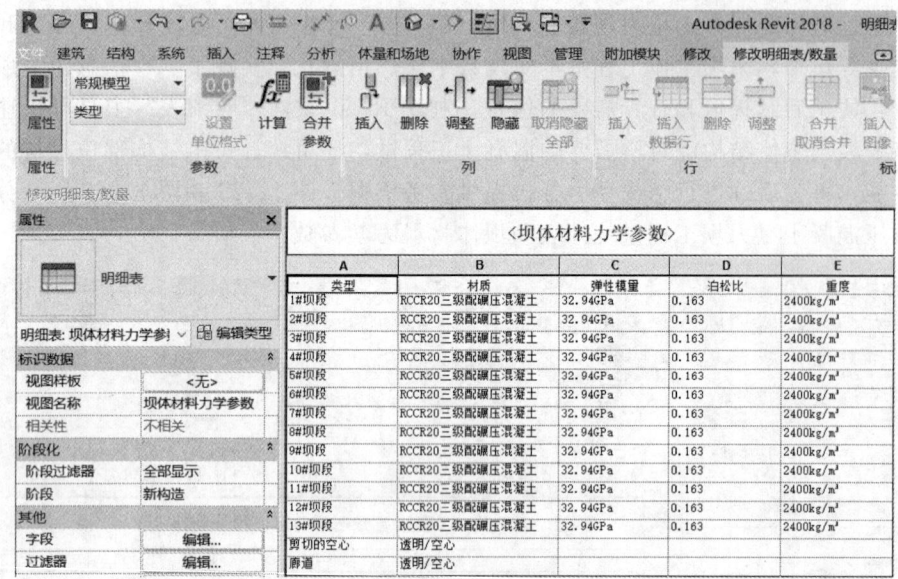

图 11.27　坝体材料力学参数

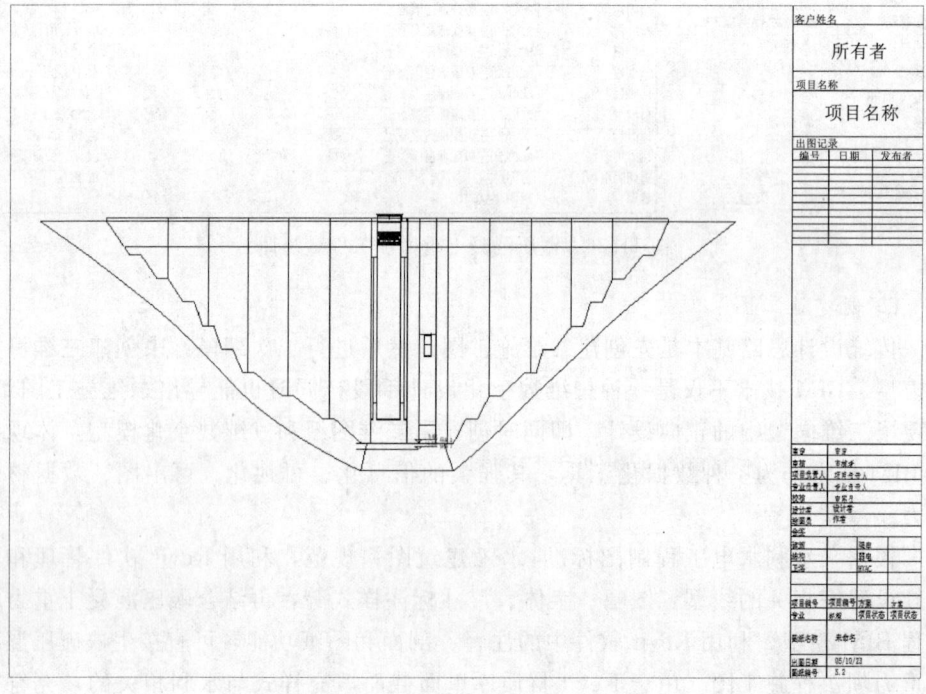

图 11.28　下游立面图

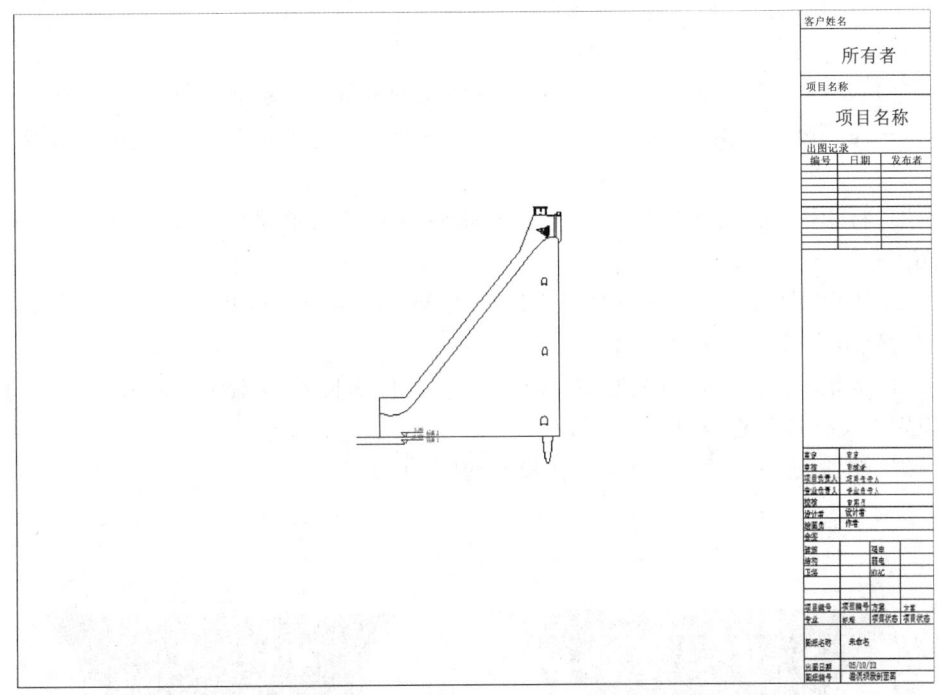

图 11.29　溢流坝段剖面图

11.4　成果输出与虚拟仿真演示

11.4.1　BIM+3D 打印技术输出成果

3D 打印技术被认为是第三次工业革命的重要载体，是一种智能化的快速生产方式。该技术是一种以数字模型文件为基础，利用粉末状金属或塑料等可黏合材料，通过逐层打印的方式来构造物体，通常利用 3D 数字打印机来实现，在模具制造、工业设计、机械加工、汽车制造、航空航天等领域应用广泛。近年来在土木工程领域也逐渐被运用，利用 3D 打印技术建造房屋。如果说 BIM 技术实现了"所见即所得"的 1∶1 真实模拟设计方案，那么配合 3D 打印技术就能将这种数字模型输出为实体产品，能够更好地供业主了解工程情况，各参建方能够更好地进行技术交底、技术推演、优化方案、模型试验等，甚至利用 3D 打印技术和工业机器人实现智能建造、智能管控。

为探索 BIM+3D 打印技术在水利工程中的应用思路，尝试用 3D 数字打印机输出碾压混凝土重力坝 BIM 模型，本书采用 Raise Pro2 工业级 3D 打印机，基本参数如下：

(1) 采用 FDM（熔融沉积成型）快速成型技术。

(2) 打印定位精度 XY 向达 0.0125mm。

(3) 打印层厚 0.01~0.25mm。

(4) 可使用主流材料［本次采用 PLA（聚乳酸）塑料］。

(5) 支持断料检查、断电续打。

(6) 支持 STL、OBJ 等文件格式，按照以下步骤进行模型打印。

1) 需将碾压混凝土重力坝 BIM 模型文件（.rvt）格式文件导出为 FBX 格式文件。

2) 将 FBX 格式文件使用 3D Max 软件打开，调整比例大小并导出为 OBJ 文件。

3) 使用 3D 打印机切片软件（本次使用 Model light）打开 OBJ 文件，做切片处理后导出为 GCode 格式文件。

4) 将碾压混凝土重力坝模型 GCode 格式文件拷贝到 U 盘中，插入 3D 打印机中识别该文件即可进行打印。

碾压混凝土重力坝 3D 打印实体模型如图 11.30 所示。

图 11.30　碾压混凝土重力坝 3D 打印实体模型

模型输出效果和质量与 3D 打印机精度高低关系较密切，本次输出结果较为理想，能够反映大坝主体结构，符合预期效果。

在未来技术手段成熟的时候，可考虑利用 BIM 技术建立碾压混凝土坝的数字模型，用 3D 打印调度系统设计好打印流水线，再指挥打印机配合多种智能工业机器人及 GPS（全球定位系统）定位技术，组成智能打印系统，进行碾压混凝土坝的施工作业，这将实现真正意义的水利工程智能建造，将是行业的一种革命性技术。

11.4.2　BIM＋虚拟仿真技术认知演示

随着新型智慧城市建设成效日益显著，大数据、云计算、虚拟仿真、VR、物联网等技术的应用日益成熟，智慧水利的建设需求和技术也在不断拓宽和提高，即通过数字化、信息化手段，基于实际水利工程，构建其三维数字化模型与数值仿真模型，建立水利工程的三维数字孪生场景，构建一个与物理世界同样的虚拟体，从而实现对物理实体的了解、分析、预测和优化，能一定程度上反映实际水利工程的建造及运行状态。

为打造该工程的轻量化数据库和数字孪生底板，利用模型接口实现了 Revit 与 BIM-CLASS 虚拟仿真平台的交互，通过在 BIM-CLASS 平台中自定义设置需要的功能模块,以该工程碾压混凝土重力坝为载体,构建了重力坝三维虚拟仿真认知平台,该平台包含两大模块,功能如下。

1. 重力坝整体认知模块

该模块是以该工程碾压混凝土重力坝 BIM 数字模型为载体,集成了工程概况、施工图、设计说明、计算书、重力坝图片、施工工艺视频等资源。对工程各参建方来说,本模块可用于展示该工程的全貌,便于工程各参建方快速了解工程整体概况,各方均可将相关资源上传至该模块,供各方共享信息和数据。对高校来说,可利用该模块进行重力坝的认知教学,在学生学习相关课程知识时,配合该模块,可让学生更加形象、直观地理解重力坝的相关知识和三维空间形态,并参考该模块重力坝的设计图纸和计算书,来完成课程设计、毕业设计等学习任务。对企业来说,可将该模块作为新人的认知培训辅助工具,并且该模块支持用户上传资源,企业可借助该平台,打造自己的工程案例宣传展示平台。

2. 重力坝结构认知模块

该模块仍以该工程碾压混凝土重力坝 BIM 数字模型为载体,侧重于结构认知,将整个模型拆解为左岸坝段、右岸坝段、溢流坝段、廊道、启闭机、场地等六个模块,支持自动和手动两种模型拆解及组合方式,以动画的形式表现。拆解后的单个结构可查看其工作原理、结构图纸、设计说明、图片、动画视频等资源。对工程各参建方来说,使用该模块的功能,便于各方了解结构信息,设计的合理性,多专业方案的正确性。对高校来说,该模块提供的重力坝相关结构认知资源,可有效解决教学中的难点和痛点,如廊道的空间布置、重力坝的分缝、闸门启闭原理等,该模块配备了大量的动画、视频、图片、文档资料,供学生作为认知学习使用,效率更高。对企业来说,该模块可作为新人的认知培训辅助工具,重力坝结构设计的参考资料。

该平台除了重力坝认知功能外,还可进行三维虚拟仿真相关的模拟操作。根据智慧水利感知层技术原理,在虚拟环境中实现了对大坝水位的动态监测和模拟,为后续水利工程安全监测和信息化管理奠定基础。重力坝三维虚拟仿真认知平台如图 11.31~图 11.35 所示。

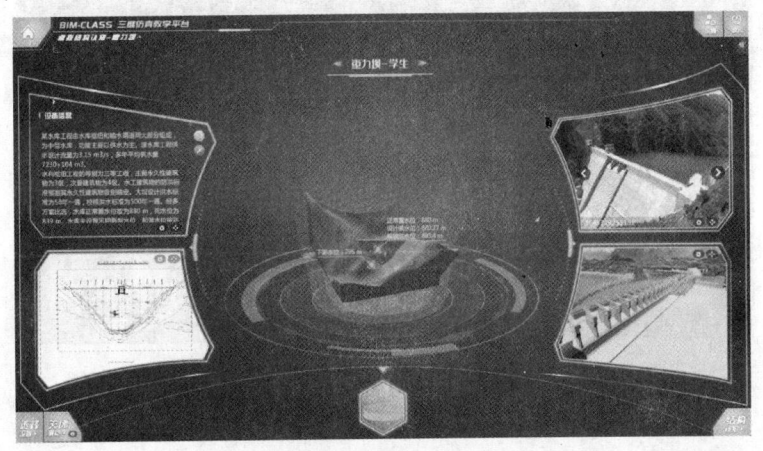

图 11.31 重力坝整体认知模块

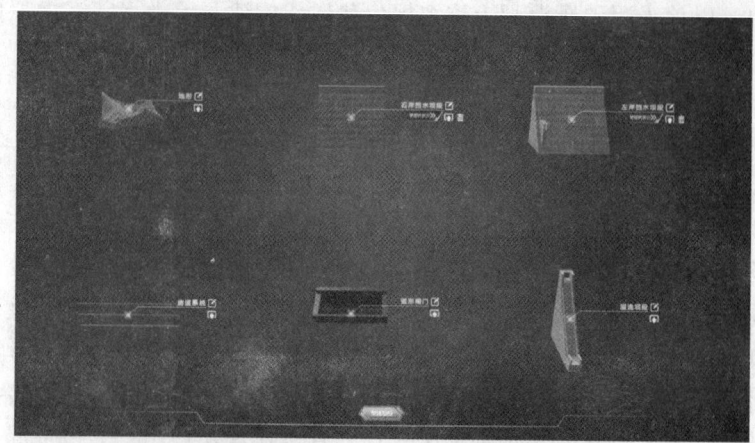

图 11.32 重力坝结构认知模块

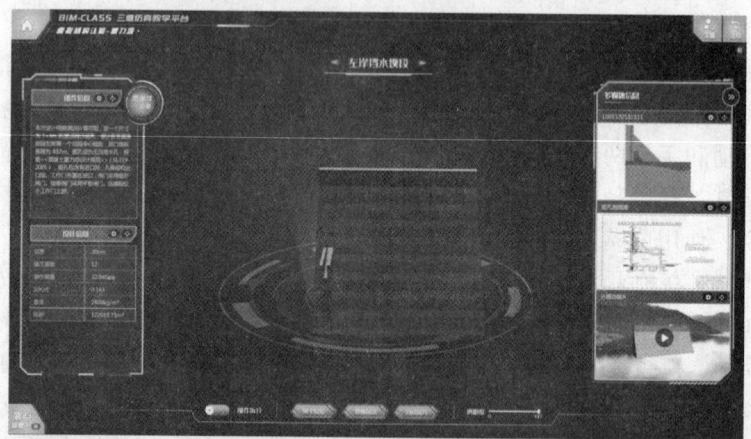

图 11.33 左岸坝段结构认知单元

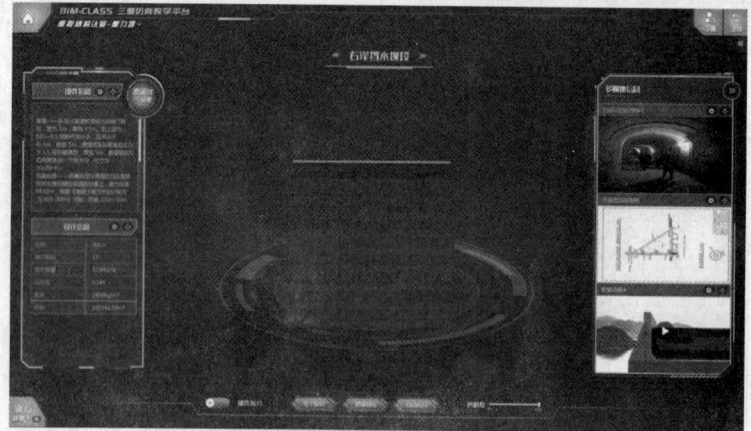

图 11.34 右岸坝段结构认知单元

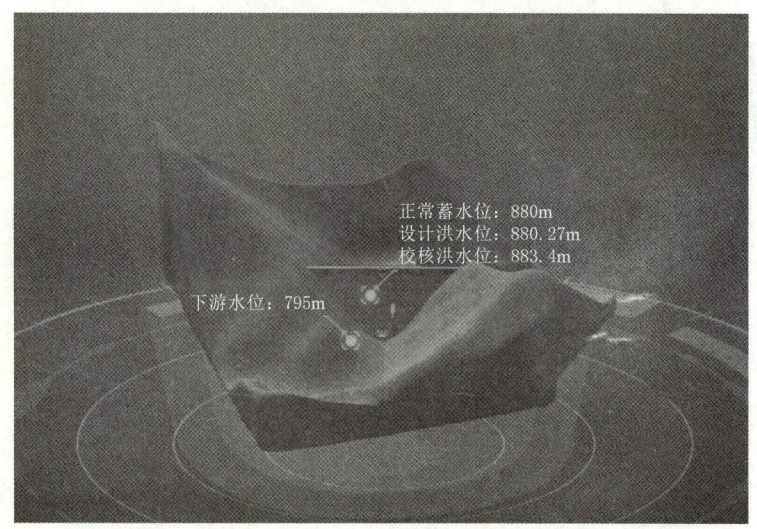

图 11.35　大坝水位动态测点信息

第 12 章

土石坝工程 BIM 应用

12.1 土石坝工程BIM应用

12.1 构建流域三维数字地形

12.1.1 工程概况

某土石坝水利枢纽工程布置主要由混凝土面板堆石坝、溢洪道和引水发电系统组成三部分组成，工程规模为Ⅰ等大（1）型工程，坝顶高程 729.5m，最大坝高 210m，电站装机容量 480MW，装 3 台 160MW 水轮发电机组。

水库正常蓄水位 723m，相应库容 14.11 亿 m^3，死水位 670m。坝址以上集水面积 3913km^2，厂址位于坝址下游约 16km 处。永久性主要水工建筑物挡水坝、溢洪道、进水口为 1 级，引水隧洞、调压井、压力管道、地面厂房等为 2 级。

该工程的溢洪道布置在大坝的左坝肩，由引渠段、溢流堰堰闸段、泄槽段、挑流鼻坎和水垫塘组成，建筑物全长 698m（含引渠段、水垫塘）。

引渠段底板高程为 698.0m，长 136m，最小宽度 51.5m。堰前右侧设长度 17m 的导墙与堰闸段相接。

溢流堰堰闸段的闸顶高程 729.5m，堰顶高程 705m，建基面高程 693m。闸室段长 42m，总宽度为 76.5m；共 3 孔，孔口尺寸为 14.5m×18.0m（宽×高），在孔口中心设纵缝。闸墩采用预应力闸墩结构，中墩厚度均为 4m，边墩为重力式墩墙，顶部厚度 3.5m。左边墩的左侧为左岸门库段，右边墩的右侧为大坝。

溢洪道设 14.5m×18.9m 的平板检修门以及 14.5m×19m 的弧形工作门，平板检修门由闸顶门机启闭；弧形工作门由液压启闭机启闭。

堰闸段堰体内设有 2.5m×3.0m 的帷幕灌浆廊道以及 1.3m×1.8m 的纵向排水廊道。

溢洪道正常运用洪水重现期为 1000 年（$p=0.1\%$），相应洪峰流量 4804m^3/s；溢洪道非常运用洪水重现期采用 PMF（可能最大洪水），相应洪峰流量 12136m^3/s（下泄 9745m^3/s）；泄水消能防冲建筑物正常运用洪水重现期 100 年（$p=1\%$），相应洪峰流量 3115m^3/s。

某水利枢纽工程特征水位见表 12.1。

表 12.1　　　　　　　　　　某水利枢纽工程特征水位

工况		水位/m	流量/(m³/s)	备注
库区特征水位	校核洪水位	728.81	12136（入库）	PMF
	设计洪水位	723.00	4804（入库）	1000 年一遇洪水
	正常蓄水位	723.00	—	
	死水位	670.00	—	
下游特征水位	校核洪水位（坝址）	541.15	9745（下泄）	PMF
	设计洪水位（坝址）	535.21	4804（下泄）	1000 年一遇洪水
	百年一遇洪水位（坝址）	532.50	3115（下泄）	100 年一遇洪水

12.1.2　Civil 3D 创建三维数字地形

三维数字地形模型相较于传统的二维地形，能更加直观且准确地描述一个区域的地形属性（包括高程、坐标、坡度、坡向等），是水利工程中水工建筑物布置和施工组织活动的重要场所。本书主要利用 Civil 3D 对原始二维地形进行处理，将二维地形图转换为三维地形实体，并与土石坝实体模型通过空间点的定位组合起来，以此展示水利工程 BIM 三维设计的具体实现过程及应用。

Civil 3D 既能直接读取 DWG 文件格式，较为准确地导入原始地形数据，又提供强大的原始数据处理功能，如测量点数据文件、DWG 图形中的点数据、现有等高线地形图、三维特征线等，极大地提高了基础工作效率并能有效避免原始数据的丢失。

Civil 3D 建立地形曲面，首先选择曲面类型，为了能够详细地表现复杂地形高低起伏的实际情况，本书创建的曲面类型采用不规则三角形网格，用分散的地形点按一定的规则构成一系列不相交的三角形网，将三角形网格顶点高程进行内插即可定义出曲面上任一点的高程，其三角形网格特点是能够充分体现地形高程变化细节，适用于地形复杂的环境。然后创建一个曲面对象，即在工具空间的"快捷方式浏览"选项板上找到"曲面"结点，单击新建并赋予新曲面名称和描述；最后单击曲面对象的"定义"，并根据源数据的类型和质量，选择使用单一或混合多种源数据生成曲面，例如边界、特征线、图像对象、点编组、等高线、点文件、DEM 文件等，图 12.1 所示为 Civil 3D 创建曲面界面，图 12.2 所示为原始二维地形。不同的数据源可采用不同的原始数据处理方法，本书选择点文件和等高线创建地形曲面，图 12.3 所示为 Civil 3D 创建的原始地形曲面。

原始地形曲面创建后，需对部分有问题的地形信息进行适当的处理，即转换、查错、简化离散高程数据。利用 Civil 3D 强大的曲面编辑功能（如添加三维数据点、添加三角形边界、设置高程范围等多种方式）对曲面进行调整和修改，得到准确的地形曲面，继而建立符合实际工程情况的地形曲面实体，图 12.4 所示为 Civil 3D 创建的三维地形曲面。

第12章　土石坝工程 BIM 应用

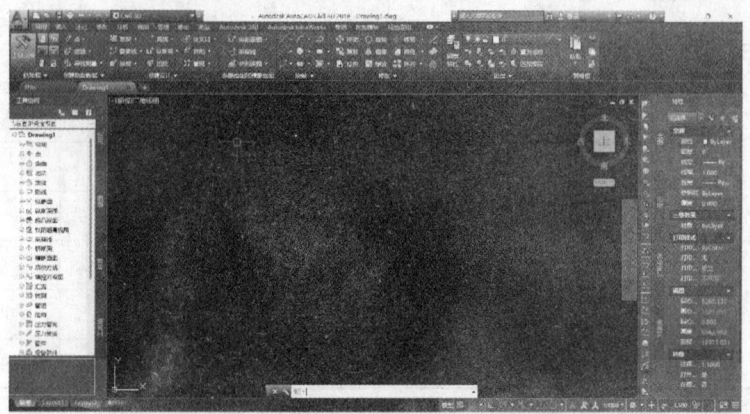

图 12.1　Civil 3D 创建曲面界面

图 12.2　原始二维地形

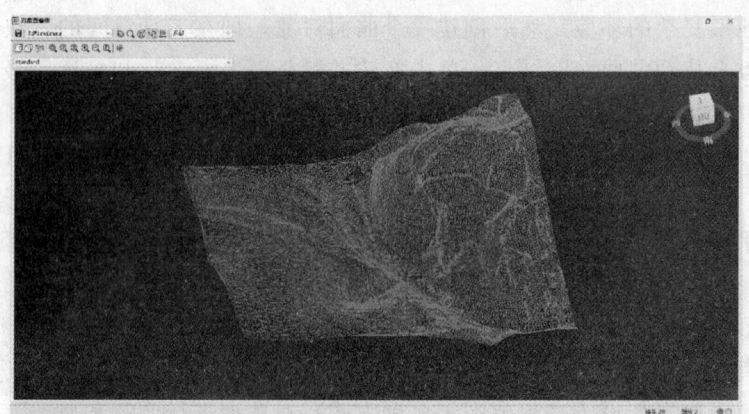

图 12.3　Civil 3D 创建的原始地形曲面

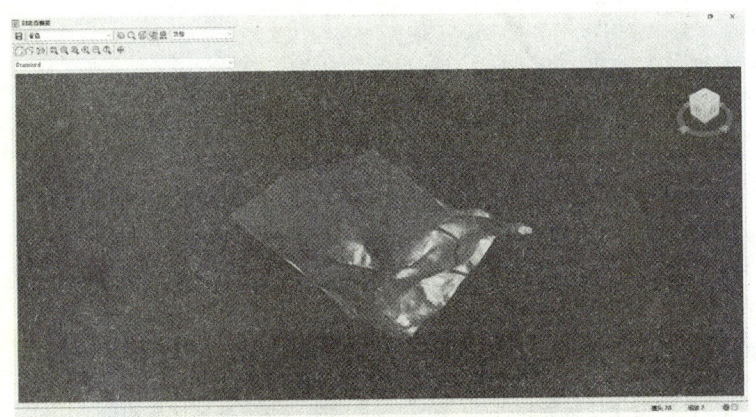

图 12.4　Civil 3D 创建的三维地形曲面

12.2　构建库区主体结构 BIM 模型

12.2.1　创建混凝土面板堆石坝 BIM 模型

采用 Autodesk 公司的 BIM 核心建模软件 Revit，来构建混凝土面板堆石坝参数化模型。根据大坝主体结构功能和材质的不同，可将大坝划分为主堆石区、次堆石区、混凝土面板、排水棱体、防浪墙、坝顶道路、垫层区、过渡区等多个族构件。

利用 Revit 族编辑器的拉伸、旋转、放样、放样融合等命令，建立大坝族构件实体模型。通过创建关联参数、共享参数、标签、调试驱动等进行族参数化设计。

根据参数化规则和方法，结合工程特点和应用需求，依次定义和创建大坝结构主要参数化族构件。各参数化族构件添加参数主要包括尺寸参数（长度、宽度、高度）和材质参数（材质），大坝族库体系如图 12.5～图 12.15 所示。

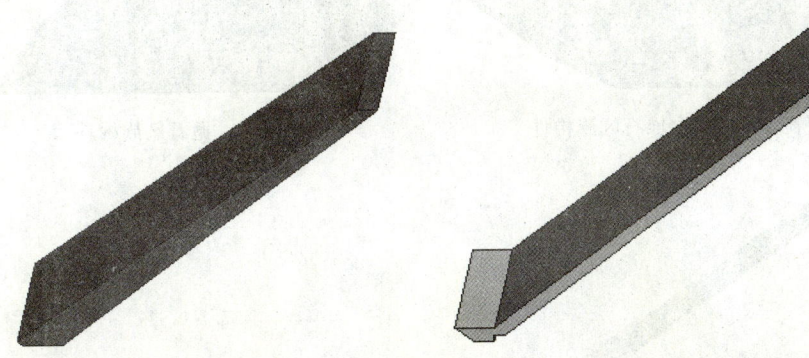

图 12.5　盖重区族构件　　　　图 12.6　上游铺盖区族构件

构建混凝土面板堆石坝参数化族库后，可以通过调用族库、调整参数、快速装配，生成对应工程所需要的大坝 BIM 模型，大幅提升了建模效率，通过调整参数控制模型，精度更高，修改模型更加便捷。

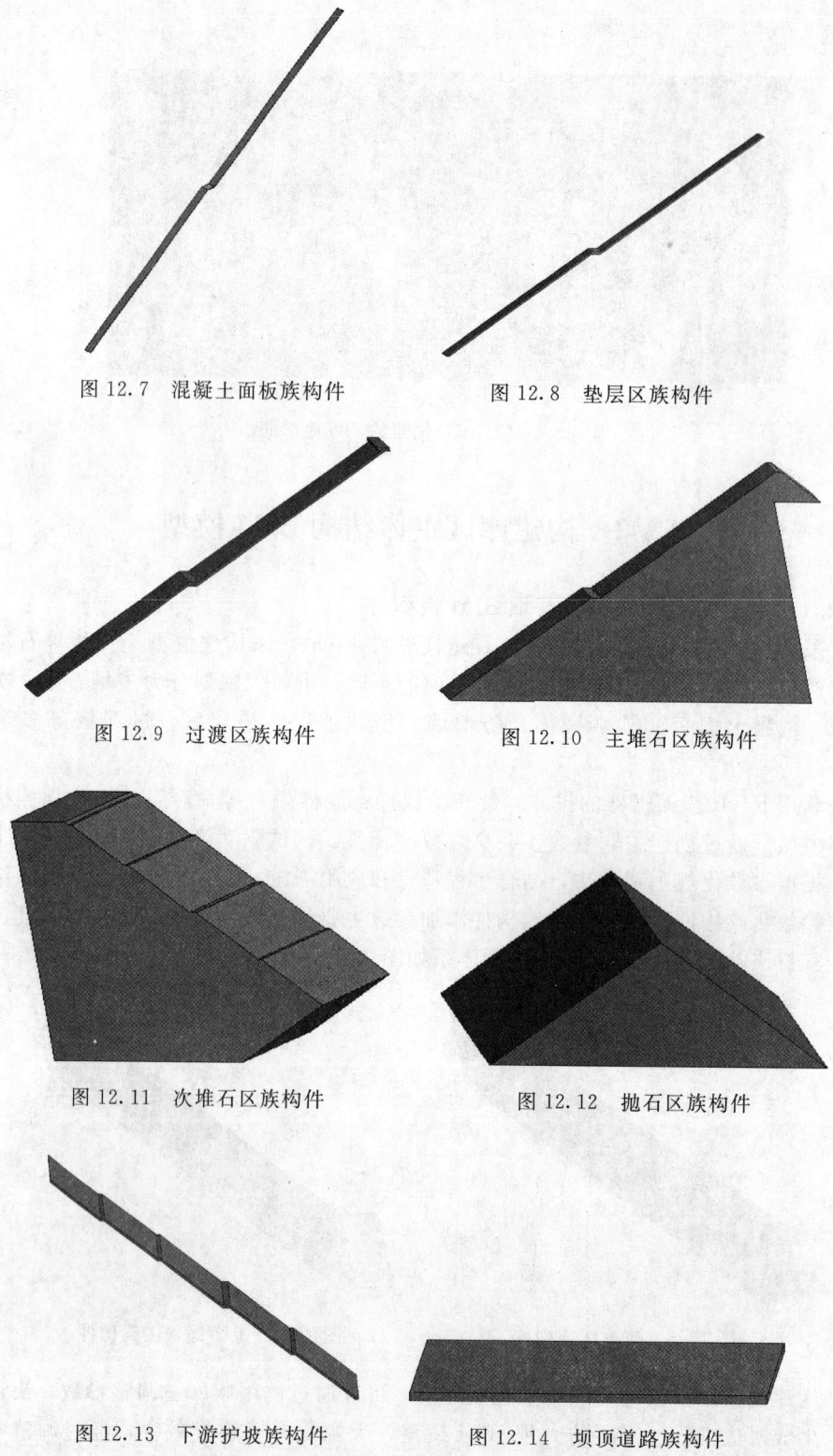

图 12.7　混凝土面板族构件　　　图 12.8　垫层区族构件

图 12.9　过渡区族构件　　　图 12.10　主堆石区族构件

图 12.11　次堆石区族构件　　　图 12.12　抛石区族构件

图 12.13　下游护坡族构件　　　图 12.14　坝顶道路族构件

结合工程特点、尺寸和材质信息等，可通过调用上述族库，在项目样板中进行模型装配。首先要设置项目基点高程与实际坝底高程一致，然后设置高程平面定义高程，创建平面定位线，保证模型的精确性。然后将已经创建好的混凝土面板堆石坝族构件依次载入项目，利用移动、复制、对齐等命令，在平面和立面视图中，将每个族构件放置在对应位置并设置相关参数，最终生成混凝土面板堆石坝 BIM 模型，如图 12.16 所示。

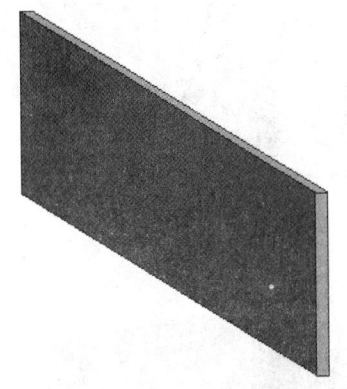
图 12.15　防浪墙族构件

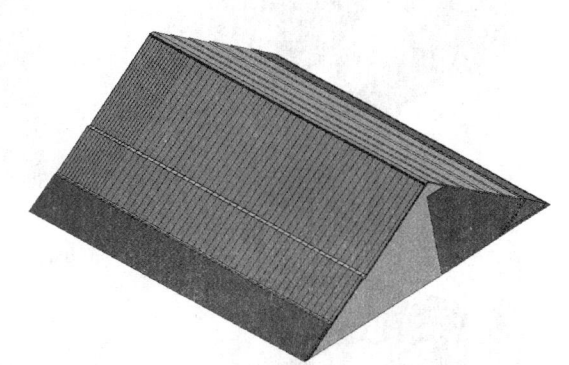
图 12.16　混凝土面板堆石坝 BIM 模型

12.2.2　创建溢洪道 BIM 模型

采用 Autodesk 公司的 BIM 核心建模软件 Revit，来构建溢洪道参数化模型。根据溢洪道主体结构功能和材质的不同，可将溢洪道划分为中墩、边墩、工作桥、交通桥、启闭机室、泄槽、鼻坎等多个族构件。

利用 Revit 族编辑器的拉伸、旋转、放样、放样融合、空心形状等命令，建立溢洪道族构件实体模型。通过创建关联参数、共享参数、标签、调试驱动等进行族参数化设计。

根据以上规则和方法，结合工程特点和应用需求，依次定义和创建溢洪道结构主要参数化族构件。各参数化族构件添加参数主要包括尺寸参数（长度、宽度、高度）和材质参数（材质），溢洪道族库体系，如图 12.17～图 12.26 所示。

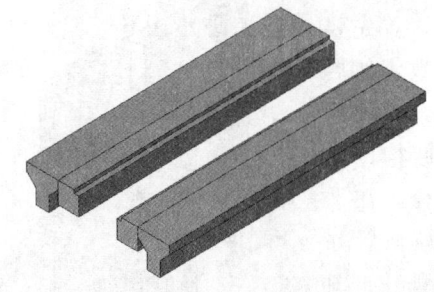
图 12.17　工作桥族构件

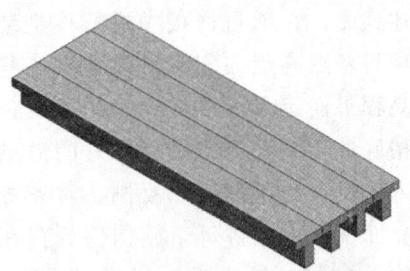
图 12.18　交通桥族构件

构建溢洪道参数化族库后，可以通过调用族库、调整参数、快速装配，生成对应工程所需要的溢洪道 BIM 模型，大幅提升了建模效率，通过调整参数控制模型，

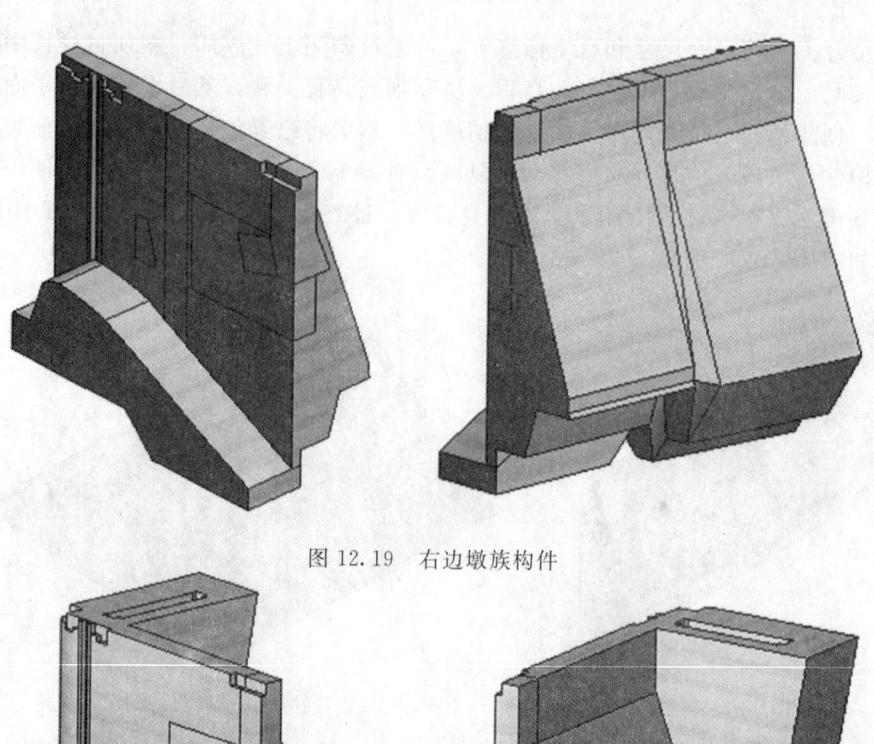

图 12.19 右边墩族构件

图 12.20 左边墩族构件

精度更高,修改模型更加便捷。

结合工程特点、尺寸和材质信息等,可通过调用上述族库,在项目样板中进行模型装配。首先要设置项目基点高程与实际溢洪道底高程一致,然后设置高程平面定义高程,创建平面定位线,保证模型的精确性。然后将已经创建好的溢洪道族构件依次载入项目,利用移动、复制、对齐等命令,在平面和立面视图中,将每个族构件放置在对应位置并设置相关参数,最终生成溢洪道 BIM 模型,如图 12.27 所示。

12.2.3 BIM 多专业协同深化设计

水利枢纽工程建设涉及众多专业,传统工作模式

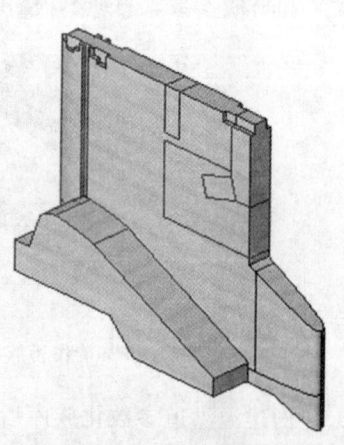

图 12.21 中墩族构件

和组织实施方案在协调各专业时难度大、工作量大，容易出现各专业设计方案冲突。利用 BIM 新技术参与项目建设的各个阶段，便于各专业间协同工作，为水利工程深化设计及现场实际施工中的问题冲突提供了指导性的解决方案。在实际工程中基于 BIM 模型的讨论能大大提高解决问题的效率，与传统协调方式相比，采用 BIM 协调各专业各单位之间的工作能节约 50% 的协调时间，且大幅提升了设计效率、精度及合理性。

该工程建设内容较多，涉及专业众多，采用 BIM 技术进行三维数字化设计，模拟实际工程建设过程，考虑大坝、溢洪道、地质、金属结构等多个专业协同工作，同步设计。利用 Civil 3D 软件，根据实测的地形、地质数据，建立三维数字地质模型，来模拟施工场地实际情况及地形地质构造。还可利用剖切工具，快速切割模型，导出地形剖面图。利用 Revit 族功能创建金属结构族，如弧形闸门、钢梁等结构，进行参数及材质的添加，来模拟实际闸门工作原理及布置。利用 Revit 软件创建混凝土面板堆石坝和溢洪道结构参数模型，最终可在 Revit 软件中将多个专业设计方案进行整合，做碰撞检查找各专业设计问题，并给出解决方案，多专业整合模型如图 12.28 和图 12.29 所示。

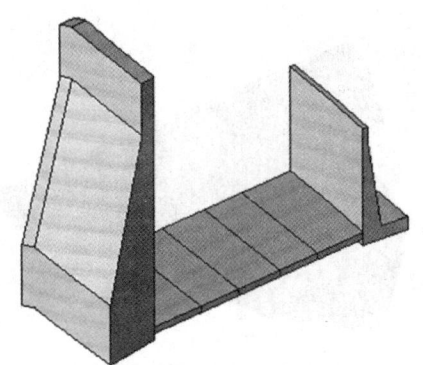

图 12.22　泄槽一段族构件

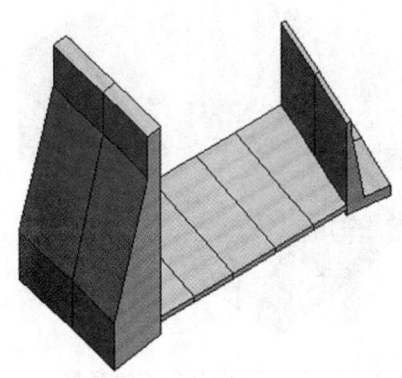

图 12.23　泄槽二段族构件

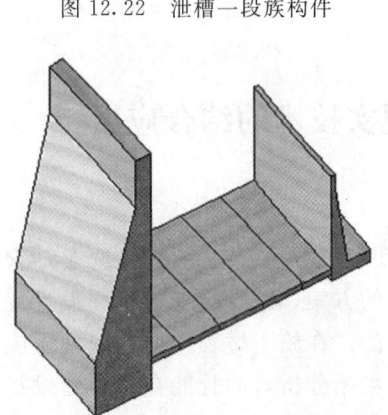

图 12.24　泄槽三段族构件

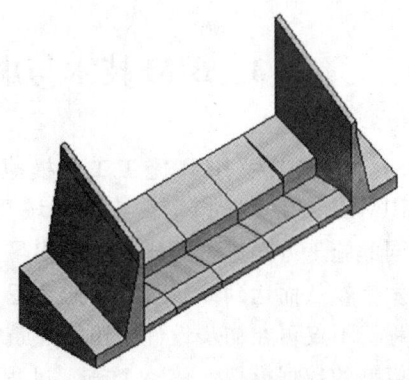

图 12.25　泄槽四段族构件

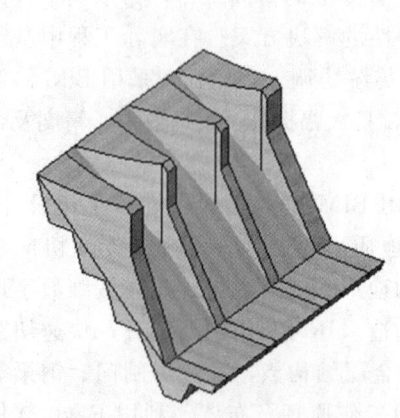

图 12.26　鼻坎族构件

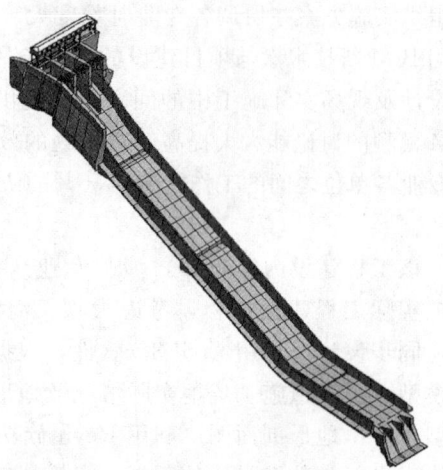

图 12.27　溢洪道 BIM 模型

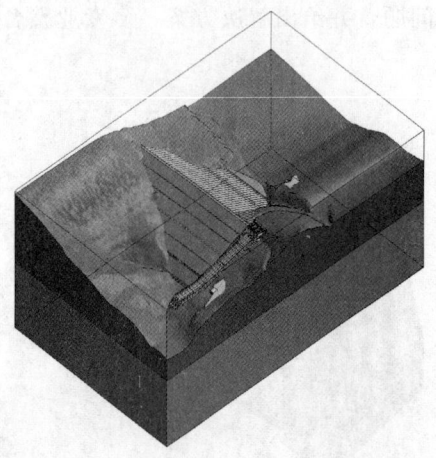

图 12.28　多专业整合 BIM 模型

图 12.29　交互开挖后的混凝土面板堆石坝 BIM 模型

12.3　BIM 技术与虚拟现实技术的结合应用

12.3.1　水利工程 BIM 施工工艺模拟

BIM 的施工工艺模拟在建造领域具有现实意义，在施工工艺优选上，它可以将不同的施工方案进行对比，选择出最为合适的方案，减少施工过程中设计变更情况的发生，从而达到缩短工期，避免返工的目的。在施工过程中，它简便了施工设计过程，不仅可在初步设计阶段对建筑物进行数据分析，而且能在整个建设过程中完成模型的数据模拟，使整个施工过程在可视化的环境中进行。在可视化处理下，通过多视角的观察，可以打破以往经验不丰富的施工人员依靠传统二维 CAD 平面图纸难以完成的复杂节点或者有着严格施工工艺要求的局面，使设计更加直观，同时减少了返工带来的损失,确保后续施工的正常进行与信息的正确传递,具有良好的应用价值。

BIM 施工工艺模拟主要以创建制作施工动画的形式来展现,这里基于 Lumion 三维实时可视化和渲染软件,来制作该工程施工工艺模拟动画。Lumion 支持创建漫游和动画、用户可以设置路径、相机视角和动画效果实现虚拟环境中的自由漫游和导航。将该工程 BIM 多专业协同深化设计整体数字模型,按照场地、混凝土面板堆石坝、溢洪道等分块导出,依次导入 Lumion 软件中,设置各个主体部分的动画参数。通过在 Lumion 中设置各个结构构件的图层→定义漫游路径及镜头参数→选取相关模型添加阶段动画→选取相关模型添加生长动画→调整动画形式及时间顺序→渲染输出各部分及整体的施工工艺模拟动画。将 Lumion 制作的动画资源后续导入 VDP(Virtual Design Platform,虚拟现实设计平台),能很好地弥补 VDP 在动画制作方面的短板,施工工艺模拟动画制作如图 12.30~图 12.32 所示。

图 12.30　混凝土面板堆石坝施工模拟

图 12.31　溢洪道施工模拟

图 12.32　主体结构施工工艺推演完成

12.3.2　BIM+ANSYS 的水利工程三维数值模拟

有限单元法是将连续的求解区域离散为一组有限个,且按一定方式相互联结在一起的单元的集合体,利用每个单元内假设的近似函数来分片表示整个求解区域上待求的未知函数。单元内的近似函数一般是用未知场函数及其导数的节点值和插值函数来表示的,在有限元分析过程中,未知场函数或其导数的节点值成为新的未知量,根据求解未知量的有限元方程,一旦解出这些未知量,即可通过插值函数计算出各单元内场函数的近似解,从而得到整个求解区域上的近似解,至此,一个连续求解区域中的无限自由度问题,就转化成为了一个离散的有限自由度问题。由于单元几何形状的多样性,且单元之间可以按照不同的联结方式进行联结,打破了求解区域几何形状对模型化的限制,因此,有限单元法对力学及其他物理问题的求解具有很好的通用性。若单元满足收敛要求,则随着单元几何尺寸的缩小、自由度的增加及插值函数精度的提升,所求问题的近似解将会逐渐收敛于其精确解。

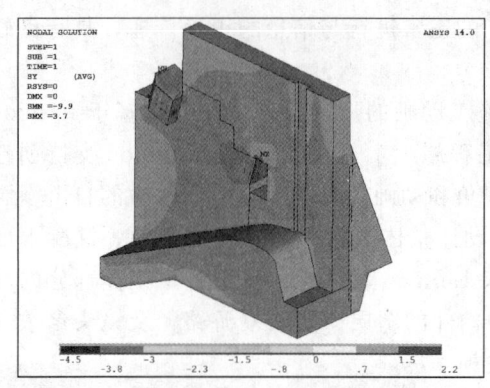

图 12.33 中墩正常蓄水工况整体
应力云图（单位：MPa）

这里采用 BIM＋ANSYS 交互的方式，对水库运行期间的受力状态进行分析模拟。利用 Revit 软件将溢洪道闸室段结构导出为 SAT 格式文件，并将几何模型导入 ANSYS 中，检查模型、划分网格、设置力学参数、加载计算。

进行有限元计算时只考虑一期浇筑混凝土结构，左边墩不模拟门库，右边墩不模拟导流段，简化后闸室段应力计算结果见图 12.33～图 12.35。通过分析溢洪道闸室段各闸墩的应力状态可知，结构各部位无应力集中现象，受力状态良好，结构设计合理，为后续可视化管理平台设计提供力学分析数据。

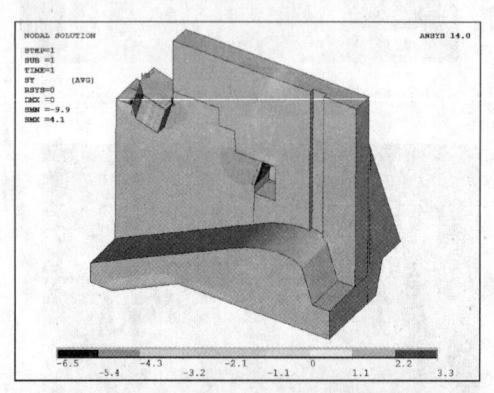

图 12.34 中墩最不利工况整体
应力云图（单位：MPa）

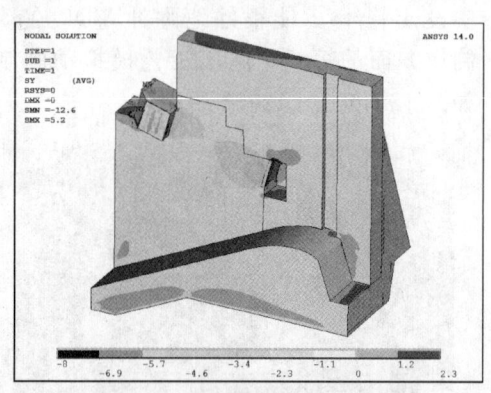

图 12.35 右边墩最不利工况整体
应力云图（单位：MPa）

12.3.3 BIM＋VR 的水利工程可视化设计

VDP 软件是运用虚拟现实 VR、增强现实（AR）等先进技术的沉浸感、互动感、真实感，结合相关硬件与软件，围绕着学生的识图能力、制图与表现能力、设计能力、施工组织与管理能力，构建以工作过程为导向、以任务为驱动的课程体系，解决理论教学和实践教学方面诸多难题。VDP 平台完美支持常用的 Unity、3D Max、Revit 等 3D 模型设计软件，通过后台生成 AR、VR 展示效果，对企业而言，用户可以通过 AR 进行户型展示、比选、讲解等操作，同时一键生成 VR 方案，沉浸式体验真实的虚拟样板间户型，在加深对户型认知的同时提升企业品牌形象。

这里以 VDP 虚拟现实设计软件为开发平台，通过命令流关联的方式，将整个水利工程 BIM 模型与 VDP 软件中的功能按钮进行链接，形成了该工程的三维可视化管理平台。本平台包含四大功能模块，分别是数据文件管理、施工可视化管理、工程运维可视化管理、工程安全体验。

1. 数据文件管理模块

水利工程往往涉及的专业较多，产生的工程数据量较大。该工程采用 BIM 进行多专业协同设计，并对各专业方案进行整合，最终生成的 BIM 项目文件，不仅包含了三维可视化模型，而且嵌入了大量的工程数据，如尺寸、材质、工程量、图纸、地形数据、构造信息等。随着数据量的增加，BIM 文件越来越大，运行时容易出现卡顿、崩溃等现象，对计算机的性能要求越来越高。对于 ANSYS 软件计算的结构应力、位移等数据，无法与 BIM 模型匹配同步显示。

依托 VDP 平台的接口技术，可对该工程在设计阶段产生的 BIM 项目文件，进行压缩转化处理，生成一个轻量化数据库，使得该工程 BIM 模型运行更加流畅，并且信息数据完备不丢失。还可将应力、位移云图导入平台，与 BIM 模型进行关联，单击对应结构时，同步显示应力、位移云图和结构构造信息。

该平台数据接口具有开放性，支持上传的文件类型较多，可实现项目全生命周期各阶段数据、文件等动态上传更新、实时查询、可视化分析等功能，所有数据都在云端共享，项目组可登录账号进入平台查看和更新数据，改变了传统水利工程项目数据管理方式，这一数据库信息更加完备，管理更加便捷。

2. 施工可视化管理模块

利水电工程施工是一个复杂、动态的系统，它涉及工程施工的各个方面，并且各环节之间互相关联、互相作用、互相渗透。根据水利水电工程施工场地布置的动态特性及内部各环节的联动性，借助虚拟现实技术，开发该工程施工可视化管理模块，能实时模拟施工场地布置和施工组织进度，并随工程施工进度计划的推进处于动态演变的过程中，为管理者提供合理决策和调配依据。

虚拟现实技术的出现和发展，为水利工程智能建造模拟和推演，提供了一种新的思路和方法。依托 VDP 平台开发的本项目虚拟仿真资源，进行二、三维联动的智慧化展示，如虚拟建造、能耗分析、方案比选、碰撞检查、场地布置等，将 BIM 模型进行数字化呈现，通过二维与三维联动展示项目建造过程、阶段、结果及数据等项目信息。在可视化管理平台中，进行该工程施工场地模拟，模拟导流隧洞→围堰建造→基坑排水与开挖→大坝建造→溢洪道建造→围堰拆除→正常蓄水等施工全过程场景动态变化情况，推演施工过程。

施工组织模拟模块可实时监控项目建设的全过程，一方面随着施工进度的推进可以实时更新呈现地形、道路、施工场地、水位及各主要建筑物的面貌；另一方面能有效地收集、整理施工资料，对施工现场情况进行仿真模拟，让有关工作人员能够从多个角度观察和分析，使其对项目的整体情况有一个全面认识，掌握整个施工进度和施工中出现的问题，及时发现施工现场的潜在危险并进行预警处理，有效规避相关施工风险。

3. 工程运维可视化管理模块

依据项目管理进度计划，在 VDP 平台中集成工程数据，并进行时空演变过程模拟，推演某一时段工程现场场景，实时生成动态画面。

利用漫游功能，在虚拟场景中设置好漫游路径，来模拟大坝安全监测中的人工巡查环节，借助 BIM＋VR 人机交互手段，巡查人员可戴上 VR 头盔手持操纵柄，沿着设置好的巡查路径，进行沉浸式漫游，模拟大坝巡查过程。

通过将降雨、风等 VDP 内嵌功能与 BIM 模型绑定，来模拟该工程的实际运行情况，观察环境量的变化对整个工程的影响。利用 BIM＋VR 人机交互，调用水文水情信息数据，控制降雨按钮模拟雨季水位变化过程，为防洪调度和预警做准备；控制风荷载按钮模拟不同等级风荷载作用下，库区水面、大坝、溢洪道等的变化。

通过在 VDP 平台中开发闸门启闭控制功能，借助 BIM＋VR 人机交互手段，利用手柄操控闸门启闭按钮，模拟溢洪道闸室弧形闸门的开启与关闭，模拟泄流和蓄水的过程，在闸门启闭的同时，可实时查看 ANSYS 软件应力、位移计算结果云图，模拟闸室段应力与变形监测过程。

4. 工程安全体验模块

水利工程施工和运维过程，往往存在诸多安全隐患，因此对工程人员进行安全教育，是一项非常重要的工作，直接让相关人员去现场参观风险较大。

以本项目 BIM 模型为载体，在 VDP 平台中开发和设置危险区、风险提示信号、应急预案、安全教育动画等，配合一些实际工程事故图片、视频等资源，体验者通过 VR 头显设备，置身于虚拟施工现场，以第一和第三视角，分别体验不同安全事故伤害的严重后果，并通过对事故原因、防范措施的简要交互问题，在震撼体验同时，进一步提高安全意识。

BIM＋VR 模拟把水利工程工地的实景转换到虚拟场景中，可直接体验闸门检修、洪水演进、溃坝、高空作业，智慧工地安全培训，工地安全排查等效果；可以对各构件定位、排版、做法、标准、属性等信息进行查看。施工人员头戴 VR 眼镜、手握控制手柄，即可"亲历"施工中可能发生的危险场景，直观地感受违规操作带来的危害，也可以通过虚拟场景模拟，学习掌握相应的防范知识及应急措施，有效避免施工时的安全事故。

该工程 BIM＋VR 三维可视化管理平台如图 12.36～图 12.40 所示。

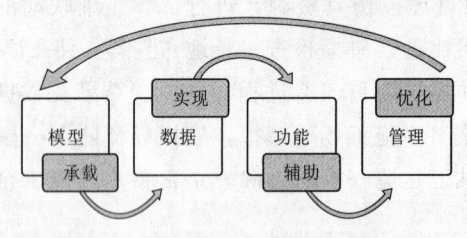

图 12.36　可视化平台开发基本框架

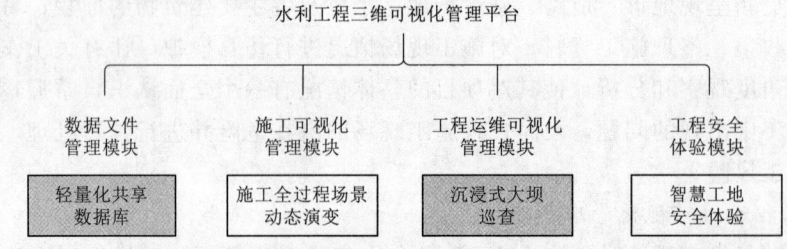

图 12.37　水利工程三维可视化管理平台功能模块

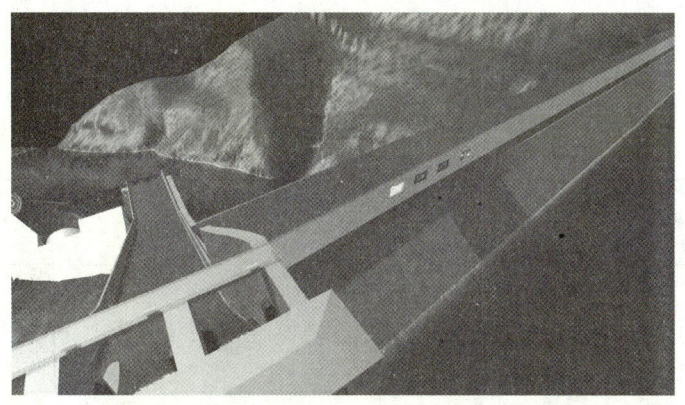

图 12.38　施工组织模拟

图 12.39　BIM＋VR 人机交互操作台

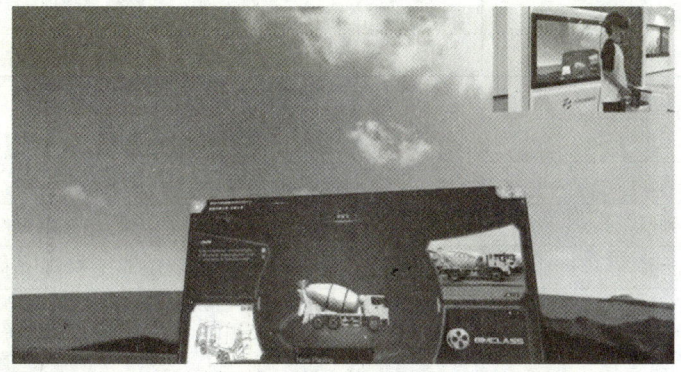

图 12.40　工程安全体验

附录 A Revit 快捷键

一、建模绘图工具常用快捷键

命　　令	快捷方式	路　　径
墙：建筑	WA	建筑＞构建；结构＞结构；体量和场地＞面模型
墙：结构		
墙：面墙		
门	DR	建筑＞构建
窗	WN	建筑＞构建
放置构件	CM	创建＞模型；建模＞构建；结构＞模型
内建模型		建模＞构建；结构＞模型；系统＞模型
结构柱	CL	建筑＞构建；结构＞结构
柱：建筑		建筑＞构建
楼板：结构	SB	建筑＞构建；结构＞结构
模型线；	LI	创建＞模型；创建＞详图；创建＞绘制； 修改＞绘制；上下文选项卡＞绘制； 上下文选项卡＞工具
边界线		
线形钢筋		
绘制线		
模型组：创建组	GP	创建＞模型；注释＞详图；修改＞创建； 创建＞详图；建筑＞模型；结构＞模型
详图组：创建组		
房间	RM	建筑＞房间和面积
标记房间	RT	建筑＞房间和面积；注释＞标记
标记房间		
房间标记		
轴网	GR	建筑＞基准；结构＞基准
标高	LL	创建＞基准；建筑＞基准；结构＞基准
参照平面	RP	创建＞基准；创建＞绘制；修改＞绘制； 建筑＞工作平面；结构＞工作平面；系统＞工作平面； 上下文选项卡＞工作平面
参照平面		
对齐尺寸标注	DI	注释＞尺寸标注；修改＞测量；创建＞尺寸标注； 上下文选项卡＞尺寸标注；快速访问工具栏
文字	TX	注释＞文字；创建＞文字；快速访问工具栏
高程点	EL	注释＞尺寸标注；修改＞测量；上下文选项卡＞尺寸标注
详图线	DL	注释＞详图
按类别标记	TG	注释＞标记；快速访问工具栏
按类别标记		

续表

二、编辑修改工具常用快捷键

命 令	快捷方式	路 径
修改	MD	创建＞选择；插入＞选择；注释＞选择；视图＞选择；管理＞选择；修改＞选择；建筑＞选择；结构＞选择；系统＞选择；分析＞选择；体量和场地＞选择；协作＞选择；上下文选项卡＞选择
选择链接	MD	
选择基本线图元	MD	
选择锁定图元	MD	
按面选择图元	MD	
选择时拖曳图元	MD	
属性	PP	创建＞属性；视图＞窗口；修改＞属性；上下文选项卡＞属性
属性	Ctrl+1	
属性	VP	
删除	DE	修改＞修改
移动	MV	修改＞修改
偏移	OF	修改＞修改
复制	CO	修改＞修改
复制	CC	
旋转	RO	修改＞修改
镜像—拾取轴	MM	修改＞修改
镜像—绘制轴	DM	修改＞修改
对齐	AL	修改＞修改
修剪/延伸为角	TR	修改＞修改
阵列	AR	修改＞修改
缩放	RE	修改＞修改
解锁	UP	修改＞修改
锁定	PN	修改＞修改
线处理	LW	修改＞视图
匹配类型属性	MA	修改＞剪贴板
填色	PT	修改＞几何图形
连接端切割；应用连接端切割	CP	修改＞几何图形
连接端切割；删除连接端切割	RC	修改＞几何图形
拆分面	SF	修改＞几何图形
拆分图元	SL	修改＞修改
拆分面	SF	修改＞几何图形
创建类似	CS	修改＞创建
在视图中隐藏；隐藏图元	EH	修改＞视图
在视图中隐藏；隐藏类别	VH	修改＞视图
替换视图中的图形；按图元替换	EOD	修改＞视图

续表

三、视图管理工具常用快捷键

命　令	快捷方式	路　径
渲染	RR	视图＞图形；视图控制栏
Cloud 渲染	RC	视图＞图形；视图控制栏
渲染库	RG	视图＞图形；视图控制栏
可见性/图形	VG♯VV	视图＞图形
细线；细线	TL	视图＞图形；快速访问工具栏
层叠窗口	WC	视图＞窗口
平铺窗口	WT	视图＞窗口
系统浏览器	Fn9	视图＞窗口
快捷键	KS	视图＞窗口
MEP 设置：机械设置	MS	管理＞设置
MEP 设置：电气设置	ES	管理＞设置
MEP 设置：建筑/空间类型设置	BS	管理＞设置
项目单位	UN	管理＞设置
其他设置：日光设置	SU	管理＞设置

四、结构与系统常用快捷键

命　令	快捷方式	路　径
结构框架：梁	BM	结构＞结构
结构框架：支撑	BR	结构＞结构
结构梁系统；自动创建梁系统	BS	结构＞结构；上下文选项卡＞梁系统
结构基础：墙	FT	结构＞基础
风管	DT	系统＞HVAC
风管管件	DF	系统＞HVAC
风管附件	DA	系统＞HVAC
转换为软风管	CV	系统＞HVAC
软风管	FD	系统＞HVAC
风道末端	AT	系统＞HVAC
机械设备	ME	系统＞机械
管道	PI	系统＞卫浴和管道
管件	PF	系统＞卫浴和管道
管路附件	PA	系统＞卫浴和管道
软管	FP	系统＞卫浴和管道
卫浴装置	PX	系统＞卫浴和管道
喷头	SK	系统＞卫浴和管道
弧形导线	EW	系统＞电气

续表

命　令	快捷方式	路　径
电缆桥架	CT	系统＞电气
线管	CN	系统＞电气
电缆桥架配件	TF	系统＞电气
线管配件	NF	系统＞电气
电气设备	EE	系统＞电气
照明设备	LF	系统＞电气

五、分析与注释常用快捷键

命　令	快捷方式	路　径
荷载	LD	分析＞负荷
调整分析模型	AA	分析＞分析模型工具；上下文选项卡＞分析模型
重设分析模型	RA	分析＞分析模型工具
热负荷和冷负荷	LO	分析＞报告和明细表
配电盘明细表	PS	分析＞报告和明细表
检查风管系统	DC	分析＞检查系统
检查管道系统	PC	分析＞检查系统
检查线路	EC	分析＞检查系统
查找/替换	FR	注释＞文字；创建＞文字；上下文选项卡＞工具
重新载入最新工作集	RL♯RW	协作＞同步
正在编辑请求	ER	协作＞同步

六、捕捉与上下文选项卡常用快捷键

命　令	快捷方式	路　径
垂足	SP	捕捉
关闭替换	SS	捕捉
关闭捕捉	SO	捕捉
中点	SM	捕捉
象限点	SQ	捕捉
切点	ST	捕捉
点	SX	捕捉
捕捉远距离对象	SR	捕捉
捕捉到点云	PC	捕捉
最近点	SN	捕捉
中心	SC	捕捉
关闭	SZ	捕捉
端点	SE	捕捉
工作平面网格	SW	捕捉

续表

命令	快捷方式	路径
交点	SI	捕捉
添加到组	AP	上下文选项卡＞编辑组
从组中删除	RG	上下文选项卡＞编辑组
附着详图组	AD	上下文选项卡＞编辑组
完成	FG	上下文选项卡＞编辑组
取消	CG	上下文选项卡＞编辑组
分割表面	//	上下文选项卡＞分割
编辑组	EG	上下文选项卡＞成组
解组	UG	上下文选项卡＞成组
链接	LG	上下文选项卡＞成组
恢复所有已排除成员	RA	上下文选项卡＞成组；关联菜单
编辑尺寸界线	EW	上下文选项卡＞尺寸界线
取消隐藏图元	EU	上下文选项卡＞显示隐藏的图元
取消隐藏类别	VU	上下文选项卡＞显示隐藏的图元
切换显示隐藏图元模式	RH	上下文选项卡＞显示隐藏的图元；视图控制栏

七、其他常用快捷键

命令	快捷方式	路径
区域放大	ZR	导航栏
	ZZ	
上一次平移/缩放	ZP	导航栏
	ZC	
缩放匹配	ZE	导航栏
	ZF	
	ZX	
缩放图纸大小	ZS	导航栏
对象模式	3O	导航栏
漫游模式	3W	导航栏
缩放全部以匹配	ZA	导航栏
缩小了一半	ZO	导航栏
	ZV	
飞行模式	3F	导航栏
二维模式	32	导航栏
线框	WF	视图控制栏
隐藏图元	HH	视图控制栏
带边缘着色	SD	视图控制栏

续表

命　　令	快捷方式	路　　径
隐藏类别	HC	视图控制栏
隐藏线	HL	视图控制栏
图形显示选项	GD	视图控制栏
光线追踪	RY	视图控制栏
隔离类别	IC	视图控制栏
重设临时隐藏/隔离	HR	视图控制栏
隔离图元	HI	视图控制栏
选择全部实例：在整个项目中	SA	关联菜单
重复上一个命令	RC	关联菜单
排除	EX	关联菜单
恢复已排除构件	RB	关联菜单
移动到项目	MP	关联菜单
定义新的旋转中心	R3	关联菜单
激活第一个下文选项卡	Ctrl+'	
图形由视图中的图元替换：切换半色调	EOH	
图形由视图中的图元替换：切换假面	EOG	
图形由视图中的图元替换：切换透明度	EOT	
图形由视图中的类别替换：切换半色调	VOH	
图形由视图中的类别替换：切换假面	VOG	
图形由视图中的类别替换：切换透明度	VOT	

附录 B 宽缝式重力坝及电站厂房 BIM 建模案例

附录 B
宽缝式重力坝及电站厂房 BIM 建模案例

214

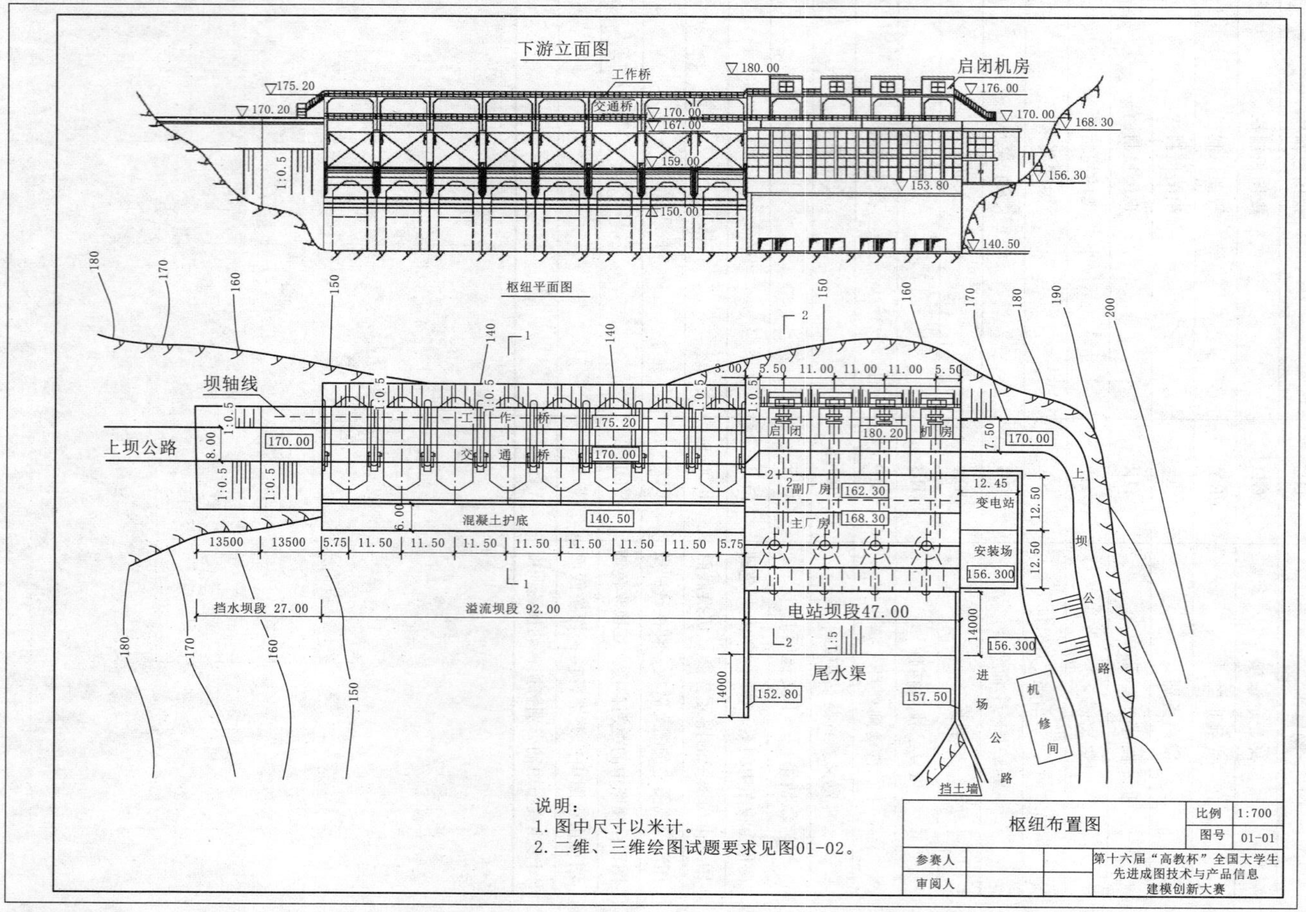

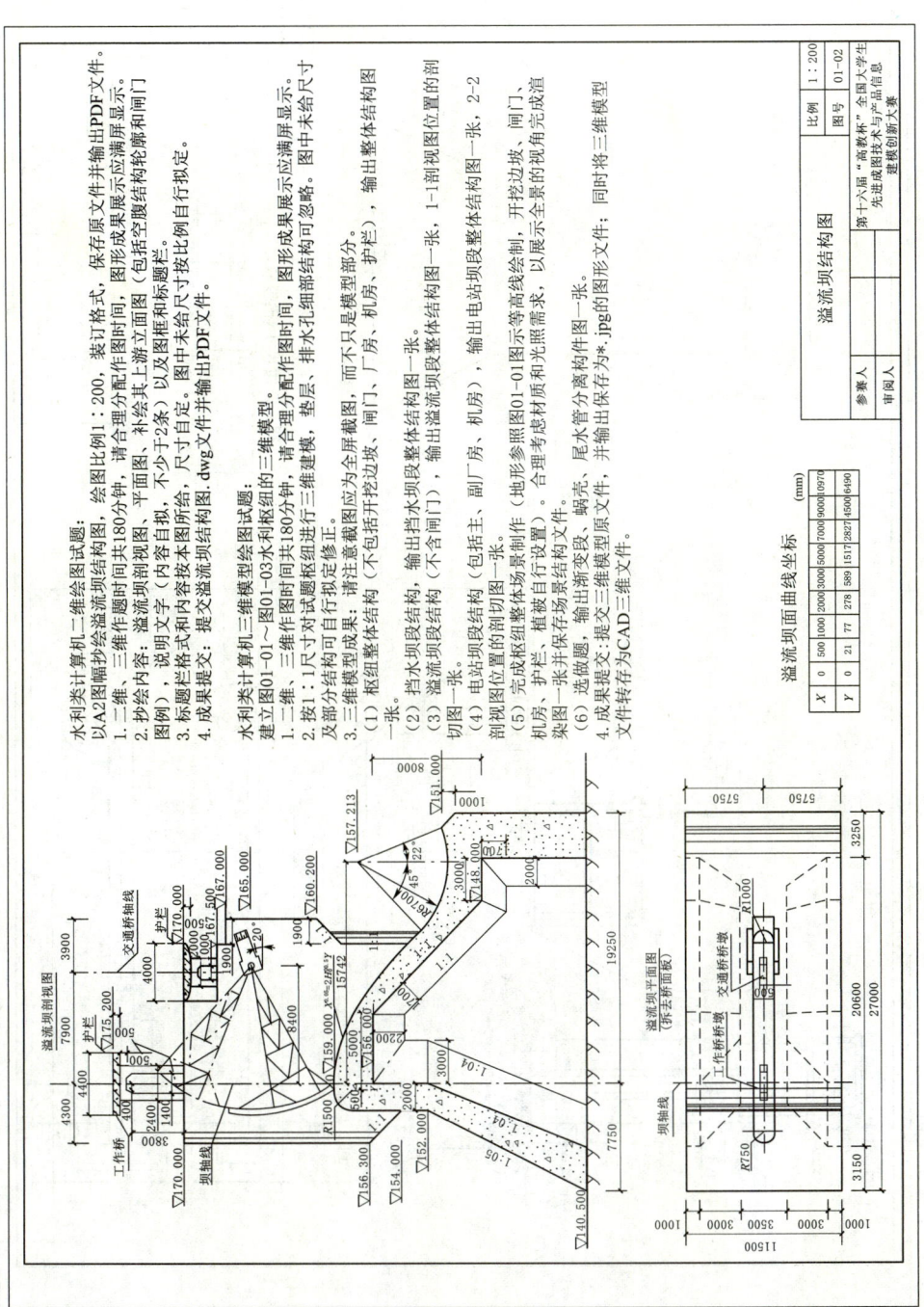

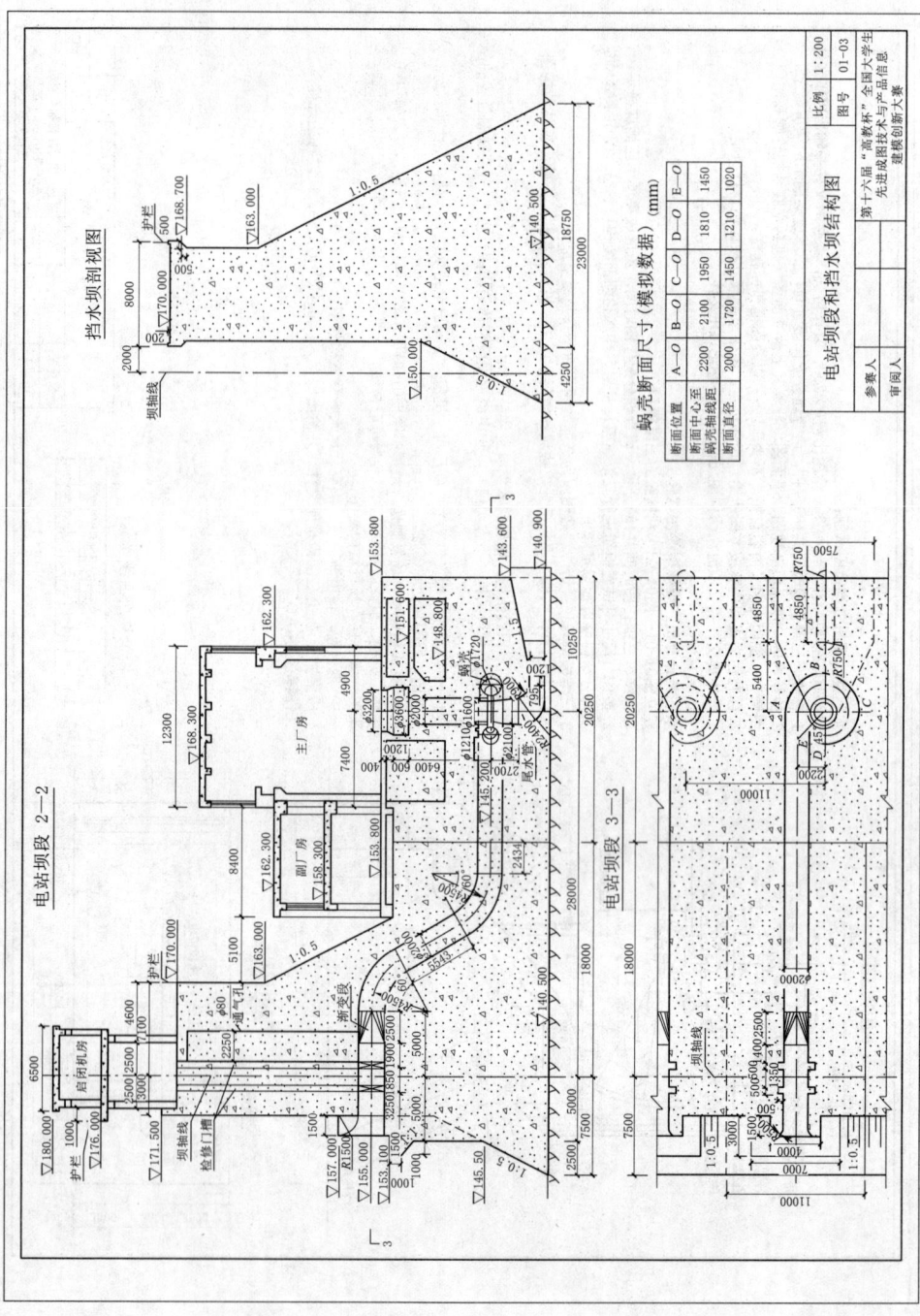

宽缝式重力坝及电站厂房 BIM 建模案例　　附录 B

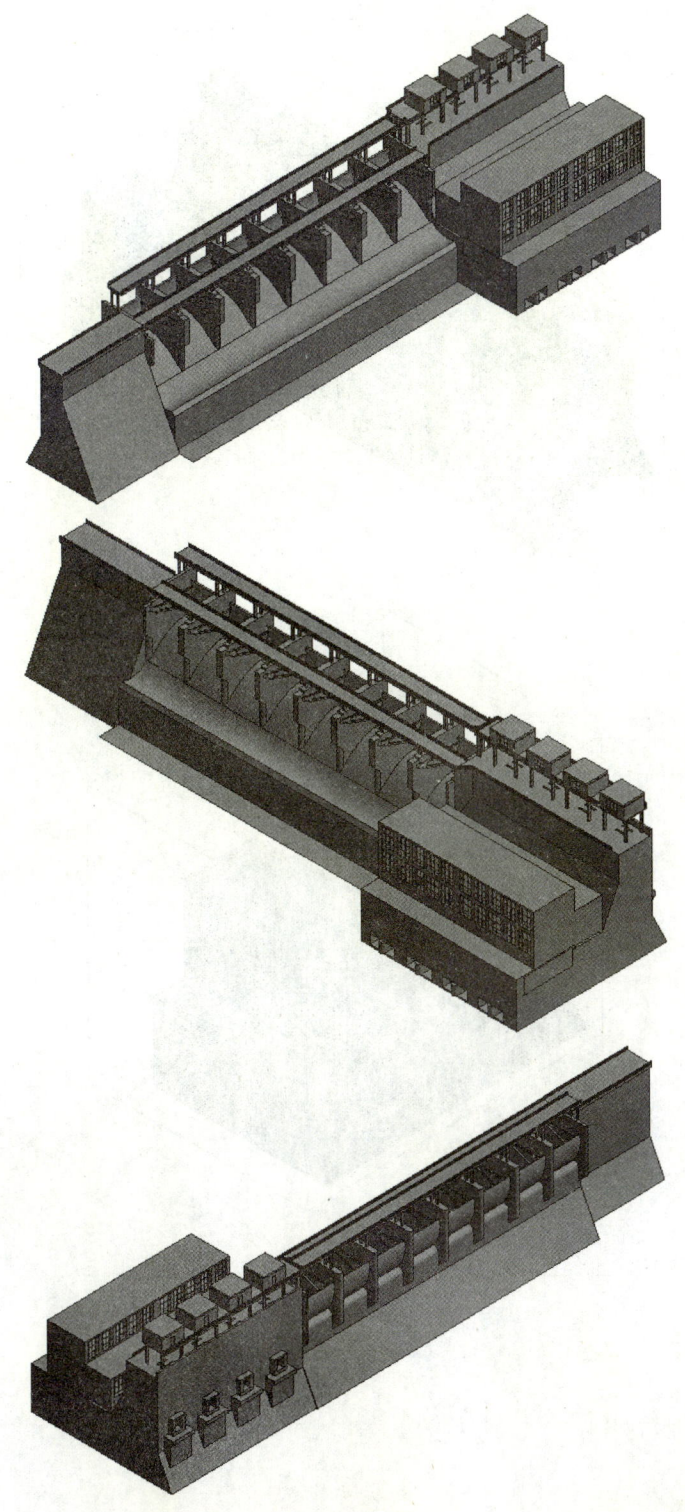

217

附录 B 宽缝式重力坝及电站厂房 BIM 建模案例

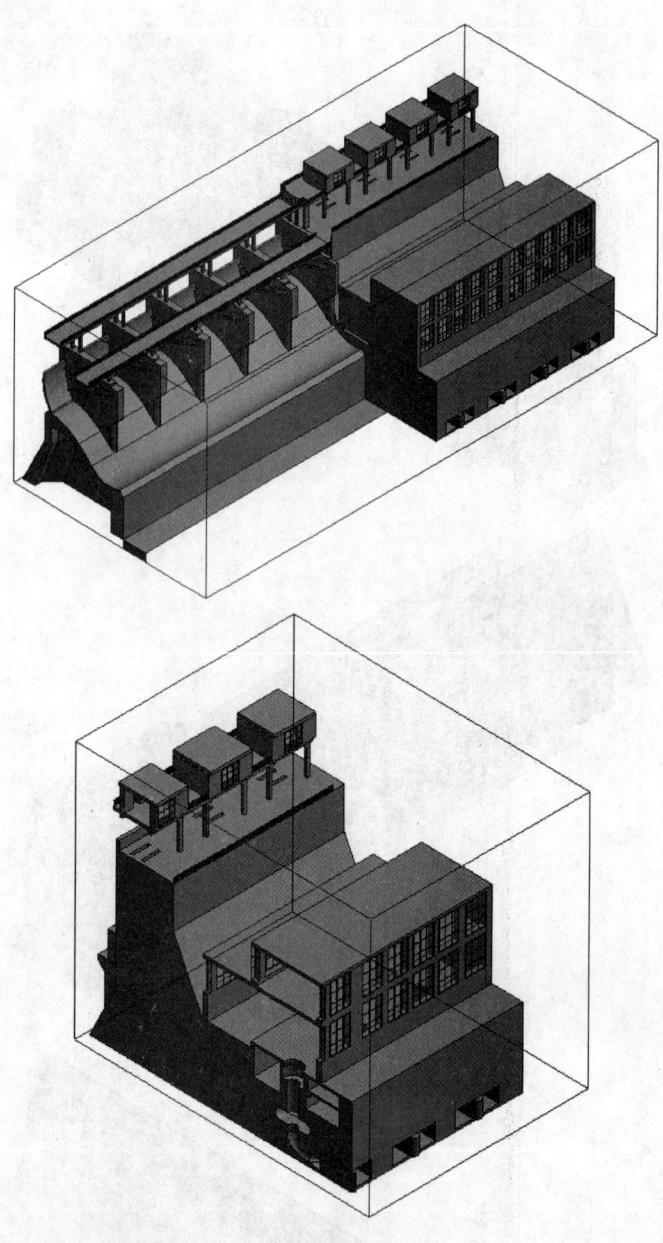

参 考 文 献

[1] 刘晶,张旭,金磊,等. 水利工程BIM模型构建标准及数字化移交 [J]. 人民黄河,2021,43 (S2):268-271.
[2] 徐威,张雪才,柳晴晓龙,等. BIM技术在溢流表孔坝段的研究及应用 [J]. 水利与建筑工程学报,2023,21 (2):20-26.
[3] 陈丽芳. 主流BIM平台在水利工程设计施工中的应用研究 [J]. 人民长江,2021,52 (2):128-131,136.
[4] 赵继伟,魏群,张国新. 水利工程信息模型的构建及其应用 [J]. 水利水电技术,2016,47 (4):29-33.
[5] 梁冰寒. BIM技术在水闸设计中的应用 [J]. 水利信息化,2022,170 (5):15-19.
[6] 段斌,丁新潮,周相,等. 大型复杂水电工程BIM技术数字化研究与实践 [J]. 水电能源科学,2023,41 (5):108,187-189.
[7] 潘飞. 基于BIM的水利水电工程项目协同平台研究 [D]. 天津:天津大学,2017.
[8] 叶磊. 水利工程数字化模型管理平台设计与实现 [D]. 杭州:浙江大学,2019.
[9] 刘东海,胡东婕,陈俊杰. 基于BIM的输水工程安全监测信息集成与可视化分析 [J]. 河海大学学报(自然科学版),2019,47 (4):337-344.
[10] 舒裕仁,邱珍锋,王俊杰. Civil 3D和Revit在水工建筑物建模中的应用及对比 [J]. 人民珠江,2023,44 (5):107-113,133.
[11] 张力,张航,刘成堃,等. 水利数字孪生平台三维模拟仿真技术研究与应用 [J]. 人民长江,2023,54 (8):9-18.
[12] 于海涛. 基于《水工建筑物设计与水利工程管理》分析BIM技术在水利工程建筑设计中的应用 [J]. 人民黄河,2022,44 (11):173-174.
[13] 李宗宗,孟凡朋,山继红,等. 水利水电工程施工建筑信息模型应用探索 [J]. 四川水力发电,2022,41 (2):122-125.
[14] 袁俊平. 基于BIM的大坝安全监测可视化系统研究 [D]. 重庆:重庆交通大学,2022.
[15] 牛立军,梁燕迪,王程. 基于Revit二次开发的水利工程BIM正向设计研究 [J]. 人民黄河,2022,44 (3):155-159.
[16] 唐岗. BIM+GIS技术在洋溪水利枢纽工程中的应用 [J]. 广西水利水电,2021,201 (3):25-31.
[17] 黄竟颖. 水利工程3D打印模型应用方法研究 [D]. 郑州:华北水利水电大学,2021.
[18] 张提. 基于BIM技术的重力坝非溢流坝段体型设计应用研究 [D]. 郑州:华北水利水电大学,2021.
[19] 吴佳蓓. 基于BIM的大坝安全监测信息系统开发与预测模型研究 [D]. 合肥:合肥工业大学,2021.
[20] 姜文,王辉明,王祥林. "BIM+GIS"在水利工程运行管理中的应用价值及分析 [J]. 中国管理信息化,2021,24 (7):97-98.
[21] 杰德尔别克·马迪尼叶buktep,严新军,晋强,等. 基于BIM技术的水利类专业复合型应用人才培养研究——以新疆农业大学水利水电工程专业为例 [J]. 中国教育信息化,2021,489 (6):72-76.

[22] 刘月. 基于BIM的重力坝参数化设计研究[D]. 大连：大连理工大学，2020.

[23] 韩涛. 基于BIM技术的水利工程工程量清单编制研究[D]. 郑州：华北水利水电大学，2020.

[24] 朱浩岩. 基于BIM技术的水闸三维建模及消能工设计研究[D]. 郑州：华北水利水电大学，2020.

[25] 袁媛，史赟，丁维馨，等. BIM与GIS集成的三维建模方法在水利工程管理中的应用[J]. 江西水利科技，2020，46（2）：151-156.

[26] 翟超. 弧形钢闸门数字化设计程序开发[D]. 咸阳：西北农林科技大学，2019.

[27] 赫雷. 水电工程三维协同设计研究与应用[D]. 北京：清华大学，2018.

[28] 赵继伟，魏群，张国新. 水利工程信息模型的构建及其应用[J]. 水利水电技术，2016，47（4）：29-33.

[29] 柏杨. 水闸结构三维配筋设计方法研究[D]. 郑州：华北水利水电大学，2016.

[30] 高华. BIM应用教程：Revit Architecture2016[M]. 武汉：华中科技大学出版社，2020.

[31] 任楚超. BIM建模基础[M]. 武汉：华中科技大学出版社，2022.

[32] 中华人民共和国水利部. SL 265—2016 水闸设计规范[S]. 北京：中国水利水电出版社，2016.

[33] 中华人民共和国水利部. SL 314—2018 碾压混凝土坝设计规范[S]. 北京：中国水利水电出版社，2018.

[34] 牛立军. BIM技术在水利工程设计中的应用[M]. 北京：中国水利水电出版社，2019.

[35] 康进军. BIM技术在水利工程建设与管理中的应用探讨[J]. 农业开发与装备，2023，253（1）：146-148.

[36] 余方方，朱宏松. 浅谈BIM建模技术在水利工程中的应用[J]. 治淮，2023，533（1）：58-60.

[37] 蒋一波，范海平，张良群，等. 基于BIM+数字孪生技术的水利枢纽工程智慧化安全管理探索[J]. 江苏水利，2022，316（S2）：18-21，31.

[38] 刘倬昀. 基于BIM的堤防工程三维信息模型构建及应用[J]. 河北水利，2022，334（12）：44-45.

[39] 张敬宏. 水利工程中BIM技术的应用及推广[J]. 冶金管理，2022，457（23）：68-70.

[40] 杜九博，李玉莹，常倩倩，等. 水利工程BIM模型的价值挖掘与利用[J]. 水利规划与设计，2020，200（6）：104-107.

[41] 龚甜甜，李雷. 在水利工程建设与管理中BIM技术的应用与实践[J]. 农业与技术，2020，40（11）：78-79.